Der „Studienkurs Politikwissenschaft"
wird herausgegeben von

Prof. Dr. Winand Gellner, Universität Passau

STUDIENKURS POLITIKWISSENSCHAFT

Prof. Dr. Roland Sturm
Dr. Petra Zimmermann-Steinhart

Föderalismus

Eine Einführung

Nomos

Bibliografische Information Der Deutschen Bibliothek

Die Deutsche Bibliothek verzeichnet diese Publikation in
der Deutschen Nationalbibliografie; detaillierte bibliografische
Daten sind im Internet über http://dnb.ddb.de abrufbar.

ISBN 3-8329-1063-8

1. Auflage 2005
© Nomos Verlagsgesellschaft, Baden-Baden 2005. Printed in
Germany. Alle Rechte, auch die des Nachdrucks von Auszügen,
der fotomechanischen Wiedergabe und der Übersetzung,
vorbehalten. Gedruckt auf alterungsbeständigem Papier.

Vorwort zum Studienkurs
Politikwissenschaft

Die Vielfalt politikwissenschaftlicher Studiengänge stellt für die akademische Lehre eine große Herausforderung dar. Neben die klassischen Magister- und Diplomstudiengänge treten zunehmend BA- und MA-Studiengänge, die die politikwissenschaftliche Lehre grundlegend zu verändern beginnen. Die Dozenten stehen vor dem Problem, dass in sehr kurzer Zeit hochgradig standarisierter politikwissenschaftlicher Stoff vermittelt werden muss, der in das sich immer stärker durchsetzende Klausurformat passt. Dazu tritt die Integration der Politikwissenschaft in immer mehr interdisziplinäre Studiengänge. Ob man es will oder nicht, dadurch wird der Druck immer stärker zunehmen, politikwissenschaftliches Wissen in neuen Formen bereitzustellen. Damit entsteht ein verstärktes Bedürfnis nach lehrbuchartiger Literatur, die aber selbstverständlich wissenschaftlichen Ansprüchen genügen muss. Der *Studienkurs Politikwissenschaft* ist das Ergebnis von Überlegungen, diese Herausforderung anzunehmen und erfolgreich zu bewältigen. Die Autorinnen und Autoren der Studienkurse sind profunde Kenner ihres jeweiligen Sachgebietes und bieten damit die Gewähr, dass mit der Vermittlung studienrelevanten Materials auch hohe wissenschaftliche Reputation verknüpft ist.

Alle Bände enthalten *erstens* grundlegende Informationen zu den spezifischen politikwissenschaftlichen Teilbereichen, *zweitens* darauf abgestimmte kommentierte Literaturhinweise und *drittens* Verständnisfragen. *Viertens* werden diese grundlegenden Informationen ergänzt durch in der Lehre einsetzbares Material (historische Quellen, Schaubilder oder multimediale Hilfsmittel). Ein besonderes Kennzeichen der Einführungsreihe ist die allfällige und schnelle Aktualisierung. Dabei bietet die Verknüpfung mit dem zwischenzeitlich fest etablierten politikwissenschaftlichen Online-Portal http://www.politik-im-netz.com/ ein hervorragendes Koordinierungs- und Aktualisierungsinstrument. Bei PIN werden die Basistexte sowie die Literaturhinweise regelmäßig aktualisiert und fortwährend aktualisierte und kommentierte Linkdatenbanken zu den verschiedenen Themenbereichen angeboten. Ferner werden die in den gedruckten Studienkursen aufgeworfenen Prüfungsfragen regelmäßig online aktualisiert und den Dozenten verfügbar gemacht. Die Studienkurse sind also so angelegt, dass sie direkt in der Lehre einsetzbar sind. Das Konzept des Studienkurses sowie die Einhaltung der einheitlichen Formate und Standards wird vom Herausgeber sowie der PIN-Redaktion gewährleistet.

Der Studienkurs ist auf insgesamt 17 Bände angelegt. Die Bände verteilen sich auf die drei klassischen Teilgebiete der Politikwissenschaft.

Für die *Politische Theorie und Ideengeschichte* wird es drei Studienkurse geben, die sich zum einen der *Klassischen politischen Theorie* und der *Modernen politischen Theorie* sowie zum anderen den *Politischen Ideen als Ideenkreisen* widmen.

Die *Vergleichende Regierungslehre* wird durch insgesamt sieben Bände repräsentiert, die sich im Einzelnen zunächst den *Grundbegriffen, Ansätzen und Methoden der Politikwissenschaft* annehmen, der horizontalen *Gewaltenteilung*, dem *Föderalismus* und dem *Parlamentarismus*. Neben der polity beschäftigen sich weitere Studienkurse mit politics-Themen, wie *Parteien und Wahlen, Interessengruppen* und *Medien*.

Die Internationale Politik schließlich wird neben dem Band zur Weltpolitik zunächst durch die area-orientierten Themen Außenpolitik, Europäische Union und Lateinamerika vertreten. Dazu kommen systematische Auseinandersetzungen mit der Internationalen Politischen Ökonomie, den Internationalen Konflikten und Konflikttheorien sowie schließlich der Sicherheitspolitik.

Wir sind fest davon überzeugt, dass die Arbeit unserer Autoren für sich selbst sprechen wird und dass der Studienkurs insgesamt zu einer großen Bereicherung der wissenschaftlichen Lehrbuchliteratur führen wird.

Prof. Dr. Winand Gellner
Passau und Zürich, im Juli 2004

Inhaltsverzeichnis

Tabellenverzeichnis

Abbildungsverzeichnis

Einleitung

Wie kann man Föderalismus lehren, und was sollte dabei gelernt werden? Diese Frage stellt sich allen in der politischen Bildung und der politikwissenschaftlichen Ausbildung Engagierten, wenn sie sich mit den Prinzipien demokratischer Staatsordnungen beschäftigen. In einem ersten Schritt geht es dabei darum, föderale Prinzipien zu verstehen. In einem zweiten kann danach gefragt werden, ob es sich beim Föderalismus um eine, im Vergleich zu anderen demokratischen Organisationsprinzipien, überlegene Verfassungskonstruktion handelt. Das wichtigste Ziel dieses Bandes ist es, die Grundprinzipien, aber auch die Probleme des Föderalismus verständlich zu machen. Wir wollen uns diesem – Bezug nehmend auf das im Zentrum der Analyse stehende deutsche Beispiel – in vergleichender Perspektive nähern. Der deutsche Föderalismus ist eine Variante unter vielen Möglichkeiten föderaler Ordnungen. Es handelt sich beim deutschen Fall weder um einen Idealtypus noch um einen Königsweg, wie bereits in internationalen Vergleichen in der Vergangenheit, aber auch in der gegenwärtigen deutschen Debatte immer wieder deutlich wurde und wird. Gerade vor dem Hintergrund der sehr kontrovers bewerteten deutschen Erfahrungen mit dem Föderalismus ist es wichtig, über den sprichwörtlichen Tellerrand zu sehen, und sich mit anderen föderalen Ordnungen auseinander zu setzen. Wenn wir in unserer Darstellung dennoch stark auf das deutsche Beispiel aufbauen, so geschieht dies nicht als Selbstzweck, sondern dient dem besseren Verständnis der Erfahrungen anderer Länder. Wir werden andere Föderalismus-Beispiele immer dort heranziehen, wo eine Abgrenzung zum deutschen Fall erforderlich oder sinnvoll ist.

Die Aufteilung und Anordnung der einzelnen Kapitel folgt dem Prinzip des Vertiefens. Im ersten Kapitel legen wir die systematischen und theoretischen Grundlagen des Föderalismus dar. Hier stellen wir die Frage nach dem Zusammenhang zwischen Demokratie und Föderalismus und erklären unterschiedliche Föderalismus-Modelle. Die beiden folgenden Kapitel widmen sich institutionellen Merkmalen des Föderalismus. Das zweite Kapitel greift Fragen bezüglich der Rolle von Verfassungen, von Kompetenzverteilungen und der Stellung der einzelnen politischen Ebenen im Föderalstaat auf. Das dritte Kapitel vertieft diese Aspekte am Beispiel der Finanzverfassung. Der finanziellen Ausstattung und den Kompetenzen der politischen Ebenen kommt im Föderalismus eine besondere Bedeutung zu: Das Verhältnis zwischen Bund und Gliedstaaten aber auch zwischen den Gliedstaaten untereinander ist stark davon abhängig, in welcher Beziehung sie bezüglich finanz- und steuerpolitischer Kompetenzen zueinander stehen. Der Aspekt der föderalen Finanzverfassung wird in Einführungen zu unserem Thema auf Grund seiner Komplexität gerne „umschifft". Wir sind jedoch der Ansicht, dass hier der Schlüssel für die Lösung einer Reihe von Problemen föderaler Ordnungen liegt, und werden uns vertieft mit diesem Thema auseinander setzen.

Das vierte Kapitel stellt den politischen Willensbildungsprozess in den Mittelpunkt. Wir erarbeiten, welche Partizipationsmöglichkeiten den Bürgern auf gliedstaatlicher und nationaler Ebene zur Verfügung stehen. Institutionelle Arrangements, wie zum Beispiel unterschiedliche Wahlsysteme, spielen hierbei eine Rolle. Ein weiterer wesentlicher Aspekt ist die Frage des Stellenwerts der gliedstaatlichen Ebene im Vergleich zur nationalen Ebene aus Sicht der politischen Akteure: Definieren sich politische Akteure über die gliedstaatliche Ebene oder wird der nationalen Ebene die größere Bedeutung beigemessen? Welche Rolle spielt hierbei die spezifische föderale Ordnung? So ist bei Landespolitikern in der Bundesrepublik Deutschland beispielsweise ein Streben in Richtung Bundespolitik zu verzeichnen.

Im fünften Kapitel greifen wir auf der Grundlage der in den ersten vier Kapiteln vermittelten Kenntnisse die gegenwärtige Auseinandersetzung über die Reform des deutschen Föderalismus auf und erarbeiten die wichtigsten Entwicklungen und damit verbundenen Einsichten in die Reformfähigkeit des deutschen Föderalismus.

Nachdem wir uns im fünften Kapitel mit problematischen beziehungsweise reformbedürftigen Aspekten des deutschen Föderalismus auseinandergesetzt haben, wenden wir uns im sechsten Kapitel Dezentralisierungsprozessen in traditionell zentralistischen Staaten Europas zu. An dieser Stelle kehren wir auch zu der eingangs erwähnten normativen Komponente des „Föderalismuslernens" zurück: Fragen, wie zum Beispiel, „Wie ist es zu erklären, dass traditionell zentralistische Staaten derzeit einen Dezentralisierungsprozess durchlaufen?" oder „Worin unterscheiden sich dezentralisierte von föderalistischen Staaten?" werden hier aufgeworfen und beantwortet. Wenn wir nach Dezentralisierung in zentralistischen Staaten fragen, ist es sinnvoll, zu untersuchen, ob und wie Effizienz- und Demokratiekriterien zu vereinbaren sind und welche Funktionen der Föderalismus in Zukunft ausüben kann.

Föderalismus lässt sich nicht täglich neu erfinden. Wir beziehen daher, vor allem hinsichtlich der deutschen Beispiele, bereits von uns (oder anderen) publizierte Texte ein. Eine wichtige Grundlage bildet hierbei der im Jahr 2003 bei der Bayerischen Landeszentrale für politische Bildungsarbeit erschienene Band von Roland Sturm: „Föderalismus in Deutschland". Die Sammlung der im Text verwendeten empirischen Daten wurde im Januar 2005 abgeschlossen.

1 Theoretische und systematische Grundlagen[1]

Dieses Kapitel legt die Grundlagen zum Verständnis der folgenden Kapitel. Im Zusammenhang mit dem Föderalismus stellen sich eine Reihe grundlegender Fragen, die in diesem Abschnitt einführend erörtert werden. Hierbei geht es vor allem um die Spannweite der Ausgestaltung des Föderalismus zwischen den Polen Bundesstaat und Staatenbund, um die Begründungsmöglichkeiten für föderale Systeme sowie um die Frage nach dem Verhältnis von Demokratie und Föderalismus und um Typologien des Föderalismus.

1.1 Bundesstaat – Staatenbund

Hinsichtlich der Staatsorganisation föderaler Ordnungen kann zwischen Bundesstaat und Staatenbund unterschieden werden. Von einem Staatenbund sprechen wir, wenn sich souveräne Staaten durch einen völkerrechtlichen Vertrag zusammenschließen. Gemeinsam ist diesem Zusammenschluss in der Regel die Vertretung und Verteidigung des Staatenbundes nach außen. Die am Staatenbund (Föderation) beteiligten Länder bleiben in inneren Angelegenheiten aber weitgehend autonom und haben ein Recht auf Austritt.

Bei einem Bundesstaat handelt es sich demgegenüber um einen Zusammenschluss von Gliedstaaten im Rahmen einer gemeinsamen Verfassung. Im Unterschied zur Föderation gilt im Föderalismus: Bundesrecht bricht Landesrecht, aber auch, dass der Bund zu einem, den Willensbildungsprozess seiner Glieder schonenden Verhalten angehalten ist. Um von einem Bundesstaat sprechen zu können, müssen eine Reihe von Anforderungen erfüllt sein, deren Ausgestaltung im Einzelfall jedoch beträchtlich variieren kann, wie die Beispiele zeigen werden. Zu den Mindestanforderungen an Bundesstaatlichkeit gehört die Gliederung des Staates in territoriale Einheiten, die Teilhabe der Gliedstaaten an der Willensbildung des Zentralstaats, eine finanzielle Eigenständigkeit der Gliedstaaten, damit

---

[1] Dieser Abschnitt basiert auf *Sturm*, 2001: S. 11-29.

diese in der Lage sind, ihre Aufgaben zu erfüllen sowie eigene Entscheidungskompetenzen der Gliedstaaten.

Abbildung 1:   Ziele und Ausprägungen des Föderalismus

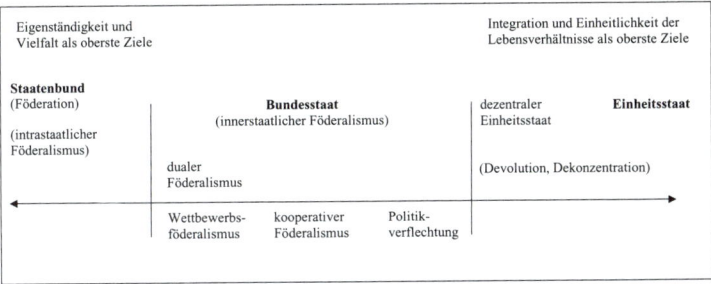

Quelle: modifizierte Version der Abbildung in: Schultze 1992: S. 96

1.2   Zentrale Begründungen für Föderalismus/Föderalismus und Demokratie

Es lassen sich sechs Begründungen für föderale Ordnungen unterscheiden, die in unterschiedlichen Kombinationen für alle föderal organisierten Staaten gelten. Es handelt sich hierbei um ethische, demokratietheoretische, geographische, historische, ökonomische und ethnisch-soziale Argumentationsmuster.

Aus *ethischer Sicht* ist der Föderalismus eine Form der Ausgestaltung des sogenannten *Subsidiaritätsprinzips*. Dieses Prinzip (lateinisch subsidium ferre = Hilfestellung leisten) lässt sich auf die katholische Soziallehre zurückführen. Im Mittelpunkt dieser Lehre steht der Grundsatz größtmöglicher Selbstverantwortung und Entfaltung des Individuums sowie der Erhalt der Eigenverantwortlichkeit kleiner gesellschaftlicher Einheiten gegenüber dem Staat. In die Praxis übersetzt bedeutet das Subsidiaritätsprinzip, dass eine höhere gesellschaftspolitische Ebene nur dann eine Aufgabe übernimmt, wenn die untere Ebene diese nach eigenem Bekunden nicht mehr erfüllen kann. Auf den Föderalismus übertragen hat dies zur Konsequenz, dass die zentralstaatliche Ebene nur dann Aufgaben übernimmt, wenn die Gliedstaaten durch deren Wahrnehmung überfordert sind und der Aufgabenwahrnehmung durch die bundesstaatliche Ebene zustimmen.

Das Subsidiaritätsprinzip in Artikel 30 GG und in der Europäischen Union

Das Grundgesetz regelt in seinem Artikel 30: „Die Ausübung der staatlichen Befugnisse und die Erfüllung der staatlichen Aufgaben ist Sache der Länder, soweit dieses Grundgesetz keine andere Regelung trifft oder zulässt." Der Hinweis auf mögliche Ausnahmeregelungen zuungunsten der Entscheidungsbefugnisse der Länder macht deutlich, wie wichtig es ist, wer festlegt, wann die untere politische Ebene überfordert ist. In Deutschland erfordern Eingriffe in die Kompetenzen der Länder deren Zustimmung im Bundesrat.

Der Artikel 30 des Grundgesetzes erwies sich im politischen Alltag allerdings nicht als „starker" Artikel. Er konnte den Gesetzgeber, in diesem Fall den verfassungsändernden Gesetzgeber, das heißt den Bundestag und den Bundesrat, nicht davon abhalten, immer mehr Kompetenzen von der Länder- auf die Bundesebene zu transferieren.[2] Das Prinzip der Solidarität erwies sich in der Geschichte der Bundesrepublik als einflussreicher als das der Subsidiarität. Weitere Kompetenzen der Länder wurden auf die Europäischen Gemeinschaften beziehungsweise die Europäische Union übertragen.

Inzwischen wurde auch in der EU das Subsidiaritätsprinzip verankert. Seit 1992 wird das Verhältnis zwischen den Mitgliedstaaten der EU und der Brüsseler Entscheidungsebene nach diesem Prinzip geregelt (Artikel 5 (früher: 3b) des Vertrages zur Gründung der Europäischen Gemeinschaft (EG-Vertrag)). Hier heißt es, dass „in den Bereichen, die nicht in ihre ausschließliche Zuständigkeit fallen", „die Gemeinschaft nach dem Subsidiaritätsprinzip nur tätig (wird), sofern und soweit die Ziele der in Betracht gezogenen Maßnahmen auf der Ebene der Mitgliedstaaten nicht ausreichend erreicht werden können und daher wegen ihres Umfangs oder ihrer Wirkungen besser auf Gemeinschaftsebene erreicht werden können."

Interventionen der EU-Kommission, die sich auf diesen Vertragstext berufen, sind schon häufig auf den Widerspruch der Mitgliedstaaten und ihrer Gliedstaaten, zum Beispiel der deutschen Länder, gestoßen. Die Feststellung, wann die Gemeinschaftsebene politische Ziele wegen ihres Umfangs oder ihrer Wirkungen besser erreichen könne als die Mitgliedstaaten, bleibt umstritten, weil sie in der Praxis in erster Linie von der

---

2   Vgl. hierzu ausführlicher Abschnitt 1.4 sowie die Kapitel 2, 3 und 5.

übergeordneten politischen Ebene getroffen wird. Das zeigt, dass das Subsidiaritätsprinzip in föderalen Gemeinwesen dann am besten gewahrt wird, wenn die jeweils untere politische Ebene ein Vetorecht hinsichtlich der Übertragung ihrer Kompetenzen an die zentralstaatliche Ebene behält.

Dieses Vetorecht wird durch das Subsidiaritätsprotokoll zum Verfassungsvertrag der EU dadurch ausgebaut, dass die Parlamente der EU-Mitgliedstaaten nach In-Kraft-Treten des Verfassungsvertrages die Möglichkeit haben werden, mit Hilfe ihrer nationalen Regierungen beim Europäischen Gerichtshof Klage einzureichen, wenn die Kommission nach ihrer Meinung ihre Kompetenzen überschreitet. Die Kommission muss ihre Vorschläge für einen Gesetzgebungsakt im Hinblick auf die Grundsätze der Subsidiarität und der Verhältnismäßigkeit begründen. Die Feststellung, dass ein Ziel der Union besser auf Unionsebene als auf der mitgliedstaatlichen Ebene erreicht werden kann, muss auf qualitativen und – soweit möglich – quantitativen Kriterien beruhen.[3]

Ob das im Verfassungsvertrag gestärkte Subsidiaritätsprinzip dazu beitragen wird, den Kompetenztransfer auf die EU-Ebene zu erschweren, kann sich erst zeigen, wenn dieser Vertrag in allen 25 Mitgliedstaaten ratifiziert worden ist und in Kraft treten kann. Das Subsidiaritätsprinzip in seiner derzeitigen Ausgestaltung hatte jedenfalls keine umfassendere Wirkung als sein deutsches Pendant.

Auch *geographische Zwänge,* das heißt die Größe oder Struktur der Fläche eines Landes, können föderale Ordnungen begründen. Dies trifft vor allem für große Flächenstaaten wie zum Beispiel die USA, Kanada oder Australien zu, in denen zunächst aus rein technischen, aber auch aus demokratietheoretischen Gründen dezentrale (also ortsnähere) Verwaltungseinheiten notwendig sind.[4]

Aus *historischer Perspektive* bezieht sich der Föderalismus auf den Prozess der Staatswerdung. Dies kann sowohl der Übergang vom Staatenbund zum Bundesstaat als auch der Zusammenschluss von vorher unabhängigen Staaten oder aber die Erweiterung eines bestehenden Staatsgebiets durch weitere Territorien sein. Beispiele hierfür sind die Schweiz, die Vereinigten Staaten oder Kanada.

---

3   Artikel III-259, Vertrag über eine Verfassung für Europa, sowie das Protokoll über die Anwendung der Grundsätze der Subsidiarität und der Verhältnismäßigkeit, Amtsblatt der Europäischen Union, C 310, 16.12.2004, S. 207.
4   Beispiele für diese Begründung finden sich bei *Madison/Hamilton/Jay*, 1987 [1788].

Föderalismus lässt sich auch *ökonomisch* begründen. Dem liegt die Annahme zu Grunde, dass die regionale wirtschaftliche Entwicklung von dezentralen politischen Entscheidungsstrukturen profitiert, die wiederum ein Kernelement föderaler Ordnungen bilden.

Eine weitere wichtige Begründung des Föderalismus liegt in seinem Konfliktlösungspotenzial für *ethnische* oder *soziale Konflikte*: Durch die Einrichtung föderaler Einheiten können soziale oder ethnische Gruppen regionale Autonomie erlangen. Beispiele sind Belgien und die Schweiz. Belgien wurde 1994 zum Föderalstaat, um die Konflikte zwischen Wallonen und Flamen beizulegen.[5] Allerdings bietet die Schaffung föderaler Ordnungen keine Garantie für die erfolgreiche Lösung ethnischer Konflikte: Ohne einen Konsens über politische Spielregeln und Grundwerte scheitert dieses Modell, wie das Beispiel der Auflösung der Tschechisch-Slowakischen Föderation (1989-1992) zeigt.[6] Als Konfliktlösungsmechanismus wurde der Föderalismus in Bosnien-Herzegowina[7] eingesetzt und ist auch für den Irak in der Diskussion.

Demokratietheoretisch lässt sich der Föderalismus dadurch begründen, dass er der horizontalen Gewaltenteilung zwischen der Exekutive, der Legislative und der Judikative in einem Staat die *vertikale Gewaltenteilung* zwischen dem Bund und dessen Gliedstaaten hinzufügt. Das heißt nichts anderes, als dass staatliche Aufgaben und Kontrollfunktionen sich über mehrere Ebenen verteilen und die Bundesebene ein politisches Gegengewicht durch die Gliedstaaten erhält. Die Gliedstaaten haben eine eigene Gesetzgebung, Regierung und Rechtsprechung. Der Grad an konsequenter Umsetzung dieses Prinzips kann dabei beträchtlich variieren. In der Bundesrepublik Deutschland sieht das Grundgesetz (Abschnitt VIII) vor, dass in der Regel die Länder Gesetze ausführen. Es gibt nur wenige Fälle einer eigenen Bundesverwaltung, die dies übernimmt. Bereits hierdurch ergibt sich eine (Wieder-)Verschränkung der durch föderale Strukturen erreichbaren vertikalen Gewaltenteilung. Die Beteiligung der Länder an der Bundesgesetzgebung und die gemeinsame Gesetzgebung von Bund und Ländern im Bereich der Gemeinschaftsaufgaben (Art. 91a) und der Rahmenvorschriften des Bundes (Art. 75) führen zu weiteren, die vertikale Gewaltenteilung beeinträchtigenden Verschränkungen. Die Kommission des Bundestages und des Bundesrates zur Modernisierung der Bundesstaatlichen Ordnung hat diesbezüglich zahlreiche Reformvorschläge dis-

---

5   Zum belgischen Modell vgl. *Berge/Grasse*, 2003.
6   Vgl. *Skalnik Leff*, 1999: S. 227.
7   Vgl. z.B. *Graf Vitzthum/Mack*, 2000.

kutiert, die auf Grund des Scheiterns der Kommission jedoch bislang ohne Belang geblieben sind.

Eine andere demokratietheoretisch angelegte Begründung des Föderalismus liegt darin, dass er den Bürgerinnen und Bürgern zusätzliche Ebenen der politischen Partizipation eröffnet. Dies kann durch Wählen weiterer Volksvertretungen – wie beispielsweise von Länderparlamenten – oder auch durch direktdemokratische Beteiligungsmöglichkeiten – wie Volksbegehren und Volksentscheide auf Länderebene – gewährleistet sein. Implizit liegt hier die Annahme zu Grunde, Föderalismus führe automatisch zu einem Mehr an Demokratie.

Die Auseinandersetzung mit dieser Annahme führt zu der grundlegenden Frage, ob der Föderalismus eine an demokratische Prinzipien gebundene gesellschaftliche Organisationsform ist, oder ob man sich Föderalismus auch in pseudo-demokratischen oder diktatorischen politischen Systemen vorstellen kann. In der wissenschaftlichen Debatte findet sich auch die Ansicht, Föderalismus sei theoretisch ohne Demokratie vorstellbar:[8] Organisierte Vielfalt in einem Staatsgebilde sei alleine schon Föderalismus. Hier drängt sich allerdings die Frage auf, ob diese Art von „Föderalismus" nicht eher als dezentral organisierte Verwaltung zu bezeichnen sei. Dieses Problem lässt sich am historischen Beispiel der UdSSR aufzeigen. Gemäß ihrer Verfassung war sie – wie der Name „Union der Sozialistischen Sowjetrepubliken" bereits impliziert – formal bundesstaatlich aufgebaut. Einzelne Staaten hatten auf dem Papier sogar ein Austrittsrecht aus der Union. Die politische Realität sah jedoch anders aus. Erstens war die kommunistische Führung der Ansicht, die „nationale Frage" sei gelöst, so dass eine Anerkennung der Autonomie der Gliedstaaten zur Bewältigung ethnischer Konflikte nicht notwendig sei. Zweitens besaß die Kommunistische Partei nach ihrem Selbstverständnis als gesellschaftlicher Avantgarde ein Machtmonopol, das regionalstaatliche Eigenständigkeit oder demokratische Willensbildungsprozesse nicht zuließ. Damit erfüllte die Sowjetunion weder die Anforderungen der Demokratie noch der Dezentralisierung. Folglich wird die Struktur der UdSSR als bestenfalls scheinföderal bezeichnet.[9]

Einige Politikwissenschaftler gehen die Frage nach dem Zusammenhang zwischen Föderalismus und Demokratie auf eine weitere Art und Weise an. Sie untersuchen den Zusammenhang zwischen der Größe eines Territoriums und den demokratischen Beteiligungsmöglichkeiten, um Aussagen

8 *Saunders*, 1996: S. 62.
9 *Kahn*, 2002, *Mommsen*, 1999: S. 228f.

19

über die Qualität von Demokratie treffen zu können. Hier wird die These vertreten, dass kleinere Einheiten nicht automatisch demokratischer sind als größere und daher die territoriale Aufteilung eines Staatsgebiets nicht zwingend zu einem Mehr an Demokratie führe.[10]

Entscheidend bleibt aber, dass abgesehen von der umstrittenen Messung der Demokratiequalität, eine demokratische Staatsordnung die Voraussetzung für einen funktionierenden Föderalismus ist. In Diktaturen lassen sich weder die effizienzverbessernden, noch die konfliktschlichtenden oder die beteiligungsfördernden Qualitäten des Föderalismus verwirklichen.

1.3 Formen des Föderalismus

Im Zusammenhang der Darstellung der zentralen Begründungen für Föderalismus wurde bereits deutlich, dass dessen Ausgestaltung im jeweiligen nationalen Kontext erheblich variieren kann. Die Ausgestaltung einzelner föderaler Ordnungen hängt von den historisch institutionellen Vorprägungen (der Fachbegriff hierfür lautet Pfadabhängigkeit) und den Bedürfnissen der jeweiligen Gesellschaften ab, in denen sich der Föderalismus als Organisationsprinzip durchgesetzt hat. Grob lassen sich die entsprechenden Ausgangslagen unterscheiden zwischen der Orientierung an gesellschaftlicher Differenzierung und der an gesellschaftlicher Konkordanz (Vereinigung).[11]

Differenzierung mit Hilfe des Föderalismus ist in der Regel dann notwendig, wenn es in einer Gesellschaft starke zentrifugale (auseinanderstrebende) Interessen gibt, die zusammengehalten werden sollen. Als Beispiel hierfür sind die Probleme der belgischen oder kanadischen Sprach- und Kulturgemeinschaften zu nennen, aber auch das Schweizer Modell des Föderalismus ist durch das Bemühen um die Integration auseinanderstrebender religiöser und sprachlicher Identitäten geprägt. In solchen Fällen geht es darum, den jeweiligen Gliedstaaten so viele Differenzierungsmöglichkeiten wie möglich zuzugestehen. Von Vereinigungsföderalismus sprechen wir hingegen dann, wenn das föderale Prinzip der Machtaufteilung zwischen Bund und Gliedstaaten dienen soll. In diesem Fall ist die Gesellschaft relativ homogen, das heißt im Gegensatz zu obigen Beispielen treten keine großen regionalen Unterschiede bezüglich Wertorientierungen oder

10 *Benz*, 2003: S. 7.
11 Vgl. hierzu *ebd.*: S. 14f. sowie Abb 1.

Sprachen auf. Ein prägnantes Beispiel hierfür war die Bundesrepublik vor der deutschen Einheit.

Dies sind jedoch keinesfalls die einzigen Unterscheidungskriterien für föderale Ordnungen. Eine weitere Unterscheidungsmöglichkeit bildet die Ausgestaltung der Kompetenzen der politischen Ebenen im Föderalismus. Haben alle Gliedstaaten die gleiche Ausstattung an Kompetenzen oder treten Variationen auf? Im Falle gleicher Kompetenzausstattung – also bei einer Gleichbehandlung aller Gliedstaaten sprechen wir von einem *symmetrischem Föderalismus*, andernfalls von einem *asymmetrischen Föderalismus*. Ein Beispiel für die zweite Variante ist Spanien mit beträchtlichen Kompetenzunterschieden zwischen den einzelnen Autonomen Gemeinschaften. Das Baskenland, Katalonien und Galizien (die „historischen Regionen") haben hier wesentlich weiter reichende Befugnisse als die anderen Autonomen Gemeinschaften. Mit dieser Konstellation sollte den regional unterschiedlichen Wünschen nach Selbstbestimmung Rechnung getragen und die Integration der nach Unabhängigkeit strebenden Regionen in den spanischen Staat gewährleistet bleiben. Dies ist jedoch nur zum Teil gelungen, wie die aktuelle Entwicklung zeigt: Die baskische Regionalregierung hat ein Konzept des „frei assoziierten Staates" vorgelegt, das der Region das Recht verleihen soll, im Rahmen eines Referendums selbst über ihre Souveränität zu entscheiden.[12] Auch das Streben nach Symmetrie, nach Gleichbehandlung aller Autonomen Gemeinschaften, bleibt auf der Tagesordnung der spanischen Politik.[13]

Der Begriff der Asymmetrie kann sich zusätzlich zur Kompetenz-Ausstattung der einzelnen Gliedstaaten auch auf die Wertvorstellungen innerhalb dieser Gliedstaaten beziehen. So kann auch im Fall gleicher Kompetenzausstattung, aber dem Vorhandensein unterschiedlicher Wertvorstellungen, Unterschieden in der Politischen Kultur oder einem gravierenden sozioökonomischen Gefälle zwischen den Gliedstaaten von einem asymmetrischen Föderalismus gesprochen werden. Theoretisch-konzeptionell wurden diese Zusammenhänge zuerst von Charles E. Tarlton untersucht.[14]

In der Bundesrepublik werden seit der deutschen Einheit derartige Asymmetrien beobachtet. Diese sind, anders als in Spanien oder Kanada, allerdings ohne Folgen für das Design der politischen Institutionen geblieben. Im politischen Entscheidungsprozess haben diese Asymmetrien aber

---

12 NZZ, 27.10.2003, S. 10.
13 *Agranoff*, 1999: S. 108.
14 *Tarlton*, 1965.

durchaus Spuren hinterlassen, wie die regelmäßigen Koordinierungstreffen der ostdeutschen Ministerpräsidenten belegen.

Außer nach der Frage der Behandlung der Gliedstaaten können föderale Ordnungen nach der Art und Weise unterschieden werden, wie sie das innerstaatliche Zusammenspiel von Bund und Ländern organisieren, parallel oder integriert. Die entsprechenden Idealtypen werden als *dualer Föderalismus* einerseits und als *kooperativer Föderalismus* andererseits bezeichnet. Ausdruck des dualen Föderalismus sind parallele Institutionen auf der Ebene des Bundes und der Gliedstaaten und eine klare Aufgabentrennung zwischen Bund und Ländern. Das heißt, jede politische Ebene übernimmt bestimmte Aufgaben, für deren Erfüllung sie ohne Einmischung der jeweils anderen Ebene zuständig ist. Empirisch finden sich Annäherungen an die duale Föderalismusvariante in erster Linie dann, wenn für die jeweilige föderale Ordnung eine vielfältige regionale, soziale und politische Entwicklung Priorität hat. Der duale Föderalismus, wie er sich in einer Reihe von Aspekten in der Schweiz oder den Vereinigten Staaten zeigt, basiert demnach auf dem Grundgedanken der Vielfalt und des Wettbewerbs.[15]

Der *kooperative Föderalismus* hat eine andere Zielsetzung und daraus resultierend eine andere Ausgestaltung. Im Mittelpunkt steht hier die Kooperation zwischen Bund und Gliedstaaten. Als Grundgedanke ist nicht eine historisch oder politisch bedingte Pluralität verbindlich, sondern die Erhöhung der Effizienz staatlichen Handelns durch Absprachen und Verhandlungsprozesse. Die Zusammenarbeit kann sich in solchen föderalen Systemen auf eine Kooperation zwischen den Gliedstaaten erstrecken oder durch die Beteiligung der Gliedstaaten an der Gesetzgebung des Bundes wirksam werden. Ein Beispiel für den kooperativen Föderalismus ist die Bundesrepublik Deutschland. Hier ist jedoch festzuhalten, dass sich der kooperative Föderalismus immer stärker in Richtung Politikverflechtung entwickelt hat. Der Begriff der Politikverflechtung geht insofern über den Begriff der Kooperation hinaus, als nun, systematisch und verfassungsrechtlich abgesichert die gemeinsame Verantwortung des Bundes und der Länder für den größten Teil der Staatseinnahmen (Steuerpolitik) und Staatsaufgaben festgeschrieben ist. Dies erfordert wiederum ein gemeinsames Entscheidungsverfahren, das angesichts der Vielzahl beteiligter Interessen schwerfällig und ineffizient ist. Der Begriff wurde wesentlich von Fritz W. Scharpf geprägt, der auch von der Unreformierbarkeit der Politik-

---

15 *Sturm*, 2001: S. 36f.

verflechtung, das heißt von der sogenannten „Politikverflechtungsfalle" sprach. Die Unreformierbarkeit der Politikverflechtung ergibt sich auf Grund der individuellen Interessenlagen der Exekutiven des Bundes und der Länder, die einerseits von der Politikverflechtung machtpolitisch profitieren, aber andererseits die Hauptrolle bei deren Überwindung spielen müssten.[16]

Vom kooperativen Föderalismus zur Politikverflechtung: Föderalismusentwicklung in der Bundesrepublik

In der Geschichte der Bundesrepublik Deutschland können drei Leitbilder des Föderalismus unterschieden werden: der kooperative Föderalismus, die Politikverflechtung und der Wettbewerbsföderalismus.

Die Verfassung der Bundesrepublik Deutschland orientierte sich nie an dem Ideal der klaren Trennung der Aufgaben zwischen Bundes- und Landesebene oder an der Priorität der Vielfalt regionaler, sozialer und politischer Entwicklung. Ein Indiz hierfür ist, dass es in Deutschland an der Vollausstattung aller staatlichen Ebenen mit separaten Verwaltungen fehlt. Ein weiteres Indiz ist die Konstruktion des Bundesrates, der es den Ländern ermöglicht, bei der Gesetzgebung des Bundes mitzuwirken.

In (West-)Deutschland gab es 1949 kaum die Möglichkeit (mit Ausnahme Bayerns und der Hansestädte) eindeutig an die historisch-gewachsene Pluralität regionaler Identitäten der Länder anzuknüpfen. Eine klare Trennung von Bundes- und Landessouveränität im Grundgesetz zu verankern, wäre den Verfassungsgründern vor dem Hintergrund der Erfahrungen mit der Weimarer Reichsverfassung schwer gefallen. Stattdessen steht im Grundgesetz der Gedanke der Kooperation zwischen Bund und Ländern im Vordergrund.

Dieser Gedanke ist ein Kernelement beider Verfassungen von 1871 und 1919 und war darum politisch wenig umstritten. Schon im 19. Jahrhundert begannen die reformerischen Kräfte in Deutschland, die absolute Länderautonomie, die ihnen in Gestalt der Fürstenherrschaft begegnete, als „Partikularismus" negativ zu bewerten. Sie plädierten für das „funktional" erforderliche Maß an gesamtstaatlicher Kooperation. Dass mit dieser Begründung die Kompetenzvermutung hinsichtlich der effizienten Erfüllung staatlicher Aufgaben (und damit auch die entsprechende Finanzausstattung) im wesentlichen von den Gliedstaaten auf die zentralstaatliche

---

16 Vgl. *Scharpf*, 1988: 72, *Scharpf/Reissert/Schnabel*, 1976.

Ebene verlagert werden konnte, war für die Befürworter der deutschen Einheit kein ernst zu nehmendes politisches Problem.

Der *bündische Unitarismus*, also die dominierende Rolle des Bundes im Föderalismus verbunden mit einer Länderautonomie, die sich immer wieder am Maßstab ihrer Effizienz für das Gemeinwesen messen lassen muss, wurde im Grundgesetz als *kooperativer Föderalismus* wiederbelebt. Eines seiner Elemente ist die *Bundestreue*, die beinhaltet, dass sowohl der Bund als auch die Länder die Pflicht zum gedeihlichen Zusammenwirken und zum „föderalismusschonenden", also den Konsens des Bundes bewahrenden, Verhalten haben. Diese grundsätzliche Festlegung wurde verstärkt durch die vom Grundgesetz vorgesehene Aufgabenverteilung im Föderalismus, die das ihre zur Entwicklung kooperativer Verhaltensmuster beigetragen hat.

Zu erinnern ist in diesem Zusammenhang an die Verantwortung der Länder für den größten Teil der Staatsverwaltung und die Rolle des Bundesrates, in dem die Länderregierungen vertreten sind, als Kooperationspartner des Bundestages bei der Gesetzgebung. Darüber hinaus ist darauf hinzuweisen, dass das Grundgesetz in seinem Artikel 72 einen Bereich der *konkurrierenden Gesetzgebung* vorsieht, in dem die Länder die Befugnisse zur Gesetzgebung nur solange haben, wie der Bund mit Zustimmung der Länder von seiner Gesetzgebungszuständigkeit nicht durch Gesetz Gebrauch macht. Der Bereich der konkurrierenden Gesetzgebung wurde im Laufe der Jahre durch Bundesgesetzgebung zum größten Teil ausgeschöpft.

Es ist bezeichnend, dass in dem Prozess der Ausweitung der Rolle des Bundes im deutschen Föderalismus, wie schon zu Zeiten des *bündischen Unitarismus*, funktionale Begründungen für eine Unitarisierung des deutschen Föderalismus nicht ernsthaft von Argumenten, die sich auf den Schutz der Vielfalt des Gemeinwesens beriefen, herausgefordert wurden. Die „Wahrung der Rechts- und Wirtschaftseinheit" und die „Herstellung der Einheitlichkeit der Lebensverhältnisse" (seit 1994: „die Herstellung gleichwertiger Lebensverhältnisse"), die der Artikel 72 des Grundgesetzes als Voraussetzung für bundesgesetzliche Regelungen nennt, wurden routinemäßig bemüht, um mehr Einheitlichkeit im Föderalismus zu begründen. Öffentliche Auseinandersetzungen wegen der Stärkung unitarisierender Elemente des deutschen Föderalismus blieben aus. In der Wissenschaft wurde der deutsche Föderalismus von Konrad Hesse bereits 1962 als „unitarischer Bundesstaat" bezeichnet.[17] Hesse ging sogar so weit, zu behaup-

---

17 *Hesse*, 1962.

ten, das was das Wesen heutiger bundesstaatlicher Ordnung ausmache, liege nicht mehr im Bereich föderalistischer Gedanken.[18]

Die Landesregierungen wirkten von Beginn an über den Bundesrat an der die Zusammenarbeit von Bund und Ländern stärkenden Gesetzgebung mit. Der Föderalismus wurde so immer kooperationsorientierter, aber dies hatte seinen Preis. Den Landtagen wurde die alleinige Verantwortung für Aufgabengebiete genommen, während sich die Länderregierungen im Bundesrat gleichzeitig immer stärker in der Bundespolitik engagierten. Gewinner in diesem Prozess der Stärkung der Bundesebene auf Kosten der Länder waren deshalb auch die Landesregierungen. Ihre Beteiligung über den Bundesrat an der Bundespolitik nahm zu (Beteiligungsföderalismus). Sie warfen ihre Macht im politischen Prozess auf der Ebene der Verhandlungen der Exekutiven von Bund und Ländern in die Waagschale (Exekutivföderalismus). Zur Ausweitung der bundespolitischen Rolle der Landesregierungen trug zusätzlich bei, dass sie bei allen Gesetzen, mit denen Verwaltungsregelungen erlassen wurden, wegen ihrer Zuständigkeit für Verwaltungsangelegenheiten auf Mitsprache beziehungsweise ein Vetorecht im Bundesrat pochten, auch wenn die Substanz der Gesetzesmaterie nicht in die Zuständigkeit der Länder fiel.

Die Landesregierungen koordinieren sich aber nicht nur untereinander und mit dem Bund bei der Bundesgesetzgebung. Der kooperative Föderalismus erstreckt sich auch auf die Ebene der „Selbstkoordination" der Länder, zum Beispiel durch Treffen der Ministerpräsidenten oder der Ressortminister. Man nennt dies die *„dritte Ebene"* des Föderalismus (neben der Bundes- und der Landesebene).

Bereits im Jahre 1948, also noch vor der Gründung der Bundesrepublik Deutschland, richteten die Länder beispielsweise die Ständige Konferenz der Kultusminister, die KMK, ein. Die KMK hat seither die Aufgabe, die Bildungspolitik der Länder zu koordinieren. Sie ist dafür verantwortlich, dass trotz weitgehender Autonomie der Länder in der Schul- und Hochschulpolitik alle Bürgerinnen und Bürger in den einzelnen Ländern vergleichbare und von den einzelnen Ländern gegenseitig anerkannte Bildungsgänge und Bildungsabschlüsse vorfinden. Bis in die Gegenwart gehen von der KMK Unitarisierungsimpulse aus. Als Reaktion auf das schlechte und vor allen Dingen auch nach Ländern unterschiedliche Abschneiden deutscher Schüler im Rahmen der PISA-Studie hat die KMK im Juni 2002 die Durchsetzung nationaler Bildungsstandards beschlossen.

18 *Ebd.:* S. 31.

Deutschlandweit sollten bis spätestens 2004 einheitliche Prüfungsanforderungen für Schulabschlüsse festgelegt werden, und es sollte gemeinsame Bildungsstandards aller Länder geben, die dazu führen, dass bis zum Ende einer bestimmten Jahrgangsstufe alle deutschen Schüler gleiche Kompetenzen erworben haben.[19]

Die Bildungspolitik war Gegenstand einer der Konflikte bei den Beratungen zur Reform der föderalen Ordnung der Bundesrepublik. Obwohl die KMK eine unitarisierende Wirkung hatte und hat und die PISA-Studie den Ruf nach nationalen Bildungsstandards auslöste, bleibt die Bildungspolitik eine staatliche Aufgabe, welche die Länder für sich reklamieren. Gleichzeitig versuchte der Bund beim Zukunftsthema Bildung, den eigenen Einfluss zu sichern und auszubauen. Ein Beispiel für die Ambitionen des Bundes ist folgende Aussage von Franz Müntefering, SPD-Vorsitzender und einer der beiden Vorsitzenden der Kommission des Bundestages und des Bundesrates zur Modernisierung der bundesstaatlichen Ordnung:

„Es ist aus meiner Sicht eben nicht zu verantworten, den Bund für alle Ewigkeit aus der Bildungspolitik abzuziehen. Ich habe doch mitbekommen, was die Ministerpräsidenten Roland Koch und Peter Müller zu ihrer Alles-oder-nichts-Position getrieben hat. Die wollten nicht, dass der Bund jemals noch die Gelegenheit hat, etwas wie den Ausbau der Ganztagsschulen vorzuschlagen."[20]

Die KMK hat sich, anders als andere Treffen von Ressortministern, selbst einen festen organisatorischen Unterbau gegeben. Im Plenum, dem Beschlussorgan der KMK, sind alle Kultusminister beziehungsweise Kultussenatoren vertreten. Hier hat jedes Land eine Stimme. Empfehlungen der KMK kommen nur bei Einstimmigkeit zustande. Das Vetorecht jedes einzelnen Landes ist ein Merkmal der Entscheidungsfindung der Gremien der Selbstkoordination der Länder. Konsens ist nicht nur erwünscht, sondern geradezu das Ziel.

---

19 Die KMK hat in drei Stufen Bildungsstandards festgelegt. Im Dezember 2003 wurden erste Standards für die Fächer Deutsch, Mathematik und Erste Fremdsprache (Englisch/Französisch) für den Mittleren Schulabschluss (Jahrgangsstufe 10) beschlossen, im Oktober 2004 folgten für dieselben Fächer Bildungsstandards für den Hauptschulabschluss (Jahrgangsstufe 9) sowie für den Primarbereich (Jahrgangsstufe 4) in Deutsch und Mathematik und im Dezember 2004 Bildungsstandards für den Mittleren Schulabschluss (Jahrgangsstufe 10) in den Fächern Biologie, Chemie, Physik. Die Bildungsstandards können abgerufen werden unter http://www.kmk.org/schul/home.htm, Stand 03.01.2005.

20 Der Spiegel, „Es gibt kein Ausruhen – Gespräch mit Franz Müntefering", 10.01.2004, S. 49.

Das heißt jedoch nicht, dass die Arbeit der KMK unumstritten wäre. Die Unzufriedenheit mit der Arbeitsweise und die hohen Kosten, die das Sekretariat der KMK verursachen, führten beispielsweise im Oktober 2004 dazu, dass das Land Niedersachsen das Abkommen über das Sekretariat der KMK aufkündigte, um nach Aussagen der Landesregierung überfällige Reformen der KMK anzustoßen. Die Kündigung wurde später zurück genommen. Hinsichtlich der Einsparung von Kosten wurde eine Reduzierung des Personals des Sekretariats beschlossen.[21]

Die KMK ist zwar die bekannteste, aber bei weitem nicht die einzige Institution der Selbstkoordination. Die Vertreter der Länderregierungen, meist Beamte, die in den Landesministerien arbeiten, treffen sich regelmäßig aus vielerlei Anlässen in inzwischen über tausend Gremien. Durch rechtliche Vereinbarungen der Länder untereinander wurden auch eine Reihe öffentlicher Einrichtungen geschaffen. Die bekannteste ist das Zweite Deutsche Fernsehen (ZDF). Solchen Vereinbarungen kann auch der Bund als Partner beitreten, wie dies bei dem Verwaltungsabkommen der Fall ist, das die Trägerschaft der Hochschule für Verwaltungswissenschaften Speyer regelt, die den Beamtennachwuchs aller Verwaltungen schult.

Die Kooperation im deutschen Föderalismus vor 1966 blieb trotz zahlreicher Interventionen des Bundes, zumindest was einzelne Politikfelder wie die Regional-, die Struktur- oder die Agrarpolitik betraf, noch relativ unsystematisch. Dies lag weniger an grundsätzlichen Bedenken, dass Interventionen des Bundes „föderalismusschädlich" seien, weil sie die Länderautonomie beeinträchtigen könnten, sondern vielmehr daran, dass die von Bundeswirtschaftsminister Ludwig Erhard vertretene Grundhaltung in der Wirtschaftspolitik für auf Dauer angelegte staatliche Eingriffe in die Wirtschaft keinen Platz bot. Mit dem Wandel der wirtschaftspolitischen Regierungsphilosophie beim Amtsantritt der Großen Koalition (1966-1969) mit Kurt-Georg Kiesinger (CDU) als Kanzler, sowie Karl Schiller (SPD) als Wirtschafts- und Franz-Josef Strauß (CSU) als Finanzminister, änderte sich die wirtschaftspolitische Grundhaltung der Regierung und damit die Ausgangslage für die Gestaltung der Eingriffe des Bundes in Länderkompetenzen grundlegend.

Die Überzeugung der Politiker der Großen Koalition und der nachfolgenden Regierungen der Siebzigerjahre, dass durch eine *„Globalsteuerung"* der Wirtschaft ökonomische Krisenphänomene, wie Arbeitslosig-

---

21 FAZ, 06.10.2004, „Niedersachsen kündigt Sekretariat der KMK", S. 1; FAZ, 17.12.2004, „Ärger über Busemann. Kultusminister beraten über KMK-Sekretariat und Bildungsstandards", S. 4.

keit und Inflation, überwunden werden könnten und ein stetiges wirtschaftliches Wachstum gesichert werden könne, veranlasste sie, ihre Zwei-Drittel-Mehrheit in Bundestag und Bundesrat zu entsprechenden Änderungen des Grundgesetzes zu nutzen. Unter Globalsteuerung im engeren Sinne ist das Bemühen zu verstehen, konjunkturgerechtes und vor allem gleichgerichtetes Handeln von Bund, Ländern und Gemeinden zur Vermeidung wirtschaftlicher Krisen zu erreichen. Zu diesem Zwecke begannen die Länder und der Bund in neu eingerichteten Räten, wie dem Finanzplanungsrat und dem Konjunkturrat, zusammenzuarbeiten. Aus der Perspektive der Globalsteuerung war vor allem die Autonomie der Länder in der Wirtschafts- und Finanzpolitik dysfunktional. Die Entscheidungsstrukturen des deutschen Föderalismus insgesamt, schienen geradezu darauf angelegt, die Steuerungsfähigkeit staatlicher Politik zu konterkarieren. Während der Bund auf den meisten Politikfeldern für den Inhalt von Gesetzen und für den Großteil der Einnahmen des Staates verantwortlich war, lag die Verwaltungszuständigkeit und ein Großteil der Entscheidungen über die Staatsausgaben einschließlich der für die Konjunktursteuerung so wichtigen Investitionen bei den Ländern (und Gemeinden).

Der bisher erreichte Grad der Zusammenarbeit im Föderalismus wurde nicht nur auf wirtschaftspolitischem Gebiet als nicht ausreichend angesehen. Der kooperative Föderalismus sollte zu einem systematisch kooperierenden und planenden Föderalismus, zur Politikverflechtung, fortentwickelt werden. Dies bedeutete, die Koordination der politischen Entscheidungsfindung des Bundes und der Länder mit dem Ziel einer Globalsteuerung auch über das Bereitstellen von Instrumenten zur Konjunktursteuerung hinaus zu vertiefen. Die wichtigsten Reformen des Grundgesetzes, die aus dem Bemühen um eine systematische und gemeinsame Bund-Länder-Planung wirtschaftlichen und sozialen Wandels hervorgingen, betrafen Artikel 106 Absatz 3: Großer Steuerverbund; Artikel 91a und 91b: Gemeinschaftsaufgaben; Artikel 104a: Finanzhilfen; Artikel 75: Ausweitung der Rahmengesetzgebung.

1.4   Subsidiarität, Solidarität und Wettbewerb

In der Praxis des bundesdeutschen Föderalismus dominiert das Prinzip der Solidarität gegenüber dem der Subsidiarität. Dies hatte zur Folge, dass die gliedstaatliche Aufgabenwahrnehmung und die Ausstattung der Länder mit eigenen Kompetenzen zugunsten der Bewahrung oder des Erreichens „einheitlicher Lebensverhältnisse" immer stärker eingeschränkt wurde.

Die Länder waren an dieser Entwicklung keinesfalls unbeteiligt, sondern bereit, Kompetenzeinbußen zugunsten materieller Vorteile sowie verstärkter Mitspracherechte der Länderregierungen in der Bundespolitik im Forum des Bundesrates in Kauf zu nehmen. Seit dem Ende der Achtzigerjahre des letzten Jahrhunderts und mit wachsender Intensität seit Ende der Neunzigerjahre lässt sich aber ein Umdenken seitens der Länder erkennen. Dies hat mit dem seit der deutschen Einheit deutlich größer gewordenem ökonomischen Gefälle zwischen den Ländern sowie der wirtschaftlichen Integration in der EU zu tun, die dazu führt, dass die Länder sich in Konkurrenz mit anderen europäischen Regionen auf dem Binnenmarkt sehen. Vor allem die finanzkräftigen Länder fordern mehr Wettbewerb zwischen den Ländern. Ein Indiz hierfür ist auch die Begründung der Klage Baden-Württembergs, Bayerns und Hessens vor dem Bundesverfassungsgericht gegen die Ausgestaltung des Finanzausgleichs, die zu dessen Reform führte.[22]

Der kooperative Föderalismus in Deutschland betonte von Beginn an den Wert der Solidarität. Solidarität zwischen Bund und Gliedstaaten beziehungsweise zwischen den Gliedstaaten war mindestens ebenso wichtig wie die Beachtung des die Vielfalt im Föderalismus fördernden Subsidiaritätsprinzips. Das Setzen auf die eigene Kraft schien den Ländern zumindest so lange als Idee nicht nahe zu liegen, wie die Kooperation mit dem Bund ganz konkret finanzielle Vorteile brachte.

Die Finanzkrise des Bundes und der Länder im Verein mit den Krisenerscheinungen der Politikverflechtung hat die Erwartungshaltung der Länder jedoch verändert. Sie sehen sich heute in der Lage, bestimmte Aufgaben, zum Beispiel in der regionalen Wirtschaftspolitik oder in der Hochschulpolitik, besser ohne Bundesinterventionen und ohne Zwang zum gleichgerichteten Handeln aller Länder zu erledigen. Das Subsidiaritätsprinzip wurde von den Ländern in den Achtzigerjahren des zwanzigsten Jahrhunderts deshalb quasi „neu entdeckt" und ist heute zur anerkannten Formel für die Begründung des *Wettbewerbsföderalismus* geworden. Der Wettbewerbsföderalismus gilt heute als Alternative zur Sklerose der Politikverflechtung. Die Idee, dass das zentrale Element des Föderalismus die Vielfalt sei und dass diese genutzt werden solle, um einen Innovationswettbewerb zwischen den Ländern auf allen Politikfeldern zu entfesseln, hat außerhalb der Bundesrepublik eine lange Tradition. In den Vereinigten Staaten ist es geradezu eine Selbstverständlichkeit, die Gliedstaaten als

---

22 Siehe hierzu Kapitel 3.

„Laboratorien" der Politik, auch im Hinblick auf Anregungen für die Politik des Bundes, zu sehen. Die klassische Formulierung aus dem Jahr 1932 von Louis Dembitz Brandeis, Richter am Obersten Bundesgericht der USA (Supreme Court) lautet: „It is one of the happy incidents of the federal system that a single courageous state may, if its citizens choose, serve as a laboratory, and try novel social and economic experiments without risk to the rest of the country."[23]

Die Europäische Union hat mit der Aufnahme des Subsidiaritätsprinzips in den Maastrichter Vertrag das ihre dazu getan, diesen Begriff als „moderne" Abgrenzungsformel der Aufgabenwahrnehmung politischer Ebenen in einem staatlichen Raum zu popularisieren. Die Bemühungen der Länder um eigene Möglichkeiten der Interessenformulierung werden von der Europäischen Kommission teilweise auch direkt unterstützt. Vor allem im Rahmen ihrer Regional- und Strukturpolitik sucht sie am Nationalstaat vorbei den direkten Rat der Regionen. Aus Brüsseler Sicht haben die Regionen in Fragen der europäischen Strukturförderung den Vorteil der größeren Nähe, geographisch und in der Sache.

Der Wettbewerbsföderalismus impliziert aber mehr als nur eine Verschiebung der Gewichte im deutschen Föderalismus hin zu mehr Subsidiarität und dem Anspruch auf größere Vielfalt und weg von der einseitigen Verpflichtung auf Solidarität und das Prinzip der Einheitlichkeit. Er impliziert auch ein neues Staatsverständnis, vor allem was die Frage nach den effizientesten Maßstäben zur Beurteilung von politischem Handeln angeht. Wurde diese Frage noch vor zehn Jahren in erster Linie „staatsorientiert" beantwortet, also mit Blick auf die Leistungen der staatlichen Ebenen für die Entwicklung des Gemeinwesens, so setzt sich heute die Meinung durch, dass sich der Staat zum einen vielleicht ein Zuviel an Aufgabenbewältigung zugemutet habe und dass er zum anderen mit falschen Mitteln, nämlich Anordnungen von oben und starren Gesetzen, handle. Vor allem auf Argumente der Volkswirtschaftslehre stützt sich die bei politischen Entscheidungsträgern immer populärer werdende Vermutung, dass der Wettbewerb an sich in jeder Lebenslage die beste Art und Weise sei, Sozialbeziehungen zu organisieren. Im Hinblick auf den Föderalismus legt die volkswirtschaftliche „Theorie des fiskalischen Föderalismus" zudem die Vermutung nahe, dass eine effizientere Ressourcenverteilung erreicht werden könnte, wenn den Ländern ein größeres Maß an Eigenständigkeit zur Erfüllung ihrer Aufgaben zugestanden würde.

---

23 Zitiert nach *Tarr*, 2001: S. 40.

Für die Ausgestaltung des deutschen Föderalismus als Wettbewerbsföderalismus bedeutet dies, dass er grundlegend reformiert werden müsste, damit die Voraussetzungen für den Wettbewerb der Länder geschaffen werden könnten. Zu diesen Voraussetzungen zählen unter anderem: die Herstellung konkurrenzfähiger Länder (nach Größe, Einwohnerzahl und Finanzkraft), die größtmögliche Eigenständigkeit der Länder bei Entscheidungen über Einnahmen und Ausgaben und die klare Zuordnung und Abgrenzung der Länderkompetenzen. Der Wettbewerb der Länder untereinander und mit anderen Regionen Europas erfordert von ihnen eigenständige Initiativen, um Investoren anzulocken (ökonomischer Wettbewerb), zur optimalen Lösung politischer und sozialer Probleme (politischer Wettbewerb) und zur Förderung von Kunst und Kultur (kultureller Wettbewerb).

Als demokratietheoretisches Argument wird zugunsten des Wettbewerbsföderalismus ins Felde geführt, dass er der vertikalen Gewaltenteilung in der Bundesrepublik, also der ursprünglichen Begründung für die Wiederbegründung des Föderalismus in der Nachkriegszeit, wieder zu ihrem angestammten Recht verhelfe. Die klare Trennung der Kompetenzen und Finanzen von Bund und Ländern verhindere nicht nur den allgegenwärtigen Zugriff des Bundes (das gleiche Argument wird übrigens für die Kompetenzabgrenzung im Verhältnis der Länder zur Europäischen Union vorgebracht), sie ermögliche auch den Landtagen, wieder über wesentliche Fragen alleine zu entscheiden. Der Exekutivföderalismus wird aufgebrochen, und die Demokratie auf Landesebene wird wiederbelebt. Der Landtagsabgeordnete kann wieder von dem Vorteil seiner großen Bürgernähe Gebrauch machen, und Bürgerinnen und Bürger haben mit ihm wieder einen Ansprechpartner mit politischem Gewicht. Das System getrennter Kompetenzen und Finanzen erleichtert es zudem dem Bürger, den politischen Prozess zu verstehen. Er kann auf Landesebene nachvollziehen, wofür Steuergelder erhoben und wie sie verausgabt werden. Es besteht eine Korrespondenzbeziehung zwischen Einnahmen und Ausgaben (Prinzip der fiskalischen Äquivalenz). Setzt der Bürger, sich für neue oder bessere öffentliche Leistungen des Landes ein, in dem er lebt, so ist ihm klar, dass dies für ihn selbst auch eine entsprechend höhere Belastung beziehungsweise den Verzicht auf andere öffentliche Leistungen bedeuten kann. Wirtschaftlich erfolgreiche Landespolitik kann ihm direkt zugute kommen, zum Beispiel durch eine Minderung der Landessteuern. Optimisten erwarten als Folge der Einführung von Wettbewerbsföderalismus, dass die mit ihm verbundene größere Transparenz der Politik und die deutlichere

Zuordnung von ortsnaher politischer Verantwortlichkeit nicht nur den Föderalismus als staatliches Organisationsprinzip effizienter gestaltet, sondern auch die notwendige Verbindung von Demokratie und Föderalismus neu belebt, unter anderem dadurch, dass die größeren Beteiligungsmöglichkeiten des Wettbewerbsföderalismus einen Beitrag dafür leisten, „Politikverdrossenheit" abzubauen.

Kritisch ist zum Konzept des Wettbewerbsföderalismus allerdings anzumerken, dass es sehr unwahrscheinlich scheint, dass die Länder in Deutschland neu gegliedert werden. Damit entfällt bereits eine der ersten Voraussetzungen für einen funktionierenden oder gar fairen Wettbewerb. Länder mit höchst unterschiedlicher Wirtschafts- und Finanzkraft ohne Übergangsregelungen und solidarischer Absicherung dem Wettbewerb auszusetzen, ist auf die gesamtstaatliche Leistungsfähigkeit bezogen, nur wenig sinnvoll. Es ist zu erwarten, dass sich unter diesen Bedingungen die Situation der finanz- und wirtschaftsschwachen Länder zusätzlich verschärft und die bereits beobachtbaren Phänomene, wie etwa die Abwanderung, weiter zunehmen würden.[24] Allerdings schließen aber auch heute schon Unterschiede in der Wirtschafts- und Finanzkraft mehr Eigenverantwortung für die Länder und einen Wettbewerb um politische Innovationen und die Suche nach „best practices" nicht aus. Beispiele hierfür sind die Länderinitiativen in der Wirtschaftsförderung oder beim Bürokratieabbau.

Die Debatte um die Zukunft des deutschen Föderalismus hat in den Neunzigerjahren des zwanzigsten Jahrhunderts politische Brisanz gewonnen. Zum einen hat sich mit der fortschreitenden Europäisierung der deutschen Politik und der Deutschen Einheit das „Umfeld" des deutschen Föderalismus verändert. Zum anderen glaubt eine Reihe von Ländern, dass die gegenwärtigen Grundregeln des Föderalismus politische Innovationen hemmen, Finanzlasten ungerecht verteilen und die Eigenverantwortung der Landesregierungen gering achten. Insbesondere die Entflechtung der Aufgaben der politischen Ebenen – dies schließt aus Ländersicht die europäische Ebene ein – steht auf der Tagesordnung. Kritisch betrachtet wird auch eine Praxis der Gesetzgebung, die für politisch nachgeordnete Ebenen Ausgabenverpflichtungen schafft, ohne diesen neue Finanzmittel zur Verfügung zu stellen. Auch wenn der Konsens hinsichtlich des Reformbedarfs in diesen besonderen Fragen, aber auch über die Notwendigkeit einer Bundesstaatsreform im allgemeinen heute so groß ist, wie er seit dem Ende der Sechzigerjahre nicht mehr war, ist vor übertriebenen Erwartungen zu war-

---

24 Vgl. hierzu ausführlicher *Jun*, 2004: S. 578.

nen. Die Interessenlagen der deutschen Länder sind zu unterschiedlich, um eine „Totalrevision" des deutschen Föderalismus zu ermöglichen.[25]

Der gescheiterte und bescheidenere Versuch der Kommission von Bundestag und Bundesrat zur Modernisierung der bundesstaatlichen Ordnung, den deutschen Föderalismus zu reformieren, belegt diese These nur zu deutlich. Erschwerend für eine Reform kommt hinzu, dass nicht nur die Interessen der Länder zu unterschiedlich sind, sondern die Interessen zwischen Bund und Ländern nur schwer zu vereinbaren sind und selbst die Interessen innerhalb der Länder (unter anderen von Landesregierungen und Landtagen) nicht homogen sind.

 ## Wiederholungsfragen und Vertiefungsaufgaben

- Erklären Sie das Subsidiaritätsprinzip und seine Bedeutung für den Föderalismus.
- Erörtern Sie zentrale Begründungen für föderale Ordnungen.
- Welche Typologien föderaler Ordnungen können unterschieden werden?
- Skizzieren Sie die Entwicklung der Leitbilder des bundesdeutschen Föderalismus.
- Was spricht für und was gegen Wettbewerbsföderalismus?

 ## Links zum Thema

- http://www.kmk.org **(Kultusministerkonferenz)**
- http://www.uni-tuebingen.de/ezff **(Europäisches Zentrum für Föderalismusforschung Tübingen)**
- http://www.forumfed.org (Committee for a Forum of Federations, Ottawa/Kanada)

 ## Weiterführende Literatur

Agranoff, Robert, Intergovernmental Relations and the Management of Asymmetry in Spain, in: *Agranoff, Robert (Hrsg.)*, Accommodating Diversity: Asymmetry in Federal States, Baden-Baden: Nomos Verlagsgesellschaft, 1999, S. 94-117.

Benz, Arthur, Föderalismus und Demokratie. Eine Untersuchung zum Zusammenwirken zweier Verfassungsprinzipien, in: polis, Nr. 57, 2003, S. 1-33.

---

25 Siehe hierzu Kapitel 5.

Berge, Frank/Grasse, Alexander, Belgien – Zerfall oder föderales Zukunftsmodell? Der flämisch-wallonische Konflikt und die Deutschsprachige Gemeinschaft, Opladen: Leske+Budrich, 2003.

Graf Vitzthum, Wolfgang/Mack, Marcus, Multiethnischer Föderalismus in Bosnien-Herzegowina, in: *Graf Vitzthum, Wolfgang (Hrsg.)*, Europäischer Föderalismus. Supranationaler, subnationaler und multiethnischer Föderalismus in Europa, Berlin: Duncker & Humblot, 2000, S. 81-136.

Hesse, Konrad, Der unitarische Bundesstaat, Karlsruhe: C.F. Müller, 1962. *(Immer noch lesenswerter Klassiker)*

Jun, Uwe, Reformoptionen der politischen Akteure im deutschen Föderalismus: Mehr Länderautonomie und mehr Wettbewerb als Ausweg aus der Politikverflechtungsfalle?, in: Zeitschrift für Parlamentsfragen, Jg. 35, Nr. 3, 2004, S. 559-580. *(Gute Analyse mit informativen Tabellen)*

Kahn, Jeremy, Federalism, Democratization, and the Rule of Law in Russia, Oxford: Oxford University Press, 2002. *(Solide Analyse)*

Madison, James/Hamilton, Alexander/Jay, John, The Federalist Papers (hrsg. von Isaac Kramnick), London: Penguin Books, 1987 [1788].

Mommsen, Margareta, Der Föderalismus in Rußland, in: *Meier-Walser, Reinhard C./Hirscher, Gerhard (Hrsg.)*, Krise und Reform des Föderalismus, München: Olzog Verlag, 1999, S. 226-245.

Saunders, Cheryl, The Constitutional Arrangements of Federal Systems. A Sceptical View from the Outside, in: *Hesse, Joachim-Jens/Wright, Vincent (Hrsg.)*, Federalizing Europe?, Oxford: Oxford University Press, 1996, S. 46-99.

Scharpf, Fritz W., Verhandlungssysteme, Verteilungskonflikte und Pathologien der politischen Steuerung, in: *Schmidt, Manfred G. (Hrsg.)*, Staatstätigkeit, International und historisch vergleichende Analysen (PVS-Sonderheft 19), Opladen: Westdeutscher Verlag, 1988, S. 61-87.

Scharpf, Fritz W./Reissert, Bernd/Schnabel, Fritz, Politikverflechtung: Theorie und Empirie des kooperativen Föderalismus, Kronberg: Scriptor Verlag, 1976. *(Klassiker)*

Skalnik Leff, Carol, Democratization and Disintegration in Multinational States: The Breakup of the Communist Federations, in: World Politics, Jg. 51 (1998/ 1999), Nr. 2, 1999, S. 204-235.

Sturm, Roland, Föderalismus in Deutschland, Berlin: Landeszentrale für politische Bildungsarbeit, 2001.

Tarlton, Charles E., Symmetry and Asymmetry as Elements of Federalism: A Theoretical Speculation, in: Journal of Politics, Jg. 27, 1965, S. 861-874.

Tarr, G. Alan, Laboratories of Democracy? Brandeis, Federalism, and Scientific Management, in: Publius: The Journal of Federalism, Jg. 31, Nr. 1, 2001, S. 37-46.

2 Institutionelle Merkmale des Föderalismus

Wie wir bereits im ersten Kapitel gesehen haben, verbinden sich mit dem Föderalismus als staatlichem Organisationsprinzip unterschiedliche Möglichkeiten seiner Ausgestaltung. Hierzu gehört auch die Variationsbreite von institutionellen Merkmalen in föderalen Staaten. Dieses Kapitel widmet sich in vergleichender Perspektive der Rolle von Verfassungen und Verfassungspolitik, von Zweiten Kammern sowie der Verteilung von Kompetenzen zwischen Bund und Ländern, der daraus resultierenden Logik von Mehrebenenpolitik und der Bedeutung von Landesparlamenten, sowie der speziellen Stellung von Kommunen im Föderalismus.

2.1 Verfassungen/Verfassungspolitik

Verfassungen im Sinne von Verfassungsgesetzen oder -urkunden bilden die rechtliche Grundlage für die Organisation, die Funktionen, Aufgaben und Ziele von Staaten. In Demokratien verankern sie vor allem aber auch den Gedanken der Volksherrschaft und konkretisieren die Rechte und Pflichten der Staatsbürger. Verfassungen unterscheiden sich im wesentlichen in drei Aspekten von anderen Gesetzen. Sie genießen Vorrang vor anderen Gesetzen und binden die öffentliche Gewalt in allen Entscheidungen. Die Hürden zur Änderung von Verfassungen liegen auf Grund der besonderen Stellung der Verfassungen wesentlich höher als die Hürden zur Änderung einfacher Gesetze.

Der Jurist und ehemalige Richter am Bundesverfassungsgericht, Ernst-Wolfgang Böckenförde, charakterisiert Verfassungen folgendermaßen:

„Die Verfassung soll den demokratischen Rechtsstaat als Garanten öffentlichen Friedens sichern, und sie konstituiert ihn als eine politische Handlungs- und Entscheidungsinstanz, dazu berufen, sich am Gemeinwohl der in der Gemeinschaft zusammengeschlossenen Bürger zu orientieren. Weiterhin ist der demokratische Rechtsstaat seiner Idee nach auch eine Machteinheit, deren Aufgabe es ist, Sicherheit, Recht und Freiheit zu gewährleisten. Die Verfassung dient dazu, den Staat lebendig und lebensfähig zu halten, sie soll ihm Form und Gestalt geben und ihn befähigen, auf Veränderungen adäquat zu reagieren. Neben den Freiheitsgarantien für die Bürger übernimmt die Verfassung damit drei Funktionen: Erstens erfüllt sie eine Integrationsfunktion, indem sie die Beteiligungsmöglichkeiten bei der politischen Willensbildung absichert; zweitens organisiert und regelt sie die Entscheidungsverfahren durch die Machtkontrolle von „checks and balances" und durch ein „aller en concert" (Montesquieu), das verbindliche Entscheidungen ermöglicht; drittens stellt sie Instrumente und Verfahren bereit, die den Vollzug und die Umsetzung der getroffenen Regelungen gewährleisten."[26]

Verfassungspolitik im Föderalismus konkretisiert neben den von Böckenförde genannten Elementen einer Verfassung die vertikale Gewaltenteilung zwischen der bundesstaatlichen und der Länderebene. Sie steckt den Rahmen von Einheit und Vielfalt im Föderalismus, von Länderautonomie und Bund-Länder-Kooperationsbeziehungen ab. Eine substanzielle Föderalismusreform bezieht sich immer auf diese Verfassungsdimension und ist damit eine der Formen von Verfassungspolitik.

Aus der Sicht der Länder ist die Reichweite bundesstaatlicher Regelungen weder selbstverständlich noch unveränderlich. Gerade der internationale Vergleich weist darauf hin, dass es, sieht man einmal von der Außen- und Verteidigungspolitik ab, keine Staatsaufgaben gibt, die Verfassungen automatisch und immer der bundesstaatlichen Ebene zuweisen. Selbst Regelungen, die den Sozialstaat betreffen, wie beispielsweise das Rentensystem, das Gesundheitswesen oder die Sozialhilfe sind beispielsweise in Kanada oder den USA ganz oder teilweise dezentralisiert. Das deutsche Grundgesetz nennt in Artikel 30 denjenigen Grundsatz, der typisch für die Kompetenzaufteilung in föderalen Staaten ist. Er lautet: „Die Ausübung der staatlichen Befugnisse und die Erfüllung der staatlichen Aufgaben ist Sache der Länder, soweit dieses Grundgesetz keine andere Regelung trifft oder zulässt."

Die Gliedstaaten föderaler politischer Systeme besitzen Staatsqualität, das heißt sie verfügen über eigene Volksvertretungen mit Gesetzgebungskompetenzen und eigene Verfassungen, die jedoch nicht im Widerspruch zur Gesamtverfassung stehen dürfen. In der Bundesrepublik Deutschland regelt das Grundgesetz dies in Artikel 28 (1) folgendermaßen:

„Die verfassungsmäßige Ordnung in den Ländern muss den Grundsätzen des republikanischen, demokratischen und sozialen Rechtsstaates im Sinne dieses Grundgesetzes entsprechen. In den Ländern, Kreisen und Gemeinden muss das Volk eine Vertretung haben, die aus allgemeinen, unmittelbaren, freien, gleichen und geheimen Wahlen hervorgegangen ist . . ."

26 *Böckenförde*, 1998: S. 83f.

Der dritte Absatz desselben Artikels weist dem Bund die Aufgabe zu, zu gewährleisten, dass die Verfassungen der Länder die Grundrechte der Bürger wahren und den Bestimmungen des Artikels 28 entsprechen. Bisher gab es noch keine spektakulären Anlässe, die den Bund in die Rolle des „Länderaufpassers" gezwungen hätten. Das Grundgesetz sieht allerdings durchaus im Extremfall den „Bundeszwang" vor, wenn die Länder ihre rechtliche Verpflichtung zur „Bundestreue" vernachlässigen sollten. Artikel 37 Grundgesetz lautet:

> „(1) Wenn ein Land die ihm nach dem Grundgesetze oder einem anderen Bundesgesetze obliegenden Bundespflichten nicht erfüllt, kann die Bundesregierung mit Zustimmung des Bundesrates die notwendigen Maßnahmen treffen, um das Land im Wege des Bundeszwanges zur Erfüllung seiner Pflichten anzuhalten.
>
> (2) Zur Durchführung des Bundeszwanges hat die Bundesregierung oder ihr Beauftragter das Weisungsrecht gegenüber allen Ländern und ihren Behörden."

Entstehen Streitfälle zwischen Bund und Ländern über Kompetenzzuordnungen und deren Auslegung, so bedarf es einer Schiedsinstanz in bundesstaatlichen Angelegenheiten. Die Zuständigkeit hierfür weist das Grundgesetz in Artikel 93 dem Bundesverfassungsgericht zu:

> „(1) Das Bundesverfassungsgericht entscheidet:
>
> 1. über die Auslegung dieses Grundgesetzes aus Anlass von Streitigkeiten über den Umfang der Rechte und Pflichten eines obersten Bundesorgans oder anderer Beteiligter, die durch dieses Grundgesetz oder in der Geschäftsordnung eines obersten Bundesorgans mit eigenen Rechten ausgestattet sind;
> 2. bei Meinungsverschiedenheiten oder Zweifeln über die förmliche und sachliche Vereinbarkeit von Bundesrecht oder Landesrecht mit diesem Grundgesetze oder die Vereinbarkeit von Landesrecht mit sonstigem Bundesrechte auf Antrag der Bundesregierung, einer Landesregierung oder eines Drittels der Mitglieder des Bundestages;
> 2a. bei Meinungsverschiedenheiten, ob ein Gesetz den Voraussetzungen des Artikels 72 Abs. 2 entspricht [d.h. ob der Bund über den Weg der konkurrierenden Gesetzgebung Länderaufgaben an sich ziehen darf, d. Verf.], auf Antrag des Bundesrates, einer Landesregierung oder der Volksvertretung eines Landes;
> 3. bei Meinungsverschiedenheiten über Rechte und Pflichten des Bundes und der Länder, insbesondere bei der Ausführung von Bundesrecht durch die Länder und bei der Ausübung der Bundesaufsicht;

4. in anderen öffentlich-rechtlichen Streitigkeiten zwischen dem Bunde und den Ländern, zwischen verschiedenen Ländern oder innerhalb eines Landes, soweit nicht ein anderer Rechtsweg gegeben ist; [. . .]"

Aber auch für Organstreitigkeiten innerhalb der Länder und für die Kontrolle der Einhaltung der Landesverfassungen ist eine Entscheidungsinstanz notwendig. Hierfür können die Länder eigene Verfassungsgerichte einrichten, verpflichtet sind die Länder hierzu nicht. Von der Möglichkeit des Verzichts auf ein eigenes Verfassungsgericht hat nur Schleswig-Holstein Gebrauch gemacht.

In der Verfassungspolitik, also hinsichtlich der Neugestaltung der bundesstaatlichen Ordnung, müssen Bund und Länder zusammenarbeiten. Dies ist in allen föderalen Staaten üblich. In Deutschland hat sich die hohe Hürde für Verfassungsänderungen nicht nur zugunsten einer Stärkung des Ländereinflusses ausgewirkt. Überlagert wird dieser auch von parteipolitischen Überlegungen, so dass Verfassungsänderungen meist nur den kleinsten gemeinsamen Nenner von Länder- und parteipolitischen Kompromissen widerspiegelten, selbst wenn es um Föderalismusreformen ging. Eine Ausnahme bildete nur die Abwehrhaltung der Länder gegenüber Kompetenzverlusten gegenüber der europäischen Ebene. Hier sind sich die Länder relativ einig und haben ihre Position auch im Grundgesetz (insbesondere in Artikel 23) deutlich verankern können.

Das Grundgesetz kann mittels Zweidrittelmehrheiten in Bundestag und Bundesrat geändert werden. Davon ausgenommen sind die Artikel 1 und 20, die eine Bestandsgarantie haben (Artikel 79 (3)). Außerdem legt Artikel 79 (3) fest, dass eine Änderung des Grundgesetzes, durch welche die Gliederung des Bundes in Länder und die grundsätzliche Beteiligung der Länder an der Gesetzgebung des Bundes berührt werden, nicht zulässig ist, wodurch der Föderalismus, dadurch dass die Bundesstaatlichkeit in Artikel 20 bereits festgelegt wurde, eine doppelte Bestandsgarantie erhält.[27]

Die Unveränderlichkeit der Bundesstaatlichkeit bedeutet jedoch nicht, dass die einzelnen Länder de jure eine Bestands- oder Unveränderlichkeitsgarantie hätten. Das Gegenteil ist der Fall. Das Bundesgebiet kann auf der Grundlage von Artikel 29 neu gegliedert werden.[28] Die Anforderungen

---

27 Diese Auffassung entspricht der gängigen politischen und auch juristischen Ansicht. Es gibt jedoch auch Wissenschaftler, die die Auffassung vertreten, der Föderalismus sei durch das Grundgesetz nicht dauerhaft garantiert und könne mittels eines Volksentscheids über eine neue Verfassung für die Bundesrepublik abgeschafft werden. Vgl. hierzu vor allem *Franz*, 2004.

28 Vgl. zum Beispiel *Leonardy*, 2001.

hierfür sind allerdings extrem hoch, so dass die Länder de facto über eine Bestandsgarantie verfügen. Im Kontext von Reformdiskussionen und im Zuge der deutschen Einheit gibt und gab es immer wieder Diskussionen über die sogenannte Länderneugliederung sowie diesbezügliche Neugliederungsvorschläge.

Der umfassendste und am ausführlichsten begründete Vorschlag zur Länderneugliederung wurde im Jahr 1973 von der, nach ihrem Vorsitzenden, dem Staatssekretär a.d. Werner Ernst, benannten, Expertenkommission im Auftrag des Innenministeriums vorgelegt. Seit den Neugliederungsvorschlägen der Ernst-Kommission gilt als Faustregel, dass eine Einwohnerzahl von mindestens fünf Millionen in einem Land erst die Voraussetzung dafür schafft, dass Verwaltungsaufgaben bedarfsgerecht und kostengünstig erfüllt werden. Diese Voraussetzung erfüllen heute aber nur fünf der sechzehn Länder. Im internationalen Vergleich gilt Deutschland als eines der „überregiertesten" Länder: EU, Bund, Land, Mittelinstanz, überörtliche Verwaltung, Kommunen breiten ein dichtes Verwaltungsnetz aus. Dass die gewählten Entscheidungsträger Diskussionen um die Abschaffung der sie tragenden Institutionen nicht begeistert führen wollen, ist naheliegend.

Sieht man von solchen, machtpolitisch nicht zu unterschätzenden Interessenlagen ab, stellt sich dennoch die Frage: Ist eine Länderneugliederung überhaupt sinnvoll? Gibt es nicht in jeder Föderation größere und kleinere Einheiten? Warum diskutiert niemand in der Schweiz die Auflösung der Kantone Uri (0,05 Prozent der Landesbevölkerung) oder Appenzell Innerrhoden (Bevölkerungsanteil: 0,02 Prozent), beziehungsweise in den USA der Staaten Vermont oder Wyoming (beide circa 0,02 Prozent der Landesbevölkerung)?

Auf diese Frage gibt es zwei Antworten. Erstens sind diese Territorien sowohl in den USA als auch in der Schweiz Ausdruck historisch gewachsener Identitäten. Zweitens tragen die Gliedstaaten in beiden Ländern die Folgen von Größe und Kleinheit weitgehend in eigener Verantwortung. Beide Voraussetzungen treffen in Deutschland jedoch nicht zu.

Es ist sicherlich nicht zu bestreiten, dass das politisch motivierte Regionalmarketing verbunden mit der Medienprägung, vor allem der Dritten Programme der ARD, so etwas wie ein überregionales Zugehörigkeitsbewusstsein auch in den Bindestrich-Ländern wie Rheinland-Pfalz oder Nordrhein-Westfalen begründet hat. Die emotionale regionale Bindung der Bürger bleibt jedoch kleinräumiger. Machte man diese zum Maßstab, fiele Deutschland in die Kleinstaaterei zurück. Demgegenüber wird die Länderneugliederung im Südwesten, also in Baden-Württemberg, als Fortschritt gepriesen. Das Argument, dass sich hier oder in Rheinland-Pfalz ein regionales Bewusstsein entwickelt hat, spricht gerade nicht gegen die Neugliederung des Bundesgebiets. Gerade das rheinland-pfälzische Beispiel zeigt, dass diese Art von Landesidentität politisch konstruierbar ist. Mit anderen Worten: auch nach einer Länderneugliederung wäre eine solche Konstruktion möglich.

Wird heute schon die historisch-emotionale Bindung der Bürger an Regionen durch die Grenzziehung der Länder missachtet, so stellt sich die Frage, ob die neu erfundenen Grenzen wenigstens effizient sind. In diesem Zusammenhang ist das relevante Umfeld der europäische Binnenmarkt mit seinen Anforderungen an den regionalen Wettbewerb. Dass sich zum Beispiel die westdeutschen Länder bei vergleichbarer Ausgangslage unterschiedlich positionieren, hat offensichtlich etwas mit ihrer Größe zu tun. Innerstaatlich betrachtet sind zudem das willkürliche Zerschneiden regionaler Wirtschaftsräume durch Ländergrenzen, ein komplizierter und intransparenter und deshalb demokratisch fragwürdiger Finanzausgleich[29] wegen der Vielzahl von Spezialinteressen der Länder oder die unterschiedliche Behandlung von Großstädten wie München und Bremen als Stadt und Stadtstaat alles andere als funktional.[30]

Bislang wurden jedoch erst zwei konkrete Versuche unternommen, Länder miteinander zu fusionieren. Beiden Versuchen ist gemeinsam, dass sie nicht auf der Grundlage des Artikels 29 des Grundgesetzes, sondern auf der für sie eigens geschaffener Grundgesetzartikel (118 beziehungsweise 118a) gestartet wurden. Der erste Versuch war die erfolgreiche Gründung des Landes Baden-Württemberg im Jahr 1952 aus den damaligen Ländern Württemberg-Baden, Baden und Württemberg-Hohenzollern. Der Versuch, die Länder Berlin und Brandenburg miteinander fusionieren zu lassen, scheiterte hingegen im Mai 1996 am Votum der brandenburgischen Bürgerinnen und Bürger. Die Neugliederungsdiskussion wurde durch dieses Votum hier allerdings nicht beendet, sondern wird weiter geführt.

---

29 Vgl. hierzu Kapitel 3.
30 Für eine kritische Einschätzung der Länderneugliederungsdebatte vgl. *Lehmbruch*, 2000: S. 89-92.

2.2 Kompetenzverteilung und Mehrebenenpolitik

Unter *Mehrebenenpolitik* wird die funktionale Aufteilung von Staatsaufgaben verstanden, welche die Kooperation der unterschiedlichen staatlichen Ebenen zur Konsequenz hat. Gewissermaßen handelt es sich hierbei um ein mechanisches Prinzip. Die Aufgabenwahrnehmung unterschiedlicher staatlicher Ebenen findet sich nicht nur in Föderalstaaten, sondern auch in zentralistisch organisierten Staaten. In Zentralstaaten werden die Aufgaben von oben nach unten delegiert. Über die demokratische Legitimation der dezentralen Staatstätigkeit sagt dies noch nichts aus. Im Unterschied zur Aufgabendezentralisierung im Zentralstaat ist die Mehrebenenpolitik im Föderalismus eine Kooperationsbeziehung von Gemeinwesen, deren Repräsentanten in Wahlen gefunden werden und die ihre Entscheidungen gegenüber der politischen Ebene, die sie repräsentieren, vertreten und verteidigen müssen. Während die Mehrebenenregierung in Zentralstaaten primär eine Frage der Verwaltungseffizienz ist, ist die Mehrebenenregierung im Föderalismus immer auch an demokratische Prinzipien gebunden.[31]

Ein Ausdruck dieser „Ebenensouveränität" ist die Selbstkoordination der Länder, die wir bereits in Kapitel 1 erwähnt haben. Eine weitere demokratisch legitimierte Komponente der Mehrebenenpolitik bildet die kommunale Selbstverwaltung, der wir einen eigenständigen Abschnitt widmen. In Deutschland ist diese der Länderebene untergeordnet, so dass der deutsche Föderalismus streng genommen nur zwei politische Ebenen kennt (sieht man einmal von der immer wichtiger gewordenen europäischen Ebene ab). Wie das Beispiel Indien zeigt, ist es aber auch möglich, in einem föderalen Staatswesen den Kommunen als eigenständiger politischer Ebene Verfassungsrang zu geben.

Die Kompetenzverteilung zwischen Bund und Ländern erfolgt im deutschen Föderalismus nicht primär nach Politikfeldern, sondern gemäß funktionaler Kriterien. Das heißt, die Bundesebene ist weitestgehend für die Gesetzgebung zuständig, die Ebene der Länder für die Ausführung der Bundesgesetze, die öffentliche Verwaltung. Bundesgesetze werden in der Regel als eigene Angelegenheit der Länder ausgeführt (Artikel 83 Grundgesetz). Daneben ist es auch möglich, dass die Länder Bundesgesetze im Auftrag des Bundes ausführen (Bundesauftragsverwaltung durch die Länder, Artikel 85 GG) – ein Verfahren, das eine stärkere Bundesaufsicht über die Verwaltungstätigkeit erlaubt als dies im ersteren Fall möglich ist. Von

---

31 Vgl. hierzu Kapitel 1 und widersprüchlich *Benz*, 2003.

der Regel dieser sogenannten Länderexekutive gibt es Ausnahmen, zum Beispiel die Bundeswehrverwaltung (Art. 87b GG) oder die Luftverkehrsverwaltung (Art. 87d GG).[32]

Die funktionale Kompetenzverteilung ist in föderalen Staaten nicht die Regel. In vielen Ländern finden wir ein mehr oder minder stark entwickeltes Trennsystem, das sowohl für den Bund als auch für die Gliedstaaten einen eigenständigen Verwaltungsunterbau vorsieht. Dies verringert den bundesstaatlichen Zwang zur Kooperation der politischen Ebenen. Gerade in Deutschland sind die Verwaltungszuständigkeiten der Länder die stärkste Triebkraft zur Beförderung der Verflechtung der Entscheidungsebenen Bund und Länder, für Kompromisszwänge und die Verwischung von Aufgabenverantwortung der einzelnen föderalen Ebenen gegenüber der Öffentlichkeit und dem Souverän, dem Bürger.

Die funktionale Aufgabenteilung zwischen Bund und Ländern bedeutet jedoch nicht, dass die Länder keine Gesetzgebungsbefugnisse hätten. Im Gegenteil, Artikel 30 des Grundgesetzes nennt die Länder als zuständige Ebene für die Ausübung der staatlichen Befugnisse und die Erfüllung der staatlichen Aufgaben. Faktisch hat dies allerdings heute keine Bedeutung, denn die weiteren Bestimmungen des Grundgesetzes und dessen Auslegungen haben die Länderkompetenzen weitgehend ausgehöhlt. Das Grundgesetz unterscheidet zwischen ausschließlicher, konkurrierender und Rahmen-Gesetzgebung sowie den Gemeinschaftsaufgaben von Bund und Ländern. Im Bereich der ausschließlichen Gesetzgebung des Bundes haben die Länder nur dann eine Gesetzgebungsbefugnis, „wenn und soweit sie hierzu in einem Bundesgesetze ausdrücklich ermächtigt werden" (Artikel 71 GG). Die konkurrierende Kompetenzzuweisung in der Gesetzgebung wird in Artikel 72 des Grundgesetzes geregelt: Der Bund hat das Recht zur Gesetzgebung, „wenn und soweit die Herstellung gleichwertiger Lebensverhältnisse im Bundesgebiet oder die Wahrung der Rechts- oder Wirtschaftseinheit im gesamtstaatlichen Interesse eine bundesgesetzliche Regelung erforderlich macht" (Artikel 72 (2)). Die Länder verlieren das Recht zur Gesetzgebung in diesen Bereichen, wenn der Bund von seinem Gesetzgebungsrecht Gebrauch gemacht hat. Wenn die in Artikel 72 (2) genannten Erfordernisse nicht mehr bestehen,[33] können landesweite Regelungen per Bundesgesetz wieder ermöglicht werden.

---

32 Vgl. hierzu das Internetportal des Bundes: http://www.bund.de/Verwaltung-in-Deutschland/Bund/Die-Bundesverwaltung-thematisch-.6375.htm.
33 Artikel 72 (3), beziehungsweise Artikel 125 a (2), wenn ein entsprechender politischer Wille besteht.

Die Gegenstände der konkurrierenden Gesetzgebung sind in den Grundgesetz-Artikeln 74 und 74a geregelt. Zu diesen gehören beispielsweise das bürgerliche Recht, das Straf-, Wirtschafts- und Arbeitsrecht oder die Förderung von wissenschaftlicher Forschung. In diesem Bereich hat der Bund mit dem Ziel der „Herstellung einheitlicher Lebensverhältnisse", wie die entsprechende Formulierung des Artikels 72 (2) vor der 1994 erfolgten Grundgesetzänderung lautete, seine Gesetzgebungskompetenzen ausgeschöpft, so dass das gesetzgeberische Handlungsfeld der Länder immer kleiner wurde. Die vor der deutschen Einheit im Ländervergleich relativ homogenen Lebensverhältnisse hatten sich durch das Hinzukommen der fünf neuen Länder stark diversifiziert, so dass ein Tätigwerden des Bundes nahezu uneingeschränkt zu rechtfertigen gewesen wäre. Mit der Verfassungsänderung des Jahres 1994 wurde deshalb die Kompetenzausübung des Bundes auf der Grundlage von Artikel 72 (2) GG theoretisch erschwert.[34] Die Formulierung „Einheitlichkeit der Lebensverhältnisse" als Begründung für bundeseinheitliche Gesetzgebung wurde durch die als weniger durchgreifend empfundene Formulierung „gleichwertige Lebensverhältnisse" ersetzt. Der Bund sollte auch nur noch dann als Gesetzgeber auftreten, wenn dies erforderlich war und nicht wie bisher nach einem durch den Bund festgestellten Bedarf. Faktisch hat diese Verfassungsreform aber wenig bewirkt. Nicht nur weil der Status quo der bereits weitgehenden Kompetenzausübung des Bundes in der konkurrierenden Gesetzgebung durch diese Neuformulierung unangetastet blieb, sondern auch, weil in der Verfassungspraxis die Unterschiede zwischen „Einheitlichkeit" und „Gleichwertigkeit" keine Rolle spielten.

Das Bundesverfassungsgericht hatte es lange vermieden, bezüglich der Anwendung von Artikel 72 des Grundgesetzes durch den Bundesgesetzgeber Stellung zu beziehen. Im Oktober 2002 wies es in seinem Urteil zum Altenpflegegesetz erstmals darauf hin, dass die Wahrung der Rechts- und Wirtschaftseinheit, die Artikel 72 (2) neben der „Gleichwertigkeit der Lebensverhältnisse" als Rechtfertigung für das Tätigwerden des Bundes im Bereich der konkurrierenden Gesetzgebung nennt, nicht als strenge Uniformität zu interpretieren sei, sondern Spielraum für Vielfalt im Föderalismus erlaube, sofern dies zu keinen gesamtstaatlichen Nachteilen führe.[35]

---

34 Vgl. ausführlicher *Schmalenbach*, 1998.
35 Vgl. hierzu *Grimm*, 1998: 46 und ausführlich *Hanebeck*, 2003 oder *Adamski*, 2004. Das Urteil des Bundesverfassungsgerichts findet sich unter http://www.bundesverfassungsgericht.de/cgi-bin/link.pl?entscheidungen.

Die Rahmengesetzgebung des Bundes erfolgt auf den gleichen Grundlagen, wie es bei der konkurrierenden Gesetzgebung der Fall ist. Der Bund soll jedoch lediglich Rahmenvorschriften erlassen, deren konkrete Ausgestaltung dann den Ländern obliegt. Artikel 75 des Grundgesetzes nennt die Gegenstände der Rahmengesetzgebung. Hierzu gehören die allgemeinen Grundsätze des Hochschulwesens, die Rechtsverhältnisse der Beschäftigten des öffentlichen Dienstes oder das Melde- und Ausweiswesen. In der Praxis hat sich erwiesen, dass es häufig nicht gelang, die Rahmengesetzgebung auf die Festlegung von Leitsätzen für die Ländergesetzgebung zu beschränken und statt dessen Regelungen im Detail erfolgten.

Das Bundesverfassungsgericht hat die im Urteil zum Altenpflegegesetz zum Ausdruck gebrachte Auffassung im Zusammenhang mit dem Hochschulrahmengesetz bekräftigt. Die Länder Bayern, Sachsen und Thüringen hatten vor dem BVerfG gegen das Fünfte Gesetz zur Änderung des Hochschulrahmengesetzes (5. HRGÄndG) vom 16. Februar 2002 geklagt. Dieses Gesetz sah die Einführung einer auf sechs Jahre befristeten Juniorprofessur und die gleichzeitige Abschaffung der Habilitation als Qualifikationsweg für Hochschullehrer vor. Das Bundesverfassungsgericht gab den Klägern insofern Recht, dass es eine Kompetenzüberschreitung des Bundes im Hinblick auf die Rahmengesetzgebung feststellte und das 5. HRGÄndG als nicht verfassungskonform einstufte und damit für nichtig erklärte. Damit hat sich das Bundesverfassungsgericht in die Debatte zur Reform des Föderalismus eingebracht und eine klare Position für eine Stärkung der Länderkompetenzen bezogen.[36]

Ein weiteres Beispiel für die inzwischen länderfreundliche Haltung des Bundesverfassungsgerichts ist das Urteil zum Verbot von Studiengebühren. Der Bundesgesetzgeber hatte dieses Verbot im Sechsten Gesetz zur Änderung des Hochschulrahmengesetzes festgeschrieben (6. HRGÄndG). Mit der Begründung, der Bund habe hier seine Kompetenzen überschritten, haben die Länder Baden-Württemberg, Bayern, Hamburg, das Saarland, Sachsen und Sachsen-Anhalt vor dem Bundesverfassungsgericht gegen das Gesetz geklagt und am 26.01.2005 Recht bekommen. Die Verfassungsrichter argumentierten auch in diesem Fall, dass das Verbot von Studiengebühren weder zur Herstellung gleichwertiger Lebensverhältnisse, noch zur Wahrung der Rechts- oder Wirtschaftseinheit im gesamtstaatlichen Interesse erforderlich sei und der Bund somit keine Gesetzgebungskompetenz für diese Thematik besitze.[37]

---

36 Vgl. hierzu ausführlicher *Batt*, 2004.
37 Das Urteil des BverfG kann abgerufen werden unter: http://www.bverfg.de/entscheidungen/fs20050126_2bvf000103.

Rahmengesetzgebung steht immer in Gefahr zur quasi-Bundesgesetzgebung zu werden. Allerdings nur, wenn die Länder im Bundesrat zustimmen. Das gleiche gilt übrigens auch für die konkurrierende Gesetzgebung: Die Interventionsbereitschaft des Bundes und die Selbstaufgabe der Länderautonomie bilden zwei Seiten der gleichen Medaille.

Wichtig für die Kompetenzverteilung zwischen Bund und Ländern sind auch die Gemeinschaftsaufgaben. Zu Gemeinschaftsaufgaben nach Artikel 91a und b des Grundgesetzes wurden der Ausbau und Neubau von Hochschulen einschließlich der Hochschulkliniken; die Verbesserung der regionalen Wirtschaftsstruktur; die Verbesserung der Agrarstruktur und des Küstenschutzes und die Bildungsplanung und Forschung. Bei all diesen Aufgaben trägt der Bund mindestens die Hälfte der Kosten. Die Aufteilung der Kosten für die Bildungsplanung und Forschung können von Bund und Ländern verhandelt werden.[38]

Tabelle 1: Finanzierungsanteil des Bundes bei der Forschungsförderung (2002)

Forschungseinrichtungen	Anteil in %
Deutsche Forschungsgemeinschaft	58
Helmholtz-Gemeinschaft Deutscher Forschungszentren	90
Max-Planck-Gesellschaft	50
Fraunhofer-Gesellschaft	90
Blaue Liste Einrichtungen	50

Nach: Faktenbericht 2002 zum Bundesbericht Forschung, Bundestagsdrucksache 14/8040, Seite 172.

Entschieden wird über die jeweilige Aufgabenerfüllung bei den Gemeinschaftsaufgaben in gemeinsamen Bund-Länder Gremien. So wurde beispielsweise durch das am 1. Januar 1970 in Kraft getretene Gesetz über die Gemeinschaftsaufgabe „Verbesserung der regionalen Wirtschaftsstruktur" ein Planungsausschuss von Bund und Ländern für die Gestaltung der regionalen Wirtschaftsförderung in Deutschland eingerichtet. In diesem

---

38 Siehe hierzu auch Kapitel 3.

Ausschuss hat der Bund heute 16 Stimmen und jedes Land eine Stimme, das Gewicht von Bund und Ländern hält sich also die Waage. Der Planungsausschuss beschließt mit einer Mehrheit von drei Vierteln seiner Stimmen. Beschlüsse bedürfen also der Zustimmung des Bundes und von mindestens acht Ländern.

Der kooperative Föderalismus wurde durch solche Entscheidungsstrukturen in seinem Wesensgehalt modifiziert. Nicht nur entfiel das Element der Freiwilligkeit bei Kooperationsbeziehungen und die Möglichkeit für einzelne Länder, sich Ansinnen des Bundes zu verweigern. Es wurde auch ein Entscheidungssystem geschaffen, das einen hohen Konsensbedarf hervorrief. Wie sonst sollte die Dreiviertelmehrheit in einem Planungsausschuss zustande kommen?

2.3 Die Beteiligung der Gliedstaaten an der Bundesgesetzgebung: Zweite Kammern und Vermittlungsverfahren

Die Beteiligung der Gliedstaaten an der Bundesgesetzgebung sowie die Vertretung gliedstaatlicher Interessen auf der Bundesebene bedarf gesicherter Verfahren, was in der Regel auch das Nutzen besonders dafür eingerichteter Institutionen bedeutet. In den meisten föderalen Staaten finden wir eine Zweite Kammer des Parlaments, die der Interessenvertretung der Gliedstaaten dient. Zweite Kammern sind den direkt gewählten Volksvertretungen, den „Ersten Kammern", häufig nachgeordnete Institutionen im legislativen Prozess. Sie sind jedoch kein Alleinstellungsmerkmal föderaler Staaten, da auch zentralistische oder dezentralisierte Staaten Zweite Kammern kennen.[39] Sie können auch Vertretungen bestimmter gesellschaftlicher Stände oder Interessen sein. Beispiele hierfür sind das House of Lords in Großbritannien (noch teilweise), der irische Senat oder der durch Volksentscheid abgeschaffte Bayerische Senat.[40]

Welche Funktion und welche Kompetenzen Zweiten Kammern im Föderalismus zukommt, hängt von der Ausgestaltung desselben ab. Im folgen-

---

39 Weltweit dominieren Staaten mit Einkammerparlamenten, während Zweikammersysteme sich in Westeuropa vergleichsweise großer Beliebtheit erfreuen. Vgl. zu Zweikammersystemen u.a. *Russel*, 2000, *Schüttemeyer/Sturm*, 1992.
40 Vgl. zum House of Lords *Russel*, 2000, *Schüttemeyer/Sturm*, 1992: S. 520-523. Allgemein zu den Funktionen Zweiter Kammern: *Haas*, 2000, *Schüttemeyer/Sturm*, 1992.

den werden wir mögliche Unterschiede anhand von Beispielen aus einigen Föderalstaaten skizzieren.

In Österreich hat der dortige Bundesrat eine relativ schwache Stellung. Er verfügt über ein eingeschränktes Einspruchsrecht (suspensives Veto) gegenüber dem Nationalrat. Dieser kann ein Veto des Bundesrates mit einfacher Mehrheit überstimmen (Beharrungsbeschluss). Hinsichtlich finanzieller Angelegenheiten verfügt der österreichische Bundesrat über kein Einspruchsrecht (Artikel 42 Bundesverfassungsgesetz (B-VG)). Bei geplanten Änderungen der Länderzuständigkeiten ist seit 1984 eine Zustimmung von zwei Dritteln der Bundesratsmitglieder notwendig. In der Vergangenheit verhielt sich der Bundesrat in diesem Zusammenhang allerdings sehr zurückhaltend. Bislang nicht genutzt hat der Bundesrat seine Möglichkeit, bei Verfassungsänderungen, die nicht die Bundesprinzipien betreffen, einen Volksentscheid zu verlangen. Der österreichische Bundesrat sah sich lange als Korrekturinstanz von offensichtlichen Irrtümern der Nationalversammlung. Die schwache Stellung dieser Zweiten Kammer wird mit der historischen Stellung der Länderkammer in Österreich, mit dem eher formalen Charakter des österreichischen Föderalismus und parteipolitischen Besonderheiten Österreichs begründet.[41]

Die Zweite Kammer des Schweizer Parlaments, der Ständerat, hat im Gegensatz zum österreichischen Bundesrat eine wesentlich gewichtigere Position. Er ist dem Nationalrat, der ersten Kammer des Parlaments, vollkommen gleichberechtigt. Beim Ständerat handelt es sich um ein sogenanntes Senatsmodell, das heißt, alle Gliedstaaten (Kantone) haben die gleiche Anzahl von Vertretern im Ständerat. Dadurch gewinnen die dünner besiedelten ländlichen Kantone gegenüber den dicht besiedelten städtischen Kantonen, wie zum Beispiel Zürich, an Gewicht. Die Schweiz ist ein Staat mit einer heterogenen Gesellschaftsstruktur, die sich in der gesellschaftlichen Vielfalt (Sprache, Religion) der Kantone widerspiegelt, welche durch das Ständeratssystem eine gesamtstaatliche Berücksichtigung findet. Dem Ständerat kommt also politisch eine stark integrative Funktion zu.[42]

Wie der Ständerat organisiert der US-amerikanische Senat eine gleichmäßige Repräsentation aller (fünfzig) Staaten auf Bundesebene. Er ist eine mit dem Repräsentantenhaus gleichberechtigte Zweite Kammer. Diese Übereinstimmung ist nicht zufällig, vielmehr war das US-amerikanische

---

41 Vgl. ausführlicher zum österreichischen Bundesrat *Haas*, 2000.
42 *Riescher*, 2000: S. 54.

Modell Vorbild für die Einrichtung des Schweizer Ständerats. In den USA war der Senat Produkt eines Verfassungskompromisses, der es den kleineren Staaten erleichtern sollte, der Union beizutreten. Seine Funktion wurde – neben der Repräsentation der Interessen der Staaten, wobei die Senatoren über ein freies Mandat verfügen – darin gesehen, zu qualitativ hochwertigeren Entscheidungen zu gelangen. Der große Einfluss des Senats verdankt sich nicht nur seiner mit der Ersten Kammer des Kongresses gleichberechtigten Stellung. Hierzu trägt auch bei, dass die Amtszeit eines Senators sechs Jahre beträgt, die eines Mitglieds des Repräsentantenhauses nur zwei Jahre. Der Senat ist zudem mit seinen hundert Mitgliedern ein vergleichsweise kleines und überschaubares Gremium, wodurch jedem einzelnen Senator ein höheres Gewicht, verbunden mit einer entsprechenden Medien- und damit öffentlichen Beachtung, zukommt.[43]

Das Repräsentativorgan der deutschen Länder, der Bundesrat, ist keine Zweite Kammer, sondern ein eigenständiges Verfassungsorgan (Artikel 50 GG). Wir werden die Funktionen und die Arbeitsweise des Bundesrates dennoch an dieser Stelle behandeln, da er in seinen wesentlichen Funktionen durchaus mit Zweiten Kammern verglichen werden kann.

Auch wenn der Bundestag nicht als Zweite Kammer des deutschen Parlamentes konzipiert ist, nimmt er bei der Gesetzgebung eine Aufgabe war, die für das Zusammenspiel von zwei Kammern eines Parlamentes typisch ist. Von zentraler Bedeutung für die Schaffung des Bundesrats war die auf das Eigengewicht der ja bereits vor der Gründung der Bundesrepublik bestehenden Ländern begründete Hoffnung des Verfassungsgebers, der Bundesrat möge, im Unterschied zu der für den Bundestag so typischen parteipolitischen Präferenzbildung, nach „sachlichen", das heißt auf die Interessenwahrnehmung der Länder bezogenen Gesichtspunkten, entscheiden und sich dabei am Ideal des besseren und vernünftigeren Urteils ausrichten, anstatt an den auf den Machterwerb ausgerichteten strategischen Erfordernissen des Parteienwettbewerbs.

Das Grundgesetz geht also vom Bundesrat als einer Kammer aus, welche die erforderliche Mitwirkung der Länder an der Bundesgesetzgebung organisiert. Diese Sichtweise beruhte auf der falschen Erwartung, dass Landespolitiker durch ihre Bindung an ihre Wählerschaft im Lande, immer eindeutig Landesinteressen erkennen und diesen bei der Formulierung der Position eines Landes im Bundesrat vor parteipolitischen Überlegungen Priorität geben. Eine solche Erwartungshaltung unterschätzte die Logik

---

43 *Sinclair*, 1999.

Abbildung 2: Sitzverteilung im Bundesrat

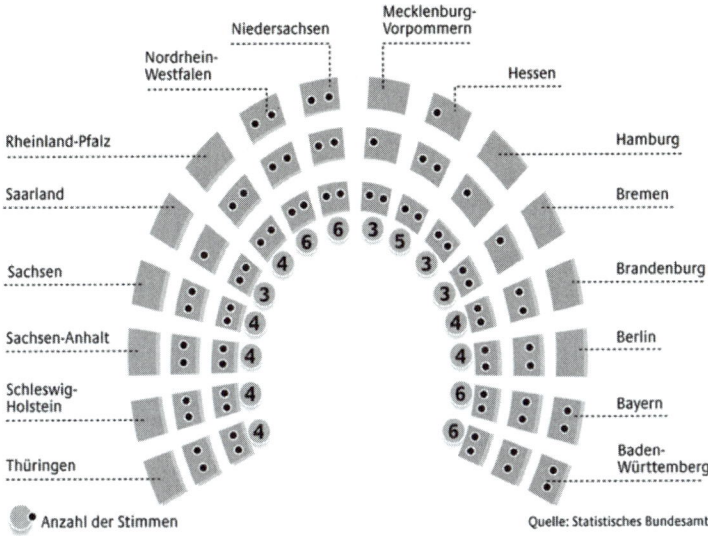

Anzahl der Stimmen

Quelle: Statistisches Bundesamt

Quelle: Auswärtiges Amt: http://www.tatsachen-ueber-deutschland.de/117.0.html, abgerufen am 22.02.2004.

des Parteienwettbewerbs und die interne Bindekraft von Parteien.[44] Die Entwicklung der deutschen Demokratie zu einer parteienstaatlichen hat auch vor dem Bundesrat nicht Halt gemacht. Parteipolitische Kontroversen strukturieren bei politisch kontroversen Themen mit großer Bedeutung für den Parteienwettbewerb weitgehend das Abstimmungsverhalten der Länder. Die parteipolitische Koordinierung geschieht im Vorfeld von Bundesratssitzungen durch separate Treffen der SPD- (A-Länder) beziehungsweise CDU/CSU-dominierten (B-Länder) Landesregierungen beziehungsweise ihrer Vertreter.

Im internationalen Vergleich ist die parteipolitische Durchformung der Zweiten Parlamentskammer durchaus die Regel, auch in föderalen Staaten. Was aus der Sicht der Verfassungskonzeption des Grundgesetzes deshalb als „Strukturbruch" (Lehmbruch) erscheinen muss, nämlich das Zurück-

44 Vgl. zum Parteienwettbewerb Kapitel 4.

drängen von Länderinteressen gegenüber Parteiinteressen bei wichtigen Bundesratsentscheidungen, ist aus vergleichender Perspektive noch immer eine erstaunliche Besonderheit des Bundesrates. Denn trotz aller Parteipolitik, ist der Faktor Landesinteresse bei Bundesratsentscheidungen nie völlig auszuschließen, ja er fällt in jüngster Zeit sogar wieder stärker ins Gewicht. Zwei Gründe gibt es hierfür: Zum einen zwingt der verstärkte regionale Wettbewerb in der Europäischen Unon die einzelnen Länder dazu, immer wieder einmal Parteivorgaben zu ignorieren und an die wirtschaftlichen Interessen des eigenen Landes zu denken. Wichtiger aber noch: die heutige Vielfalt der Länderparteiensysteme und die gewachsene Zahl von Regierungskoalitionen in den Ländern, die weder nur die Berliner Regierungsparteien noch alleinig die Berliner Oppositionsparteien umfassen, machen es sowohl der Regierung als auch der Opposition schwerer, parteipolitische Frontlinien aufzubauen.

Die skizzierten Beispiele der Einflussnahme Zweiter Kammern machen deutlich, dass diese sich hinsichtlich ihres politischen Gewichts unterscheiden. Generell lässt sich festhalten, dass der Einfluss Zweiter Kammern nicht von der Frage abhängt, ob ein Föderalismus stärker unitarisch oder dezentraler geprägt ist. Tabelle 2 zeigt, dass es starke Zweite Kammern in unitarischen föderalen Ordnungen und schwache Zweite Kammern in dezentralen föderalen Ordnungen gibt. Einfluss gewinnt eine Zweite Kammer vor allem durch das Gewicht ihrer Entscheidungen im Gesetzgebungsprozess.

Ebenso wie die Funktion Zweiter Kammern unterscheidet sich im internationalen Vergleich auch die Bestellung derselben zum Teil erheblich. Grundsätzlich besteht die Möglichkeit, die Mitglieder Zweiter Kammern zu ernennen oder sie direkt oder indirekt zu wählen. Aber auch Mischformen aus diesen drei Varianten finden sich. In Österreich wird der Bundesrat beispielsweise durch die Länderparlamente gewählt. In der Bundesrepublik bilden Vertreter der Landesregierungen den Bundesrat, in Belgien wird ein Teil des Senats direkt gewählt, ein weiterer Teil indirekt durch die französische beziehungsweise flämische Sprachgemeinschaft und ein dritter Teil ernannt (vgl. Tabelle 3: Die Bestellung Zweiter Kammern in Föderalstaaten).

Die Art und Weise, wie die Mitglieder der Zweiten Kammern zu ihrem Mandat kommen und die Verteilung der Sitze auf die Gliedstaaten haben Einfluss auf die parteipolitische Zusammensetzung der Zweiten Kammern. So ist der Ständerat der Schweiz zum Beispiel konservativ geprägt und es fehlen in der Regel die Vertreter kleinerer Parteien. In den ländlichen Kan-

Tabelle 2: Der politische Einfluss Zweiter Kammern

Land	Föderale Ordnung	Vetorechte der Zweiten Kammer	Politischer Einfluss
Australien	dezentral	absolutes Veto	stark
Belgien	dezentral	je nach Politikfeld absolutes oder suspensives Veto	schwach
Bundesrepublik Deutschland	unitarisch	suspensives Veto; bei Gesetzen die Länderangelegenheiten betreffen absolutes Veto 2/3 Mehrheit bei Verfassungsänderungen	stark
Kanada	dezentral	absolutes Veto	schwach
Österreich	unitarisch	suspensives Veto; bei Verfassungsbestimmungen, die die Institution Bundesrat betreffen absolutes Veto	schwach
Schweiz	dezentral	absolutes Veto	stark
USA	dezentral	absolutes Veto	stark

Quelle: Sturm, 2002: 168, 172f.

tonen werden traditionell konservative Parteien gewählt. Dadurch, dass die ländlichen Kantone der Schweiz den städtischen zahlenmäßig überlegen sind, dominieren die konservativen Parteien den Ständerat. Vertreter kleiner Parteien haben weder in den städtischen, noch in den ländlichen Kantonen Chancen, in den Ständerat gewählt zu werden.[45]

Die Mitglieder der meisten Zweiten Kammern verfügen über ein freies Mandat. Die US-amerikanischen Senatoren sollten ursprünglich in enger Abstimmung und in Vertretung der Interessen des Staates, von dessen Parlament sie gewählt wurden (bis 1913 wurden die US-Senatoren nicht direkt gewählt), abstimmen, doch dies ließ sich äußerst schlecht kontrollieren, so dass die Senatoren bald über ein wirklich freies Mandat verfügten.[46]

45 *Riescher*, 2000: S. 50f.
46 *Sinclair*, 1999.

Tabelle 3:   Die Bestellung Zweiter Kammern in Föderalstaaten

Land	Bezeichnung der Zweiten Kammer	Art der Bestellung	Legislatur-periode	Größe der Zweiten Kammer
Australien	Senat	Direktwahl	4 Jahre	76
Belgien	Senat	Mischform	4 Jahre	71+
Bundesrepublik Deutschland	Bundesrat	indirekt durch Regierungen der Länder	permanent	69
Kanada	Senat	Ernennung durch Generalgouverneur auf Empfehlung des Premierministers	permanent	105
Österreich	Bundesrat	Wahl in den Länderparlamenten nach Verhältniswahlrecht	permanent	64
Schweiz	Ständerat	Direktwahl	4 Jahre	46
USA	Senat	Direktwahl	6 Jahre	100

Quelle: modifiziert nach Russel, 2000: 26-28, Sturm, 2002, Tsebelis/Money, 1997: 48-52, eigene Ergänzungen.

Auch was das freie Mandat angeht, bildet der Deutsche Bundesrat eine Ausnahme. Im Bundesrat vertreten sind qua Amt die Regierungen der Länder. Für die Bundesratsmitglieder gilt das imperative Mandat, das heißt, sie sind in ihrem Abstimmungsverhalten an die Festlegungen der von ihnen vertretenen Landesregierung gebunden. Die Länder haben zwar je nach Bevölkerungsstärke unterschiedlich viele Stimmen, müssen diese jedoch einheitlich abgeben. Das Bundesverfassungsgericht hat im Dezember 2002 in seinem Urteil zum Zustandekommen des Zuwanderungsgesetzes noch einmal bekräftigt, dass nur die einheitlich abgegebenen Stimmen eines Landes bei Abstimmungen gezählt werden können.[47] Das heißt, die Vertreter eines Landes müssen sich bereits vor der Abstimmung im Bundesrat auf ein gemeinsames Abstimmungsverhalten geeinigt haben. Bei Länderkoalitionen, die sich politisch uneinig sind, kann dies zur Stimmenthaltung führen. Die Koalitionsverträge von Länderregierungen, die Partner zusammen bringen, die in Berlin sowohl in der Regierung als auch in der Opposition sind, sehen in Konfliktfällen regelmäßig Stimmenthaltung vor.[48]

Für die Arbeit des Bundesrates hat das imperative Mandat die Konsequenz, dass die Detailarbeit der Gesetzgebungsvorbereitung zwar in seinen Ausschüssen geleistet wird, die Entscheidungen jedoch faktisch außerhalb des Bundesrates in den Landesregierungen getroffen werden. In den Ausschüssen, welche die Arbeit des Bundesrates dominieren, sitzen im Übrigen in der Regel nicht die Regierungsmitglieder, sondern Beamte der Ministerialbürokratie. Dies dient einer lösungsorientierten Herangehensweise, was nicht zuletzt zu einer hohen Zufriedenheit der Bundesratsmitglieder mit der eigenen Arbeit beigetragen hat.[49] Die Ausschussarbeit des Bundesrates hat jedoch auch eine unter demokratietheoretischen Gesichtspunkten problematische Seite. Die Ministerialverwaltungen der Länder und die „Bruderschaften" der Fachspezialisten neigen im Einvernehmen mit den Bundesbeamten zur bundesweiten Vereinheitlichung von Gesetzesregelungen, da dies ihre Gestaltungsmöglichkeiten in der Sache stärkt. Entsprechende Vorgaben aus den Ausschüssen werden von Landespolitikern nur selten in Frage gestellt. Die „Fachbruderschaften" waren folgerichtig mit die vehementesten Verteidiger des Status quo, als im Rahmen von Vorschlägen zur Föderalismusreform politische Initiativen zur Entflechtung der Aufgaben von Bund und Ländern ergriffen wurden.

Die Rolle des Bundesrates in der Gesetzgebung regeln die Artikel 76 und 77 des Grundgesetzes. Das Grundgesetz sieht die Mitberatung aller Bundesgesetze durch den Bundesrat vor. Gesetzesvorlagen der Bundesregierung müssen zunächst dem Bundesrat zugeleitet werden. Aber selbst bei Gesetzen, die aus der Mitte des Bundestages stammen – eine Form der Gesetzesinitiative, welche die Regierungsfraktionen häufig dann wählen, wenn sie den Gang der Gesetzgebung beschleunigen wollen – ist der Bundesrat mit dem Gesetzentwurf nach dessen Verabschiedung durch den Bundestag befasst. Das Gewicht der Entscheidung des Bundesrates für den

---

47 Ausführlich zum Urteil des Bundesverfassungsgerichts: *Adamski*, 2003.
48 Ausführlich *Kropp/Sturm*, 1998.
49 *Lehmbruch*, 2000: S. 82.

Gesetzgebungsprozess variiert, je nachdem ob es sich um ein Gesetz handelt, das der Zustimmung des Bundesrates bedarf, um wirksam zu werden (Zustimmungsgesetze), oder ob es sich um ein Gesetz handelt, für das keine Vetomöglichkeit, sondern nur eine Einspruchsmöglichkeit des Bundesrates vorgesehen ist (Einspruchsgesetze).

Verfassungsändernde Gesetze sind immer Zustimmungsgesetze. Für sie besteht das Erfordernis einer besonderen Mehrheit in Bundestag und Bundesrat, nämlich der Zweidrittelmehrheit (gegenwärtig 46 Stimmen im Bundesrat). Bei allen anderen Gesetzesbeschlüssen entscheidet der Bundesrat mit der absoluten Mehrheit seiner Stimmen (gegenwärtig 35 Stimmen). Das Erfordernis der absoluten Mehrheit bedeutet, dass es nicht genügt, für eine bestimmte politische Position im Bundesrat mehr Unterstützung zu erhalten als für die Gegenposition. Stimmenthaltungen wirken als Gegenstimmen, weil sie nichts zum Erreichen der erforderlichen Mindeststimmenzahl beitragen.

Erstaunlich ist, wie sehr der Anteil der Zustimmungsgesetze an der Gesetzgebung insgesamt über die Jahre hinweg gewachsen ist. Der Verfassungsrichter Dieter Grimm gab in einem Artikel in der ZEIT (vom 10. Oktober 1997) zu bedenken, dass es ursprünglich im Grundgesetz 13 Bestimmungen gab, für welche die Zustimmung der Länder erforderlich war. Heute habe sich deren Zahl verdreifacht.[50]

Zustimmungspflichtige Gesetze nach dem Grundgesetz sind Gesetzesbeschlüsse, die das Verhältnis Bund-Länder betreffen, also Finanz- und Steuergesetze (Artikel 104a, 105, 106, 107, 109), Regelungen der Besoldung und Versorgung von Angehörigen des öffentlichen Dienstes (Artikel 74a), Regelungen der Rechtsnachfolge in Reichs- und Landesvermögen (Artikel 134, 135), Gemeinschaftsaufgaben (Artikel 91a) und Regelungen der Verfahren bei Gebietsänderungen (Artikel 29, Absatz 7). Ebenfalls zustimmungspflichtig sind Gesetzesbeschlüsse, die das Verhältnis von Bundes- und Landesverwaltung betreffen, also die Einrichtung bundeseigener und Bundesauftragsverwaltung (Artikel 87, 87b, 87c, 87d, 120a), die Abgrenzung und das Zusammenwirken von Bundes- und Landesfinanzverwaltung (Artikel 108), die Organisation und Verfahren von Landesbehörden (Artikel 84, 85, 108), die Bundesaufsicht über Landesbehörden (Artikel 84, 87b, 120a) und Gesetzesbeschlüsse über die Ausübung von Gerichtsbarkeit des Bundes durch die Länder (Artikel 96).

---

50 Vgl. hierzu auch Kapitel 5.

Im Prinzip geht es bei der Zustimmungspflichtigkeit der Bundesgesetzgebung immer darum, die Rechte der Länder zu wahren. Je stärker durch die Politikverflechtung die Notwendigkeit des Zusammenwirkens von Bund und Ländern bei der Aufgabenerfüllung des Staates wuchs und je häufiger mit der Bundesgesetzgebung auch für die Verwaltungspraxis der Länderverwaltungen relevante Entscheidungen getroffen wurden, desto größer wurde der Anteil der zustimmungspflichtigen Gesetze an der gesamten Gesetzgebung. Der Bundesrat vertrat zudem immer die sogenannte „Mitverantwortungstheorie". Darunter ist zu verstehen, dass er ein Gesetz insgesamt für zustimmungspflichtig hält, wenn auch nur ein Teil des Gesetzes zustimmungspflichtig ist. Dies schließt den Einfluss auf Gesetzesmaterien außerhalb der Zuständigkeit des Bundesrates, wenn deren Verwaltung Länderkompetenzen betrifft, ebenso ein, wie Gesetzesänderungen, die den Länderkompetenzen betreffenden Gesetzesteil gar nicht berühren. Das Bundesverfassungsgericht hat mit seiner Entscheidung zum Vierten Rentenversicherungsgesetz von 1974 die Einflussmöglichkeiten des Bundesrates auf Gesetzesentscheidungen begrenzt. Gesetze, die bei ihrer Reform in dem Regelungsbereich, der das Bund-Länder-Verhältnis betrifft, keine „Systemverschiebung" vornehmen, erfordern die Zustimmung des Bundesrates nicht.

Diese Klarstellung reduzierte die Zahl der zustimmungspflichtigen Gesetze aber nur kurzzeitig. Das lag auch an der mangelnden Konsequenz der Bundesregierungen, die glaubten, Fragen der Zustimmungspflicht so lange nicht penibel handhaben zu müssen, solange sie nicht mit einer parteipolitisch anderen Mehrheit konfrontiert waren. Die politische Routine kam den Beteiligungswünschen der Länder entgegen.

Als „Notmaßnahme" bietet sich im Falle der Auseinandersetzung um die Zustimmungspflicht von Gesetzen das Aufspalten von Gesetzesmaterien an. Durch diesen technischen Trick benötigt der Bundestag nur für den tatsächlich zustimmungspflichtigen Teil eines Gesetzgebungsvorhabens die Bundesratsmehrheit. So wird verhindert, dass angestrebte Neuregelungen in der Sache blockiert werden können. Im Jahr 2002 hat das Bundesverfassungsgericht mit seinem Urteil zur Gleichstellung homosexueller Lebenspartnerschaften bestätigt, dass der Bundestag Gesetze aufteilen darf, um auszuschließen, dass auch jener Teil eines Gesetzes, welcher der Zustimmung des Bundesrates nicht bedarf, durch ein Veto des Bundesrates verhindert wird.[51] Da die mit der bundesgesetzlichen Regelung verbun-

---

51   BVerfG, 1 BvF 1/01 vom 17.7.2002, Absatz-Nr. (1 – 147), http://www.bverfg.de/.

dene Verwaltungspraxis in den Ländern jeweils in eigener Souveränität geregelt wird, kann diese sich unterscheiden. Im konkreten Falle haben sich als Modelle die gleichgeschlechtliche Eheschließung im Standesamt oder beim Notar herausgebildet.

Die Klage über eine „Blockadepolitik" des Bundesrates verbunden oft mit dem Vorwurf eines „Missbrauchs" der Zustimmungspflicht des Bundesrates bei der Bundesgesetzgebung durch die Oppositionsparteien, die bei der Ablehnung bestimmter zentraler Gesetzgebungsvorhaben der jeweils amtierenden Bundesregierung durch den Bundesrat immer wieder laut wurde, bedarf in diesem Zusammenhang einer genaueren Untersuchung.

Zunächst ist festzuhalten, dass Voraussetzung für eine Blockadepolitik die fehlende absolute Mehrheit der Regierungskoalition im Bundesrat ist. Dies war in den Jahren 1949 bis 1954, 1956, 1958 bis 1961, 1970 bis 1982 und seit 1990 der Fall. Angesichts der Tatsache, dass in den 50 Jahren von 1949 bis 1999 in 33 Jahren die theoretische Möglichkeit der Blockade zustimmungspflichtiger Gesetze im Bundesrat bestand, ist der empirische Befund zur Häufigkeit der Nutzung dieses Instruments eher bescheiden. Das Blockadeargument taucht erst in den Siebzigerjahren auf, als die damalige konservative Opposition beschuldigt wurde, die Politik der sozialliberalen Koalition geführt von den Bundeskanzlern Willy Brandt und Helmut Schmidt im Bundesrat stoppen zu wollen. Eine neuerliche Debatte zu diesem Thema entzündete sich in den Neunzigerjahren mit umgekehrten politischen Vorzeichen an der Haltung der SPD im Bundesrat bei Gesetzesvorhaben der christlich-liberalen Koalition mit Helmut Kohl als Bundeskanzler. Auch die rot-grüne Koalition von Bundeskanzler Gerhard Schröder muss seit 1999 ohne absolute Mehrheit im Bundesrat regieren und sich dort mit einer möglicherweise widerstrebenden Mehrheit der Länder arrangieren.

Die Zahl der Fälle, in denen der Bundesrat die Gesetzgebung des Bundes blockierte, ist insgesamt gesehen verschwindend gering. Meist sind von dieser Blockade nur ein bis drei Prozent der Gesetze betroffen, in Ausnahmefällen bis zu sechs Prozent. Der Einwand, dass dieses aber die wichtigeren Gesetze waren, und dass die Bundesratsblockade zum politischen Stillstand führe, trifft nur bedingt zu. Besonders in den Fünfziger- und Sechzigerjahren richtete sich das Veto des Bundesrates häufig gegen die mit einer bestimmten Gesetzgebung verbundenen Verwaltungsvorschriften.

Von den Blockademöglichkeiten, die Regierungssysteme mit echten Zweiten Kammern bieten, sind wir in der Bundesrepublik weit entfernt.

Tabelle 4: Zustimmungspflichtige Gesetze

Legislaturperiode des Deutschen Bundestages	%-Anteil der Zustimmungs-gesetze	Versagen der Zustimmung absolut und in % der Gesetzes-vorlagen	Erfolgreiches Vermittlungs-verfahren
1949-53	41,8	12 (3,6)	4
1953-57	49,8	11 (2,5)	5
1958-61	55,7	4 (1,2)	4
1961-65	53,4	7 (2,0)	4
1965-69	49,4	10 (3,0)	8
1969-72	51,7	3 (1,0)	2
1972-76	53,2	19 (5,3)	11
1976-80	53,7	15 (5,7)	6
1980-83	52,2	6 (4,7)	4
1983-87	60,6	0 (0)	0
1987-90	55,2	1 (0,2)	0
1990-94	56,6	21 (2,6)	12
1994-98	59,2	21 (2,3)	keine Angabe
1998-2002[1]	54,8	12 (2,1)	65

[1] auf der Grundlage von http://dip.bundestag.de/gesta/14/StatistischerUberblick.pdf

Nach: Schindler, 1999; eigene Berechnungen

Zweite Kammern im Föderalismus können bei unterschiedlichen Mehrheitsverhältnissen Regierungen im Extremfall handlungsunfähig machen, so dass für sie als letzte Möglichkeit nur Neuwahlen bleiben. Das war der Weg, den zum Beispiel das australische Unterhaus 1975 beschreiten musste, als es ihm gegen den Widerstand des Senats nicht einmal mehr gelang, Finanzgesetze zu beschließen. Der Bundesrat ist eine für die Regierungspolitik gelegentlich sicher unbequeme Hürde. Bislang hat er jedoch nie die gesamte Regierungspolitik zum Stillstand gebracht oder gar die Regierung gestürzt. Diese Situation könnte jedoch eintreten, wenn die Oppositionsparteien des Bundestages im Bundesrat über eine Zweidrittel-

Mehrheit verfügen und die Regierung nicht über eine solche Zweidrittel-Mehrheit im Bundestag verfügt. In diesem Fall wäre die Bundestagsmehrheit nicht mehr in der Lage, Einsprüche des Bundesrates zu überstimmen, da dies mit den gleichen Mehrheitsverhältnissen erfolgen muss, in der auch der Einspruch im Bundesrat beschlossen wurde.

Unzweifelhaft scheint, dass die fehlende parteipolitische Mehrheit der Bundesregierung im Bundesrat diese schon im Stadium der Gesetzesvorbereitung veranlasst, nach Kompromissmöglichkeiten mit der Opposition zu suchen, und dass diese Suche sich auch in der Auseinandersetzung im Bundesrat fortsetzt. Das Vetorecht des Bundesrates bei bestimmten wichtigen Gesetzesvorhaben trägt zur Kompromissbildung und zur Gesetzgebung im Konsens bei. Schon die Möglichkeit eines Bundesratsvetos führt zur Notwendigkeit der Abstimmung der Länderregierungen im Vorfeld politischer Entscheidungen mit dem Bund und der Länderregierungen untereinander.

Vermittlungsverfahren

Ist eine Zweite Kammer in das Gesetzgebungsverfahren involviert, sind Konflikte zwischen beiden Kammern möglich und wahrscheinlich. Um solche Konflikte zu lösen, sind unterschiedliche Methoden denkbar. Deren Ausgestaltung wird primär von der Stellung der Zweiten Kammer abhängen. Kann das Votum der Zweiten Kammer von der ersten einfach überstimmt werden, ist kein besonderes Verfahren für die Verständigung beider Kammern notwendig. Ist jedoch die Zweite Kammer in einzelnen Bereichen zur Mitsprache berechtigt, sind meist sogenannte Vermittlungsverfahren erforderlich.

Es besteht die Möglichkeit, zwischen der Vermittlung durch ad hoc-Verfahren oder durch fest installierte Gremien zu unterscheiden. In den USA finden erstere Verfahren Anwendung. Hier werden Vermittlungsausschüsse speziell für die jeweils streitigen Fälle zwischen Senat und Repräsentantenhaus eingesetzt.

In der Bundesrepublik Deutschland findet das zweite Verfahren Anwendung: Legt der Bundesrat bei zustimmungspflichtigen Gesetzen sein Veto gegen ein Gesetzesvorhaben ein, so haben nach dem Grundgesetz (Art. 77) Bundestag und Bundesregierung das Recht, den Vermittlungsausschuss anzurufen. Da auch der Bundesrat das Recht hat, bei zustimmungspflichtigen Gesetzen den Vermittlungsausschuss anzurufen, sind insgesamt drei Vermittlungsverfahren möglich. Anders ist dies bei nichtzustimmungspflichtigen Gesetzen (den Einspruchsgesetzen). Hier sieht das Grundgesetz nur ein Vermittlungsverfahren vor, das vom Bundesrat angeregt werden kann. Erst wenn das Verfahren durchgeführt ist, ist der Einspruch des Bundesrates möglich. Er kann, anders als der Einspruch bei zustimmungspflichtigen Gesetzen, durch die Mehrheit der Mitglieder des Bundestages beziehungsweise bei einer Entscheidung des Bundesrates mit einer Zwei-Drittel-Mehrheit mit einer entsprechenden Mehrheit im Bundestag zurückgewiesen werden.

Das Grundgesetz regelt die Zusammensetzung des Vermittlungsausschusses nicht. Es bestimmt lediglich, dass er aus Mitgliedern des Bundestages und des Bundesrates gebildet werden muss. In der Gemeinsamen Geschäftsordnung des Bundestages und des Bundesrates ist festgelegt, dass dem Vermittlungsausschuss ein Vertreter je Land (also 16 Ländervertreter) und eine gleich große Anzahl von Mitgliedern des Bundestages angehören. Die aus dem Bundestag kommenden Mitglieder des Bundesrates spiegeln in ihrer Zusammensetzung die Stärke der Fraktionen wider.

Im Oktober 2002, zu Beginn der 15. Legislaturperiode, kam es zu einem Streit zwischen Regierung und Opposition, ob dies bei fast gleicher Stärke von Regierung und Opposition im Deutschen Bundestag bedeuten muss, dass Regierung und Opposition gleich stark den Bundestag im Vermittlungsausschuss vertreten. Dies war die Position der Oppositionsfraktionen von CDU/CSU und FDP. Die Regierungsfraktionen von SPD und Bündnis 90/Die Grünen argumentierten, dass in allen Ausschüssen des Bundestages eine Mehrheit für die Mehrheitsfraktionen vorgesehen sei. Dies müsse auch für die Repräsentation des Bundestages im Vermittlungsausschuss gelten. Die Opposition wies demgegenüber darauf hin, dass der Vermittlungsausschuss in diesem Sinne kein Ausschuss des Bundestages ist, sondern zwischen zwei Bundesorganen, nämlich dem Bundestag und dem Bundesrat angesiedelt sei. Die Regierungsfraktionen im Bundestag entschieden diese Streitfrage mit ihrer parlamentarischen Mehrheit zunächst in ihrem Sinne. Das von der Opposition angerufene Bundesverfassungsgericht urteilte, dass die Regelung zu stark von den Bundeswahlergebnissen abweiche und mit dem „Grundsatz der Spiegelbildlichkeit" unvereinbar sei. Die Bundestagsbank im Ausschuss sei ein „verkleinertes Abbild des ganzen Bundestags". Die Regierungsmehrheit dürfe sich dort jedoch auch niederschlagen, um die Entscheidungsbildung zu gewährleisten. Die Richter forderten in ihrem Urteil, dass das „Mehrheitsprinzip" und der Grundsatz der proportionalen Abbildung des Bundestags in einen „schonenden Ausgleich" gebracht werden müsse. Der Bundestag hat nun die schwierige Aufgabe, diese beiden Grundsätze noch in dieser Legislaturperiode in

Einklang zu bringen und eine Regelung zu finden, die von allen Fraktionen akzeptiert wird. Die bisherigen Ergebnisse des Vermittlungsausschusses wurden durch das Urteil nicht in Frage gestellt, da eine schnelle Besetzung des Vermittlungsausschusses nach der letzten Bundestagswahl notwendig gewesen sei.[52]

Der Vermittlungsausschuss wählt je ein Mitglied des Bundestages und des Bundesrates, die sich im Vorsitz des Vermittlungsausschusses vierteljährlich abwechseln und gegenseitig vertreten. Der Vermittlungsausschuss hat die Aufgabe, bei Meinungsverschiedenheiten zwischen den an der Gesetzgebung beteiligten Verfassungsorganen einen Einigungsvorschlag zu machen. Dies kann er auf unterschiedliche Weise tun: Er kann bei Mehrheitsverhältnissen im Vermittlungsausschuss, die den Mehrheitsverhältnissen im Bundestag nicht entsprechen, die Bundesratsposition quasi bestätigen („unechter" Vermittlungsvorschlag). Er kann versuchen, die Positionen von Bundestag und Bundesrat anzunähern („echter" Vermittlungsvorschlag). Und er kann neue Ideen in den Gesetzgebungsprozess einbringen. Dies ist aus pragmatischen Gründen oft attraktiv, aber nicht unproblematisch. Der Vermittlungsausschuss hat kein Recht der Gesetzesinitiative. Gestaltet er, so wirkt er quasi wie ein „Überparlament". Kritiker sprechen von dem Problem, dass der Bundesrat bei der Gesetzgebung in die Rolle einer „Dritten Kammer" des Parlaments schlüpfe.[53]

Das Nutzen des Vermittlungsausschusses als Revisionsinstanz für Regierungsentscheidungen wäre besonders für die Opposition im Bundestag interessant. Allerdings findet sich eine Mehrheit der Opposition im Vermittlungsausschuss so gut wie nie. Von 1990 bis 1998 gab es immer wieder Perioden, in denen die Regierung im Vermittlungsausschuss in Schwierigkeiten geriet. So konnte die parteipolitische Oppositions- und Blockadestrategie vom Bundesrat in den Vermittlungsausschuss verlängert werden und für den Kanzlerkandidaten der Opposition, Gerhard Schröder (SPD), wurde Ende der Neunzigerjahre plötzlich die Frage interessant, ob er als niedersächsischer Ministerpräsident den Vorsitz im Vermittlungsausschuss anstreben solle.

---

52 *Kürschner*, 2004, das Urteil des BVerfG kann unter http://www.bverfg.de/entscheidungen/fs20050126_2bvf000103 abgerufen werden.
53 Ein Beispiel für einen Vorschlag des Vermittlungsausschusses findet sich unter: http://www.bundestag.de/info/gesgeb/151beisp08.html.

2.4 Die Bedeutung von Landesparlamenten im Exekutivföderalismus

Die Ausdehnung der gesetzgeberischen Tätigkeit des Bundes sowie die in Kapitel 1 beschriebene Koordination der Länder untereinander, hatten nicht nur eine zunehmende Politikverflechtung zur Folge, sondern vor allem auch einen Bedeutungsverlust der Länderparlamente. Die Kooperation untereinander und die Verflechtung der Kompetenzen zwischen Bund und Ländern sowie ihre Zusammenarbeit im Bundesrat haben zu einer Dominanz der Regierungen geführt, weshalb der deutsche Föderalismus auch als *Exekutivföderalismus* bezeichnet wird. Die Entwicklung zum Exekutivföderalismus ist insofern problematisch als eigenständige Parlamente auf Länderebene eine der konstituierenden Institutionen des Föderalismus sind. Die demokratische Legitimation politischer Entscheidungen auf Länderebene ergibt sich über die auf der Basis allgemeiner, unmittelbarer, freier, gleicher und geheimer Wahl zu Stande gekommenen Volksvertretungen. Werden diese zunehmend entmachtet, höhlt dies das demokratische Prinzip des Föderalismus aus. Die Bürgerinnen und Bürger verlieren die Möglichkeit, über die Leistungen der Landtagsabgeordneten bei Wahlen zu entscheiden, und die Abgeordneten selbst können nur noch gesetzliche Vorgaben von außen, die von den Regierungen auf Bundes- oder europäischer Ebene ausgehandelt wurden, bestätigen, ohne politisch zu gestalten.

Die Bedeutung von gliedstaatlichen Parlamenten ist abhängig von der Ausgestaltung der föderalen Ordnung eines politischen Systems. Je mehr Kompetenzen den Gliedstaaten zukommen und je mehr Entscheidungen auf der subnationalen Ebene getroffen werden, desto bedeutender sind gliedstaatliche Parlamente. In politischen Systemen, die durch eine starke Kompetenzverflechtung und durch Unitarisierung geprägt sind, ist die Bedeutung subnationaler Parlamente dagegen deutlich geringer ausgeprägt. Beispielhaft für diese Konstellation ist die Situation der Landesparlamente im deutschen Exekutivföderalismus.

Durch die zunehmende Verlagerung von Kompetenzen auf die Bundesebene und den intensiven Gebrauch, der von der Rahmen- und konkurrierenden Gesetzgebung gemacht wurde, ist die Bedeutung der Landesparlamente im Verlauf der bundesdeutschen Geschichte kontinuierlich gesunken, zumindest was deren Funktion als Gesetzgeber angeht.

Hinsichtlich der gesetzgeberischen Tätigkeit der Landesparlament, die – wenn auch in abnehmendem Maße – durchaus stattfindet, finden sich sowohl Parallelen als auch Unterschiede zwischen den Ländern. Gemeinsam ist allen Ländern, dass die gesetzgeberische Tätigkeit der Landesparlamente unmittelbar nach der Schaffung der Länder besonders umfangreich war. Dies lässt sich sehr leicht mit der Notwendigkeit erklären, rechtliche Grundlagen zu schaffen und gilt sowohl für die westdeutschen als auch für die ostdeutschen Länder. Nach der deutschen Einheit verstärkte sich auch in den westdeutschen Ländern die gesetzgeberische Tätigkeit nochmals.[54] In diesem Zeitraum haben beispielsweise eine Reihe der „alten" Länder Möglichkeiten der Volksgesetzgebung geschaffen oder vereinfacht.

Sowohl die auf Länderebene verbliebene Gesetzgebung als auch die Mitwirkung bei der vom Bund oder der Europäischen Union ausgehenden Gesetzgebung wird sehr viel stärker durch die Landesregierungen dominiert als durch die Parlamente. Selbst das Recht der Haushaltsplanung ist den Landesparlamenten auf Grund der Vormachtstellung der Landesexekutiven weitgehend abhanden gekommen. Wissenschaftler wie Gerhard Lehmbruch oder Wilhelm Hennis haben unter Hinweis auf deren politische Ohnmacht gefordert, die Landesparlamente abzuschaffen.[55] Diese Forderung lässt jedoch außer Acht, dass die Landesparlamente neben der Gesetzgebung weitere Aufgaben und Verantwortungsbereiche inne haben. Hierzu gehören die Wahl und die Kontrolle der Landesregierungen, aber auch ihre Funktion als Forum für die öffentliche Erörterung landespolitischer Themen.[56]

Vor allem bei der Kontrolle der Landesregierungen wird den Landesparlamenten ein wirkungsvolles Auftreten attestiert. Wissenschaftler wie Uwe Jun halten die Kontrollfunktion für die wichtigste Aufgabe der Landesparlamente.[57] Die Landesparlamente kommen ihrer Kontrollfunktion in unterschiedlicher Art und Weise nach und sind hinsichtlich des Umfangs ihrer Kontrolltätigkeiten durchaus miteinander und mit dem Bundestag vergleichbar (vgl. Tabelle 6: Kontrolltätigkeit der Landesparlamente und des Bundestages). Die Anwendung der unterschiedlichen Kontrollmechanismen, Große Anfrage, Kleine Anfrage, Mündliche Anfrage oder Aktuelle

---

54 Vgl. insbesondere *Mielke/Reutter*, 2004: S. 42f.
55 Zitiert nach *Mielke/Reutter*, 2004: S. 39.
56 Zur Regierungsbildung und Kontrolle der Regierung siehe Kapitel 4.
57 *Jun*, 1993: S. 502.

Tabelle 5: In ausgewählten Bundesländern verabschiedete Gesetze pro Wahlperiode

	HES	MV	NRW	RP	SN	SH	TH	BT
Periode	1946-2003	1990-2003	1947-2003	1946-2001	1990-1999	1947-2000	1990-1999	1949-2002
1.WP	186	195	96	267	198	107	189	545
2.WP	134	95	105	112	154	106	135	507
3.WP	96	74	110	64	-	82	-	424
4.WP	83	-	92	78	-	72	-	427
5.WP	73	-	82	93	-	56	-	453
6.WP	121	-	154	127	-	96	-	335
7.WP	151	-	135	135	-	82	-	516
8.WP	111	-	108	79	-	68	-	354
9.WP	72	-	119	57	-	53	-	139
10.WP	15	-	108	70	-	65	-	320
11.WP	52	-	144	81	-	4	-	359
12.WP	94	-	97	122		85	-	507
13.WP	123	-	-	115	-	107	-	566
14.WP	101	-	-	-	-	99	-	559
15.WP	127	-	-	-	-	-	-	-
∅ pro WP	102,6	121,3	112,5	107,7	176,0	77,3	162,0	429,4
∅ pro Jahr	27,0	30,3	25,5	25,5	39,1	20,4	36,0	113,4

HES = Hessen, MV = Mecklenburg-Vorpommern, NRW = Nordrhein-Westfalen,
RP = Rheinland-Pfalz, SN = Sachsen, SH = Schleswig-Holstein, TH = Thüringen,
BT = Bundestag

Quelle: Mielke/Reutter, 2004: 42.

Stunde, hängt von landesspezifischen rechtlichen Rahmenbedingungen sowie von parteipolitischen Konstellationen ab. Ein weiteres, nicht in Tabelle 6 aufgelistetes, Kontrollinstrument der Landtage bilden Untersuchungsausschüsse, deren Häufigkeit ebenfalls beeinflusst von Parteikonstellationen und politischer Kultur in den einzelnen Landtagen variiert.

Tabelle 6: Kontrolltätigkeit der Landesparlamente und des Bundestages (jeweils im Jahresdurchschnitt)

	Zeitraum[a]	Große Anfragen	Kleine Anfragen	Mündliche Anfragen	Aktuelle Stunden
BW	1968-2000	19,1	391,4	72,9	16,4
BAY	1970-2003	5,7	672,7	308,5	6,3
BER	1971-2001	26,3	1.261,1	213,1	10,6
BRB	1990-1999	9,9	310,3	305,3	17,6
HB	1971-2003	17,5	22,7	74,0	7,1
HH[b]	1970-2004	49,2	715,0	0,5	29,2
HES	1970-2003	28,7	483,8	242,4	6,9
MV	1990-2002	3,8	303,7	k.A.	8,7
NDS	1970-2003	13,0	324,2	160,0	15,3
NRW	1975-2004	6,1	434,1	96,4	13,4
RP	1971-2001	27,7	590,5	85,1	14,2
SLD	1965-1999	4,8	140,9	7,5	2,8
SN	1990-1999	24,4	1.135,8	183,8	22,8
SAT	1990-2002	11,4	558,3	69,9	18,2
SH	1967-2000	5,3	245,0	9,2	5,2
TH	1990-1999	6,6	226,1	219,0	21,8
Durchschnitt		16,4	451,0	137,6	13,6
BTag	1969-2002	24,6	285,4	1.681,3[c]	19,4

[a] Bei einigen Landesparlamenten fehlen zum Teil Daten für einzelne Wahlperioden;
[b] Bei Großen und Kleinen Anfragen wurden für die Jahre 1991-2004 nur die Initiativen von SPD, CDU und GAL berücksichtigt, Mündliche Anfragen und Aktuelle Stunden sind nur für den Zeitraum 1970-1991 erfasst;
[c] 1949-1998

Quelle: Mielke/Reutter, 2004: S. 44.

Mielke und Reutter stellen in ihrer Bestandsaufnahme des Länderparlamentarismus fest, dass die Kontrolltätigkeit der Landesparlamente parallel zur Verringerung ihrer Gesetzgebungskompetenzen gewachsen ist.[58] So

58 *Mielke/Reutter*, 2004: S. 45.

kompensieren die Landesparlamente den Bedeutungsverlust auf der gesetzgeberischen Ebene zumindest teilweise. Allerdings kann dies nicht über den generellen Bedeutungsverlust der Landesparlamente hinwegtäuschen.[59]

2.5 Die Stellung der Kommunen in föderalen Systemen

Das Grundgesetz billigt in Artikel 28 den Gemeinden das Recht auf die Selbstverwaltung kommunaler Angelegenheiten:

> „(2) Den Gemeinden muss das Recht gewährleistet sein, alle Angelegenheiten der örtlichen Gemeinschaft im Rahmen der Gesetze in eigener Verantwortung zu regeln. Auch die Gemeindeverbände haben im Rahmen ihres gesetzlichen Aufgabenbereiches nach Maßgabe der Gesetze das Recht der Selbstverwaltung. Die Gewährleistung der Selbstverwaltung umfasst auch die Grundlagen der finanziellen Eigenverantwortung; zu diesen Grundlagen gehört eine den Gemeinden mit Hebesatzrecht zustehende wirtschaftskraftbezogene Steuerquelle."

Die derzeit knapp 14.000 Kommunen haben zwar ein grundgesetzlich verbrieftes Recht zur Selbstverwaltung, müssen über demokratisch gewählte Vertretungen der Bürger verfügen und übernehmen Verwaltungsaufgaben von Bund und Ländern. Sie verfügen im deutschen Föderalismus jedoch über keine formellen Einflussmöglichkeiten im Gesetzgebungsprozess. Ihre politische Verortung ist daher auch polemisch als „Hinterhof des Föderalismus" bezeichnet worden.[60] Artikulationsforum der Gemeinde und Kreise sind der Städte- und der Landkreistag sowie der Gemeindebund. Diese kommunalen Spitzenverbände vertreten die Interessen der kommunale Ebene gegenüber dem Landesgesetzgeber (Landesverband) und dem Bundesgesetzgeber. Die kommunale Ebene ist der Landesebene unterstellt und steht damit in keiner direkten Beziehung zum Bund. Dennoch überträgt der Bund der kommunalen Ebene Aufgaben. So war diese Ebene zum Beispiel bis zum Inkrafttreten des Reformpakets „Hartz IV" für die Auszahlung der Sozialhilfe zuständig. Nach dem Inkrafttreten von „Hartz IV" ist größtenteils (einige Kommunen haben sich nach dem

---

59 Vgl. hierzu auch Kapitel 4 „Politische Willensbildung" sowie den Abschnitt zur Reformbedürftigkeit des bundesdeutschen Föderalismus in Kapitel 5.
60 Käppner, Joachim: „Im Hinterhof des Föderalismus: Der Streit um die Hartz-Reformen beweist, dass die Gemeinden mehr Mitspracherechte brauchen", in: Süddeutsche Zeitung, 8.3.2004, S. 4.

Optionsmodell für die weitere Aufgabenwahrnehmung entschieden) die Bundesagentur für Arbeit für die Auszahlung des Arbeitslosengeldes I und II, für das Sozialgeld sowie für die Finanzierung von Eingliederungsmaßnahmen in den Arbeitsmarkt zuständig, während die Kommunen unter anderem für die Kosten der Unterkunft und Heizung, für Schuldnerberatung und die Kinderbetreuung sowie für die häusliche Pflege von Angehörigen zuständig bleiben. Die Betreuung von Langzeitarbeitslosen kann durch Landkreise erfolgen.

Der Bundes- und die Landesgesetzgeber müssen Sorge dafür tragen, dass den Kommunen die für die Übernahme von Verwaltungsaufgaben notwendigen finanziellen Mittel zur Verfügung stehen. Zu regeln wäre also die Finanzierung von staatlichen Aufgaben direkt bei deren Übertragung auf eine nachgeordnete Ebene. Die Einheit von Aufgabendefinition und Aufgabenfinanzierung („wer bestellt bezahlt") wird Konnexitätsprinzip genannt. Inzwischen ist dieses allgemein anerkannte Prinzip in der Verfassung aller Bundesländer in unterschiedlich starken Ausprägungen verankert.[61] Im Grundgesetz ist dieses Prinzip nur bezogen auf die Bundesauftragsverwaltung (Artikel 85 GG) und sogenannte Geldleistungsgesetze vorgesehen. Eine generelle Regelung für die Übertragung von Aufgaben vom Bund auf die Länder oder Kommunen, die Sachleistungen nach sich ziehen, fehlt bislang. Dieser Bereich ist deshalb schwer zu regeln, weil die Kosten der Sachleistungen sich nicht immer exakt vorherbestimmen lassen.[62] Die Kommission von Bundestag und Bundesrat zur Modernisierung der bundesstaatlichen Ordnung hat sich mit diesem Thema ebenfalls auseinander gesetzt und sich zunächst darauf verständigt, dass Gesetze, die durch die Länder oder durch Kommunen zu erbringende Sachleistungen beinhalten, zustimmungspflichtig werden sollen.[63] Auf Grund des Scheiterns der Föderalismuskommission ist mit einer diesbezüglichen Grundgesetzänderung jedoch vorläufig nicht zu rechnen.

Durch die wachsende Zahl kommunaler Aufgaben, steigende Ausgaben beispielsweise durch eine zunehmende Zahl an Sozialhilfeempfängern und Zuwanderern und wegen des starken Rückgangs der kommunalen Einnahmen, bedingt durch die gesamtwirtschaftliche Lage, aber auch durch die Steuerpolitik des Gesetzgebers, sind die Kommunen in finanzielle Not

---

61 Vgl. FAZ, 26.06.2003, „Selbstdisziplinierung. In fast allen Länderverfassungen gibt es mittlerweile das Konnexitätsprinzip", S. 10, sowie Artikel 49(5) der Verfassung des Landes Rheinland-Pfalz.

62 *Decker*, 2004: S. 547.

63 FAZ, „Noch keine Einigung über Bildungs- und Europafragen", 14.12.2004, S. 1.

geraten. Im Jahr 2003 hat der Bundestag ein Gesetz beschlossen, das die finanzielle Situation der Kommunen stabilisieren sollte. Die Kommunaleinnahmen sollen unter anderem dadurch verbessert und verstetigt werden, dass die Steuerbasis verbreitert wird, indem zum Beispiel Freiberufler in die Gewerbesteuerpflicht aufgenommen werden und der Anteil der Gemeinden an der Umsatzsteuer sich erhöht. Diese Regelungen wurden vom Bundesrat abgelehnt und konnten im Vermittlungsverfahren nicht beschlossen werden. Die schließlich erfolgte Einigung bestand im Wesentlichen darin, den Gewerbesteueranteil, den die Kommunen an Bund und Länder weiterleiten von 28 Prozent auf 20 Prozent abzusenken.[64] Ob das Gesetz in seiner nun verabschiedeten Fassung die finanzielle Basis der Gemeinden tatsächlich stärkt, ist umstritten.[65]

 ## Wiederholungsfragen und Vertiefungsaufgaben

- Welche Prinzipien der Aufgabenteilung sind in föderalen politischen Systemen denkbar?
- Nach welchem Prinzip erfolgt die Aufgabenteilung im bundesdeutschen Föderalismus?
- Was sind die Aufgaben „Zweiter Kammern"?
- Erklären Sie den Unterschied zwischen dem Senats- und dem Bundesratsprinzip.
- Welches sind die Besonderheiten des Deutschen Bundesrats?
- Welche Stellung haben die Kommunen im politischen System der Bundesrepublik Deutschland?

 ## Links zum Thema

Internationale Föderalismusforschung:
- Europäisches Zentrum für Föderalismusforschung Tübingen: http://www.uni-tuebingen.de/ezff *(Informationen rund um das Thema Föderalismus, Konferenzen, Publikationen, Links)*

---

64 Gesetz vom 23.12.2003, verkündet am 29.12.2003, BGBl I, Nr. 66, S. 2922, Inkraftgetreten am 1.1.2004. Vgl. GESTA: http://dip.bundestag.de/gesta/15/D034.pdf, abgerufen am 01.08.2004; zur Gemeindefinanzreform vgl. insbesondere EZFF: http://www.uni-tuebingen.de/ezff/doku_gemeindefinanzreform.html.
65 Käppner, Joachim: „Clement lenkt ein im Streit mit Kommunen", in: Süddeutsche Zeitung, 8.3.2004, S. 5.

- Institute of Federalism, Universität Fribourg: http://www.unifr.ch/federal
- Publius – The Journal of Federalism, The Robert B. & Helen S. Meyner Center for the Study of State and Local Government, Lafayette College: http://www.lafayette.edu/publius
- Internationale Föderalismusbibliographie: http://130.15.161.15/iir American Federalism: http://www.agh-attorneys.com/3_camo_contents.htm

Links zu Institutionen:
- Bundesrat: http://www.bundesrat.de (*Informationen zum Bundesrat und Links zu den Ländern*)
- Städtetag: http://www.staedtetag.de
- Deutscher Städte- und Gemeindebund: http://www.dstgb.de
- Landkreistag: http://www.landkreistag.de
- Stand der Gesetzgebung: http://www.bundestag.de/bic/standgesetzgebung/index.html (*Der schnellste Weg, um sich über den Stand der Gesetzgebung zu informieren*)
- Konferenz der Präsidenten europäischer Regionalparlamente mit Legislativkompetenz (CALRE): http://www.calre.be http://www.calre.net
- Konferenz der Präsidenten von Regionen mit Legislativkompetenzen: http://www.regleg.org

 Weiterführende Literatur

Adamski, Heiner, Bundesrat: Abstimmungs- und Vermittlungsverfahren, in: Gesellschaft, Wirtschaft, Politik, Jg. 52, Nr. 1, 2003, S. 79-88.

Adamski, Heiner, Mehr Vielfalt im Föderalismus, in: Gesellschaft, Wirtschaft, Politik, Jg. 53, Nr. 1, 2004, S. 75-82.

Batt, Helge, Bundesverfassungsgericht und Föderalismusreform: Stärkung der Länder in der Gesetzgebung. Zum Urteil vom 27. Juli 2004 – 2 BvF 2/02, in: Zeitschrift für Parlamentsfragen, Jg. 35, Nr. 4, 2004, S. 753-760.

Benz, Arthur, Föderalismus und Demokratie. Eine Untersuchung zum Zusammenwirken zweier Verfassungsprinzipien, in: polis, Nr. 57, 2003, S. 1-33.

Böckenförde, Ernst-Wolfgang, Regierungsfähigkeit zwischen Verfassung und politischer Verantwortung, in: *Bertelsmann Stiftung (Hrsg.)*, Demokratie neu denken: Verfassungspolitik und Regierungsfähigkeit, Gütersloh: Verlag Bertelsmann Stiftung, 1998, S. 83-94.

Decker, Frank, Konturen des „neuen" Föderalismus aus Expertensicht: Eine Zwischenbilanz der Arbeit der Kommission zur Modernisierung der bundesstaatlichen Ordnung, in: Zeitschrift für Parlamentsfragen, Jg. 35, Nr. 3, 2004, S. 540-558.

Franz, Thorsten, Die Zukunft der deutschen Bundesstaatlichkeit: Verfassungsrechtliche Vorgaben für einen Systemwechsel, in: Zeitschrift für Parlamentsfragen, Jg. 35, Nr. 3, 2004, S. 409-427.

Grimm, Dieter, Fehler im System: zu den Ursachen von Politikblockaden, in: *Bertelsmann Stiftung (Hrsg.)*, Demokratie neu denken: Verfassungspolitik und Regierungsfähigkeit, Gütersloh: Verlag Bertelsmann Stiftung, 1998, S. 45-53.

Haas, Christoph M., Sein oder nicht sein: Bikameralismus und die Funktion Zweiter Kammern, in: *Riescher, Gisela/Ruß, Sabine/Haas, Christoph M. (Hrsg.)*, Zweite Kammern, München, Wien: Oldenbourg Verlag, 2000, S. 2-17.

Hanebeck, Alexander, Gestoppte Kompetenzerosion der Landesparlamente? Neueste Rechtsprechung zum alten Thema der Gesetzgebungsverteilung im Bundesstaat: Das Urteil des BVerfG zum Altenpflegegesetz, in: Zeitschrift für Parlamentsfragen, Jg. 34, Nr. 4, 2003, S. 745-754.

Jun, Uwe, § 22 Landesparlamente, in: *Bellers, Jürgen/Graf von Westphalen, Raban (Hrsg.)*, Parlamentslehre. Das parlamentarische Regierungssystem im technischen Zeitalter, München: Oldenbourg Verlag, 1993, S. 489-513.

Kropp, Sabine/Sturm, Roland, Koalitionen und Koalitionsvereinbarungen. Theorie, Analyse und Dokumentation, Opladen: Leske + Budrich, 1998.

Kürschner, Jörg, Bundesverfassungsgericht fordert neue Zusammensetzung des Vermittlungsausschusses, in: Das Parlament, 20./27.12.2004, S. 3.

Lehmbruch, Gerhard, Bundesstaatsreform als Sozialtechnologie? Pfadabhängigkeit und Veränderungsspielräume im deutschen Föderalismus, in: *Europäisches Zentrum für Föderalismusforschung Tübingen (Hrsg.)*, Jahrbuch des Föderalismus 2000, Baden-Baden: Nomos Verlagsgesellschaft, 2000, S. 71-93.

Leonardy, Uwe, Die Neugliederung des Bundesgebietes: Auftrag des Grundgesetzes, in: *Jenkis, Helmut/Eckart, Karl (Hrsg.)*, Föderalismus in Deutschland, Berlin: Duncker & Humblot, 2001, S. 9-35.

Mielke, Siegfried/Reutter, Werner, Länderparlamentarismus in Deutschland – eine Bestandsaufnahme, in: *Mielke, Siegfried/Reutter, Werner (Hrsg.)*, Länderparlamentarismus in Deutschland, Wiesbaden: VS Verlag für Sozialwissenschaften, 2004, S. 19-51. *(Interessanter Sammelband mit zahlreichen Informationen zu den einzelnen Ländern)*

Riescher, Gisela, Der Schweizer Ständerat, in: *Riescher, Gisela/Ruß, Sabine/Haas, Christoph M. (Hrsg.)*, Zweite Kammern, München, Wien: Oldenbourg Verlag, 2000, S. 48-59.

Russel, Meg, Reforming the House of Lords, Oxford: Oxford University Press, 2000.

Schindler, Peter, Datenhandbuch zur Geschichte des Deutschen Bundestages 1949 bis 1999, Baden-Baden: Nomos Verlagsgesellschaft, 1999.

Schmalenbach, Kirsten, Föderalismus und Unitarismus in der Bundesrepublik Deutschland die Reform des Grundgesetzes von 1994, Düsseldorf: Landtag Nordrhein-Westfalen, 1998.

Schüttemeyer, Suzanne S./Sturm, Roland, Wozu Zweite Kammern? Zur Repräsentation und Funktionalität Zweiter Kammern in westlichen Demokratien, in: Zeitschrift für Parlamentsfragen, Jg. 23, Nr. 3, 1992, S. 517-536. *(Immer noch aktueller Beitrag zu Zweiten Kammern)*

Sinclair, Barbara, Coequal Partner: The U.S. Senate, in: *Patterson, Samuel C./Mughan, Anthony (Hrsg.)*, Senates. Bicameralism in the Contemporary World, Columbus: Ohio State University Press, 1999, S. 32-58.

Sturm, Roland, Vorbilder für eine Bundesratsreform? Lehren aus den Erfahrungen der Verfassungspraxis Zweiter Kammern, in: Zeitschrift für Parlamentsfragen, Jg. 33, Nr. 1, 2002, S. 166-179.

Tsebelis, George/Money, Jeannette, Bicameralism, Cambridge: Cambridge University Press, 1997. *(Klassiker zum Bikameralismus)*

3 Finanzverfassung

Die Voraussetzung eigenständiger Politik der Gliedstaaten in föderalen politischen Systemen ist eine angemessene Finanzausstattung. Diese kann durch eigene Steuerquellen gesichert werden. Eine Vollfinanzierung der Gliedstaaten durch Ländersteuern findet sich jedoch in keiner Föderation. Alle Gliedstaaten benötigen die Hilfe des Bundes. Deren Umfang, formale Ausgestaltung und Verwaltung variieren aber beträchtlich. Aus der Sicht politischer Transparenz und demokratischer Zurechnung von Verantwortung für Einnahmen und Ausgaben ist eine weitgehende ausgaben- und steuerpolitische Entmündigung der Gliedstaaten nicht unproblematisch. Ökonomische Theorien des Föderalismus sehen in dieser einen „Sündenfall", der die Frage rechtfertigt, ob föderale Ordnungen, die den Gliedstaaten keine ausreichenden eigenverantwortlich erhobenen Finanzquellen zur Verfügung stellen, in der Substanz noch die Bezeichnung föderal verdienen.[66]

3.1 Steuerpolitik

In Deutschland sind die ertragreichsten Steuerarten, die über 70 Prozent des Steueraufkommens ausmachen (2002: Bund: 74,3 Prozent; Länder: 78,3 Prozent), sogenannte Gemeinschaftssteuern von Bund und Ländern. Dies war nicht immer so. Die rechtliche Zuordnung der Steuereinnahmen zwischen Bund, Ländern und Gemeinden folgte zunächst einem relativ klaren Trennsystem. Vor allem durch den Umbau des deutschen Föderalismus zur Politikverflechtung setzte sich die gemeinschaftliche Steuererhebung dauerhaft durch (vgl. Tabelle 7).

---

66 Zur Diskussion vgl. *Oates*, 1972, *Oates*, 1991, *Oates*, 1993, *Oates*, 1998, *Oates*, 1999, *Oates/International Institute of Management*, 1977, *Hansjürgens*, 2001, *Olson*, 1969.

Tabelle 7: Aufteilung der Gemeinschaftssteuern und der Gewerbesteuer
in Prozent

	1949			1955			1969			2002		
	Bund	Länder	Gemeinden	Bund	Länder	Gemeinden	Bund	Länder	Gemeinden	Bund	Länder	Gemeinden
Lohn- und Einkommensteuer	-	100	-	33,3	66,6	-	43	43	14	42,5	42,5	15
Körperschaftsteuer	-	100	-	33,3	66,6	-	50	50	-	50	50	-
Mehrwertteuer	100	-	-	100	-	-	70	30	-	51,4	46,5	2,1
Gewerbesteuer	-	-	100	-	-	100	20	20	60	4,4	15,4	80,2

Quelle: Feld, 2004: 34.

Der gemeinsame Zugriff von Bund und Ländern auf die wichtigsten Steuerarten und die damit verbundene Knebelung der Gliedstaaten im Hinblick auf steuerpolitische Initiativen ist international die Ausnahme. In den USA sind die Verbrauchssteuern die Haupteinnahmequellen der Gliedstaaten. Aber auch die Einkommensteuer hat erhebliche Bedeutung: 2001 machte sie 22 Prozent der Einnahmen auf Staaten- und Gemeindeebene aus.[67] Die Steuern der Gliedstaaten werden unabhängig von den Bundessteuern festgelegt und erhoben.

In Kanada entscheiden über die ertragreichsten Steuern (Einkommensteuer, Körperschaftsteuer und Umsatz- und Verbrauchsteuern), sowohl der Bund als auch die Provinzen ebenfalls in eigener Verantwortung. Beide politischen Ebenen können mit ihren jeweils eigenen Steuerbehörden getrennt für sich diese Steuern erheben, so dass diese drei Steuerarten in doppelter Ausführung und in ihrer Größenordnung bestimmt durch den separaten politischen Willensbildungsprozess auf Bundes- und Provinzebene vorzufinden sind.

---

67 *OECD*, 2002.

Konkret heißt dies für Kanada: „Ein duales System besteht bei der Körperschaftssteuer, sodann vor allem bei den indirekten Verbrauchssteuern: Die Goods and Services Tax erhebt der Bund, die Sales Tax die Provinzen – beide im Übrigen ohne Vorsteuerabzug. Grundsätzlich besteht das Trennsystem auch bei der Einkommensteuer, allerdings ist es seit Beginn der Nachkriegszeit als sogenannte ‚Huckepacksystem' organisiert. Außer Québec, das zusätzlich zur Einkommensteuer des Bundes seine eigene Einkommensteuer erhebt, kooperieren Bund und Provinzen auf der Grundlage von Fünf-Jahres-Abkommen in der Weise, dass der Bund die gesamte Einkommensteuer erhebt, eine einheitliche Steuerbemessungsgrundlage, die Hebesatzstruktur und die tax points der Provinzen festgelegt, während die Provinzen ihren Hebesatz-Anteil je nach Bedarf variieren können."[68]

Ähnliches gilt für die Schweiz, wo die Gliedstaaten, die Kantone, ebenfalls autonom über Einkommen-, Körperschaft- und Vermögenssteuern entscheiden und auch der Bund eine Einkommensteuer erhebt. Letzterer finanziert sich zusätzlich vor allem über Verbrauchssteuern. Die Gemeinden erheben Zuschläge auf die kantonalen Steuern.[69] Wie im Föderalismus zu erwarten, führt die substaatliche Steuerautonomie in der Schweiz zu der von den Staatsbürgern gewünschten Vielfalt und Wettbewerbssituation der Kantone und Gemeinden.

Das einheitsstaatliche Denken, das inzwischen den deutschen Föderalismus überlagert, macht es schwer, zu vermitteln, was Schweizer Realität ist. Und noch schwieriger ist es, in den deutschen Föderalismusdebatten Gehör für die Tatsache zu finden, dass die unterschiedliche Steuerbelastung keinesfalls den Föderalismus in der Schweiz oder gar das dortige politische System in Frage stellt: „Die Kantone nutzen die Steuerautonomie im Bereich der direkten Steuern in erheblichem Maße, so dass starke Steuerbelastungsunterschiede zwischen den Kantonen und den Gemeinden resultieren. So zahlte ein verheirateter Steuerpflichtiger mit zwei Kindern und einem zu versteuernden Einkommen von einer Million SFr in Zürich an die Stadt und den Kanton das 3,9fache dessen an Steuern, was er im benachbarten Kanton Schwyz in der Gemeinde Freienbach an die Gemeinde und den Kanton zu zahlen hätte. Beide Wohnorte liegen nur eine halbe Stunde voneinander entfernt."[70]

Zur mangelnden Steuerautonomie der Gliedstaaten, wie in Deutschland, kann noch die Fremdbestimmung über die zugewiesenen Ländereinnah-

---

68 *Schultze*, 2004: S. 201.
69 *Feld*, 2004: S. 17f.
70 *Ebd.*, S. 23.

men kommen. Die Übertragung von Aufgaben an die Gliedstaaten im Föderalismus, ohne zugleich deren Kostendeckung mitzuregeln, verletzt das Konnexitätsprinzip. In Deutschland trifft die Überwälzung finanzieller Lasten der Bundesgesetzgebung Länder und Kommunen.[71] Eine solche „Arbeitsteilung", in welcher der Bund gestaltet und die Gliedstaaten finanzieren, ist aber nicht nur ein Problem der deutschen Politikverflechtung. In den Vereinigten Staaten, beispielsweise, hat der von den Republikanern dominierte Kongress 1995 versucht, der Regierung Präsident Clintons, „unfunded mandates", also Bundesgesetze ohne entsprechende Finanzzuweisungen an die Gliedstaaten, zu verbieten. Das entsprechende Gesetz hat dann aber keineswegs die bestehenden „unfunded mandates" beseitigt oder gar deren Finanzierung durch die Bundeskasse zugesagt. Die Neuregelung sah lediglich eine stärkere Überprüfung der Festlegung von Verpflichtungen und ihrer Konsequenzen für die Gliedstaaten und Kommunen vor, falls der Bund nicht die Finanzmittel für bestimmte Programme trägt[72].

3.2   Struktur der Staatsfinanzen

Grundsätzlich gilt, dass in föderalen Staaten relativ unabhängig von der spezifischen Ausprägung nationaler Föderalismen der Anteil der Bundesebene sowohl am Steueraufkommen als auch bei den Staatsaufgaben um die 50 Prozent oder weniger ausmacht (Deutschland 2003: 43,4 Prozent; Schweiz 2001: 31 Prozent). Einheitsstaaten haben selbstverständlich auch lokale und regionale Verwaltungsorgane, die aber nur über circa 20 Prozent des nationalen Budgets auf der Einnahmen- und der Ausgabenseite verfügen.[73] Auch bei der Verteilung der Staatsausgaben auf die politischen Entscheidungsebenen unterscheiden sich föderale Staaten von Einheitsstaaten grundlegend. Abgesehen von Verwaltungsaufgaben, der Inneren Sicherheit und der Sozialpolitik dominiert in den föderalen Staaten in der Regel die dezentrale Ebene bei der Politikgestaltung. Letztere spielt eine vergleichbare Rolle in Einheitsstaaten nur beim Erziehungswesen, im Wohnungswesen und im Bereich Freizeitgestaltung (vgl. Tabelle 8).
Die Mechanismen des Zusammenspiels der Bundes- und der Länderebene bei der Erhebung von Einnahmen und bei ihrer Umverteilung zugunsten der Länder zum Erreichen gesamtstaatlicher Ziele sind vielfältig. Nur in

---

71 *Kreuder*, 1997, vgl. auch Kapitel 2.
72 *Conlan/Riggle/Schwartz*, 1995.
73 *Sturm*, 1989: S. 121f.

Tabelle 8: Wahrnehmung von Staatsaufgaben nach politischen Ebenen (Staatsausgaben in Prozent der Gesamtausgaben für jedes Politikfeld)

Staaten F= föderal E=Einheits- staat	Verwal- tung Zentral/ Dezentral	Innere Sicherheit Zentral/ Dezentral	Verteidi- gung Zentral/ Dezentral	Bildung Zentral/ Dezentral	Gesundheit Zentral/ Dezentral	Sozial- politik Zentral/ Dezentral	Wohnungs- politik Zentral/ Dezentral	Freizeitge- staltung Zentral/ Dezentral	Verkehr und Kom- munikation Zentral/ Dezentral
Australien F	52/48	15/85	100/0	28/72	51/49	91/9	32/68	29/71	22/78
Kanada F	59/41	0/100	100/0	8/92	17/83	66/34	19/81	16/84	31/69
Deutschland F	46/54	0/100	100/0	5/95	71/29	77/23	5/95	4/96	50/50
Schweiz F	40/60	0/100	84/16	10/90	43/57	82/18	8/92	7/93	37/63
USA F	70/30	16/84	100/0	6/94	55/45	73/27	67/33	16/84	29/71
Durchschnitt föderale Staaten	53/47	6/94	99/1	11/89	47/53	78/22	26/74	14/86	34/66
Dänemark E	64/36	86/14	99/1	51/49	8/92	47/53	41/59	42/58	52/48
Frankreich E	70/30	76/24	100/0	63/37	97/3	92/8	20/80	27/73	60/40
Niederlande E	69/31	67/33	100/0	80/20	85/15	82/18	38/62	14/86	55/45
Norwegen E	67/33	82/18	100/0	49/51	44/56	81/19	40/60	38/62	64/36
UK E	78/22	58/42	100/0	0/100	100/0	91/9	0/100	0/100	67/33
Durchschnitt Einheits- staaten	70/30	74/26	100/0	49/51	67/33	78/22	27/73	27/73	60/40

Quelle: OECD, 2001: 174.

Deutschland finden sich in sehr ausgeprägter Form Transferleistungen zwischen den Ländern (horizontaler Finanzausgleich). Üblich ist ansonsten eher eine zentralstaatliche Kasse, die Regionen nach bestimmten Kriterien unterstützt oder der finanzielle Transfer, der an bestimmte Politikfelder gebunden ist, wobei mit diesem auch spezifische vom Bund überprüfbare Kriterien für das politische Handeln der Länder verbunden sein können. In Kanada, beispielsweise, finden sich lediglich zwei Haupttypen von Transferleistungen des Bundes. Zum einen der Canada Health and Social Transfer (CHST), der im Rahmen nationaler Mindeststandards den Provinzen Mittel für die Gestaltung der Sozialsysteme zur Verfügung stellt und im Rahmen von meist zweckgebundenen Zuweisungen Gesundheitsleistungen der Provinzen subventioniert. Zum anderen finden sich sogenannte Equalization Payments. Das sind ungebundene Finanzleistungen an Provinzen mit unterdurchschnittlichem Steueraufkommen.[74]

In der Schweiz dominierten bisher zweckgebundene Transfers des Bundes an die Kantone mit Eigenbeteiligung. Sie machten circa zwei Drittel der Transfers aus. Hier stellt sich das Problem der Eigenverantwortung, der Gliedstaaten, das auch in anderen föderalen politischen Systemen, wie in den USA in den Amtszeiten politisch so unterschiedlicher Präsidenten wie Ronald Reagan (Republikaner, 1980-88) und Bill Clinton (Demokrat, 1992-2000) in umfassendem Maße zur Umstellung von zweckgebundenen Bundeszuschüssen auf Globalzuweisungen führte.[75]

Die geplante Reform des Finanzausgleichs in der Schweiz beruht auf einem Ausgleich von Ressourcen und Belastungen: „Der Lastenausgleich entschädigt Kantone mit geographisch-topographischen (Berggebiete) oder sozio-demographischen (Kernstädte) Sonderlasten und wird voll vom Bund erbracht. Zum Ressourcenausgleich steuern die ressourcenstarken Kantone eine Milliarde SFr (horizontaler Ressourcenausgleich) und der Bund 1,43 Milliarden SFr (vertikaler Ressourcenausgleich) bei. Der Ressourcenausgleich ist an einem neuen Ressourcenindex ausgerichtet, der im Gegensatz zum noch gültigen Finanzkraftindex kurz- bis mittelfristig unabhängig von der Steuergesetzgebung und vom Ausgabenverhalten eines Kantons ist. Er verändert sich nur, wenn sich die wirtschaftliche Leistungsfähigkeit eines Kantons (Produktion, Wertschöpfung, Beschäftigung, Einkommen usw.) verändert."[76]

---

74 *Schultze*, 2004: 203f., *OECD*, 2001: S. 81.
75 Vgl. ausführlicher *Conlan*, 1998.
76 *Feld*, 2004: S. 42.

Ursprünglich gedacht waren finanzielle Transfers vom Bund zu den Gliedstaaten im Föderalismus als Mittel der Hilfe zur Selbsthilfe. Mit dem Ausbau des Wohlfahrtsstaates trat der Gedanke des Zugangs zu sozialen Leistungen in den Vordergrund. Wie weit es gerecht ist, dass auch in einem Wohlfahrtsstaat regionale Differenzierungen möglich sind, wie dies in der amerikanischen oder kanadischen Gesellschaft oder auch in der Schweiz bis heute problemlos akzeptiert wird, bleibt umstritten. Andere föderale Staaten wie Österreich oder Deutschland waren bereit, zugunsten eines möglichst einheitlichen sozialen Sicherungssystems, statt der regionalen Vielfalt, dem Kerngedanken des Föderalismus, einheitsstaatliche Lösungen für alle Facetten des Wohlfahrtsstaates zu wählen. Soziale Sicherheit und Föderalismus wurden so in einen künstlichen Gegensatz gebracht, der bis heute die Debatten um Möglichkeiten der Föderalismusreform prägt.

Der finanzielle Ausgleich zugunsten der Gliedstaaten kann als politisches Instrument aber auch kompensatorisch eingesetzt werden, um regionale Unzufriedenheit zu besänftigen, beispielsweise wenn regionale Sezessionsbestrebungen erstarken. Finanzielle Zuwendungen des Bundes können als Anreiz für sezessionsgeneigte regionale Bevölkerungen gemeint sein, um diesen die Vorteile föderaler Zusammenarbeit zu vermitteln. Dieses Instrument ist aber von seiner Beschaffenheit her für föderale politische Systeme nicht unproblematisch, weil es in der Regel das relative Gewicht des Zentralstaats gegenüber der selbstbestimmten Aufgabenwahrnehmung der Gliedstaaten stärkt. Im kanadischen Fall fordert deshalb die auf ihre Eigenständigkeit bedachte Provinz Québec die Möglichkeit für die Gliedstaaten, aus Programmangeboten des Bundes auszusteigen. Wenn der Bund Programme anbietet, die in Provinzangelegenheiten eingreifen, sollen den Aussteigerregionen die gleichen Finanzmittel wie den beteiligten Regionen, allerdings ohne gestalterische Verpflichtungen zukommen.[77]

Ein Extrembeispiel für das Verschwinden der Autonomie von Gliedstaaten in ihren Ausgabenentscheidungen sind die in Deutschland politisch bedeutsamen Mischfinanzierungen, die auf im Grundgesetz verankerten Staatsaufgaben beruhen (Artikel 91a/b; 104a).

Wie die OECD betont, setzen solche Systeme der Mischfinanzierung ökonomisch falsche Anreize und produzieren Effizienzverluste: „So dürften sich die nachgeordneten Gebietskörperschaften für Ausgabenprojekte entscheiden, solange der wahrgenommene Vorteil für sie ihre eigenen – anteilsmäßigen – Budgetkosten übersteigt, selbst wenn die Gesamtkosten

77 *Telford*, 2003.

Tabelle 9: Transferzahlungen des Bundes an die Länder
(2002 in Mio. Euro)

Gemeinschafts-aufgaben	Finanzhilfen für Investitionen	Geldleistungsgesetze
Aus- und Neubau von Hochschulen: 1,074	Kommunaler Straßenbau und Verkehr 8, 421	Ausbildungsförderung 997
Regionale Wirtschafts-struktur 1,001	Sozialer Wohnungsbau 678	Wohngeld 1,707
Agrarstruktur und Küstenschutz 933	Wohnraummodernisierung 6	Sonstige soziale Leistungen 213
Bildung und For-schung 556	Raumentwicklung 399	
Insgesamt 3,564	Insgesamt 9,504	Insgesamt 2,917

Quelle: OECD, 2003: 82.

des Projekts im Vergleich zum gesellschaftlichen Nutzen hoch sind. [. . .] Was den Bund betrifft, so beläuft sich der Finanzierungsbeitrag bei den meisten Programmen auf rund 50 Prozent der Projektkosten, in einigen Bereichen erreicht die finanzielle Beteiligung aber bis zu 90 Prozent des Gesamtfinanzierungsvolumens."[78] In der Föderalismusliteratur hat man diesen Sachverhalt den „goldenen Zügel" des Bundes genannt, mit dem dieser in der Lage ist, die Politik in den Ländern in seinem Sinne zu steuern.

Die folgende Tabelle 10 fasst noch einmal im Überblick die Möglichkeiten der Gestaltung der Finanzbeziehungen im Föderalismus zusammen. Von der Art der Steuererhebung über die Gestaltung des Finanzkraftausgleichs und die Konditionen, unter denen Bundeszuschüsse gewährt werden, bis hin zur Begründung von Unterschiede im Leistungsniveau der Gliedstaaten ausgleichenden Finanzflüssen, geht es im Prinzip immer wieder um die gleiche, den Charakter einer föderalen Ordnung in der politischen Praxis ausmachende Grundfrage: Wie viel finanzielle Autonomie haben die Gliedstaaten? Die Beantwortung dieser Frage beinhaltet zum großen Teil auch schon die Beantwortung der Frage nach der politischen

---

78 *OECD*, 2003: S. 82.

Autonomie der Gliedstaaten und nach der Vielfalt in föderalen Staatsordnungen.

Tabelle 10:   Möglichkeiten der fiskalischen Zusammenarbeit von Bund und Gliedstaaten

Steuererhebung	Finanzkraft-ausgleich	Art der Bundes-zuschüsse	Begründung für Ausgleichszahlungen
Steuerverbund	horizontal	zweckgebunden	Hilfe zur Selbsthilfe (Subsidiarität)
Steuerautonomie der politischen Ebenen	vertikal	Globalzahlung	Einheitlichkeit der Lebensverhältnisse (wohlfahrtsstaatlicher Ausgleich)
		Mischfinanzierung	Bedrohung des inneren Friedens (Stabilisierung des politischen Systems)

3.3 Der deutsche Sonderfall: Horizontaler und vertikaler Finanzausgleich

Finanzielle Ausgleichsleistungen zwischen dem Bund und den Ländern und zwischen den Ländern können, wie dies das Bundesverfassungsgericht in seinem Urteil vom 24. Juni 1986 zum horizontalen Finanzausgleich formulierte, mit dem „bündischen Prinzip des Einstehens füreinander" im Föderalismus begründet werden. Es herrscht in Deutschland aber eine gewisse politische und interessensgeleitete Verwirrung hinsichtlich der Bestimmung der Dimensionen dieses Einstehens. Folgt man der Logik des Subsidiaritätsprinzips kann es nur um eine Hilfe zur Selbsthilfe gehen, also darum die „Startchancen" weniger erfolgreicher Länder zu verbessern, beziehungsweise ihren Strukturwandel zu unterstützen. Stehen dagegen „einheitliche" oder „gleichwertige" Lebensverhältnisse im Vordergrund, wird der Politik in weniger erfolgreichen Ländern die Verantwortung für die Politikgestaltung genommen. Der wohlfahrtsstaatliche Ausgleich findet quasi-automatisch statt und richtet sich an Politikergebnissen aus, ganz gleich wie sie zustande kamen.

Aber nicht nur das ungeklärte Verhältnis von Subsidiarität und wohlfahrtsstaatlichem Ausgleich prägt den deutschen Finanzausgleich. Er hat auch ein hohes Maß an Komplexität erreicht, weil er selbst ein Kind der Politikverflechtung ist. Er ist geprägt von Kompromissen zwischen zahlreichen Einzelinteressen, die sich in Lösungen des kleinsten gemeinsamen Nenners niederschlagen. Er ist auch geprägt von der Weltsicht der meist juristisch ausgebildeten Fachbeamten, die Regelungen geschaffen haben, die dem Bürger und Steuerzahler unverständlich sind. Neben der Unklarheit der prinzipiellen Ausrichtung des Finanzausgleichs im Rahmen der deutschen föderalen Ordnung und seiner konkreten Ausgestaltung als Ergebnis vieler kleiner Verhandlungskompromisse unterscheidet den deutschen Finanzausgleich von anderen Finanzausgleichssystemen in föderalen politischen Systemen weltweit auch das Gewicht des horizontalen Finanzausgleichs und das hohe Maß von in historischer Perspektive ad hoc-Verpflichtungen des Bundes zur Zahlung von Bundesergänzungszuweisungen. Der letzte Versuch, den Bund entsprechend in die Pflicht zu nehmen, stellt das Bemühen des Landes Berlin dar, den Bund in wesentlichem Maße zur Finanzierung von Aufgaben mit der Begründung des Hauptstadtstatus von Berlin heranzuziehen.

Der Finanzausgleich in Deutschland (der horizontale gefolgt von dem vertikalen) wurde ab dem 1. Januar 2005 neu geregelt.[79] Die Reform des Finanzausgleichs änderte diesen nicht substanziell, ja vereinfacht ihn nicht einmal. Er erfolgt noch immer in drei Schritten und schont die Geberländer im Finanzausgleich im Vergleich zur vorherigen Regelung nur marginal mehr. Vor allem aber ändert er nichts an der Anreizstruktur des Finanzausgleichs, welche wirtschaftliche Erfolge eines Landes mit dem Zwang zu Finanztransfers belegt und Misserfolge durch die garantierten Finanzströme von den anderen Ländern und vom Bund abfedert.

Das Bundesverfassungsgericht hatte in seinem Urteil vom 11. November 1999 zum Finanzausgleichsgesetz eine Neufassung des Finanzausgleichsgesetzes gefordert. Die bestehenden Regelungen durften nur noch bis zum Ende des Jahres 2004 angewendet werden unter der Voraussetzung, dass der Gesetzgeber bis zum 1. Januar 2003 tätig wurde. Bis dahin musste ein Maßstäbegesetz verabschiedet werden, das unbestimmte Begriffe im Gesetz, zum Beispiel im Zusammenhang mit der Bestimmung der Finanzkraft der Länder und Gemeinden oder der Feststellung von Aus-

---

79 Vgl. ausführlicher *Sachverständigenrat zur Begutachtung der gesamtwirtschaftlichen Entwicklung*, 2002: 132ff. Zur Geschichte des deutschen Finanzausgleiches vgl. *Renzsch*, 1991.

gleichspflichten und Ausgleichsansprüchen der jeweiligen Länder, konkretisiert und ergänzt.

Das Verfassungsgericht hatte deutlich auf einige Ungereimtheiten der bisherigen Gesetzgebung hingewiesen. Allerdings war die Interpretation des Urteils zwischen armen und reichen Ländern und Stadtstaaten und Flächenstaaten rasch wieder strittig, nicht zuletzt weil Kernsätze des Urteils, die für das neu zu verabschiedende Finanzausgleichsgesetz verbindlich sein sollten, sofort die Besitzstandswahrer auf den Plan riefen.

Unter anderem forderte das Bundesverfassungsgericht:

(1) „Der horizontale Finanzausgleich soll die Finanzkraftunterschiede unter den Ländern verringern, aber nicht beseitigen. Er hat die richtige Mitte zu finden zwischen der Selbständigkeit, Eigenverantwortlichkeit und Bewahrung der Individualität der Länder auf der einen und der solidargemeinschaftlichen Mitverantwortung für die Existenz und Eigenständigkeit der Bundesgenossen auf der anderen Seite. Artikel 107 Absatz 2 Grundgesetz fordert also nicht eine finanzielle Gleichstellung der Länder, sondern eine ihren Aufgaben entsprechende hinreichende Annäherung ihrer Finanzkraft. Somit darf im Rahmen des horizontalen Finanzausgleichs die Finanzkraftreihenfolge unter den Ländern nicht verkehrt werden."

(2) „Bundesergänzungszuweisungen dürfen nicht lediglich den horizontalen Finanzausgleich fortsetzen. [. . .] Empfänger solcher Zuweisungen können nur Länder sein, die nach den Ergebnissen des horizontalen Finanzausgleichs in einem Maße unter dem Länderdurchschnitt geblieben sind, das unangemessen erscheint, aber aus Landesmitteln nicht ausgeglichen werden kann. Eine derartige allgemeine Anhebung der Finanzkraft leistungsschwacher Länder kommt gegenwärtig insbesondere in Betracht, wenn die Finanzkraft der neuen Länder im wiedervereinigten Deutschland so weit vom Finanzkraftdurchschnitt entfernt ist, dass eine angemessene Annäherung aus den Finanzmitteln der alten Länder nicht erreicht werden kann, ohne dass deren Leistungsfähigkeit entscheidend geschwächt würde."[80]

Das Bundesverfassungsgericht setzte sich also ausdrücklich für einen Finanzausgleich ein, der allen Ländern eine ausreichende Finanzkraft sichert. Es verbot die Nivellierung der Finanzkraft im horizontalen Finanzausgleich, räumt aber an anderer Stelle seines Urteils ein, dass bei Sonderbedarfen das Nivellierungsverbot missachtet werden kann. Im politischen Verhandlungsprozess gingen die ursprünglichen Intentionen verloren, die

---

80 *BVerfG*, 2 BvF 2/98 vom 11.11.1999.

das Bundesverfassungsgericht mit seiner ebenfalls ehobenen Forderung nach einem Maßstäbegesetz verbunden hatte. Dieses sollte allgemeine und abstrakte Maßstäbe für den vertikalen und horizontalen Finanzausgleich formulieren „bevor [Hervorhebung durch d. Verf.] deren spätere Wirkung konkret benannt werden kann",[81] und die Maßstäbe der Steuerzuteilung und des Finanzausgleichs sollten langfristig und fortschreibungsfähig angelegt sein.

Das verständliche Interesse der Länder an Gewissheit über die zukünftige Entwicklung der Länderhaushalte und die Notwendigkeit durch Kompromisse zwischen Bund und Ländern Konsens zu erreichen, führten zu einem bloß formalen Beachten der Vorgaben des Gerichts. Erst **nachdem** im Juni 2001 der Bundesfinanzminister und die 16 Ministerpräsidenten sich in einem dreitägigen Sitzungsmarathon über die finanziellen Einzelheiten des Finanzausgleichs ab 2005 geeinigt hatten, wurde das Maßstäbegesetz entsprechend passgenau ausformuliert. Formal wurde den Vorgaben des Bundesverfassungsgerichts insofern entsprochen als der Bundestag mit der überwältigenden Mehrheit von 533 Stimmen bei 33 Gegenstimmen der FDP das Maßstäbegesetz vor dem Finanzausgleichsgesetz verabschiedete. Nicht einmal formal entspricht der Intention des Verfassungsgerichts aber, dass das Maßstäbegesetz nicht auf Dauer angelegt ist, sondern bis zum Jahresende 2019 befristet wurde, und damit an die Laufzeit des neuen Finanzausgleichsgesetzes angepasst wurde, anstatt über dieses hinauszuweisen.

Um überhaupt einen Kompromiss zwischen den Ländern erzielen zu können, musste zum einen der Bund einspringen und zusätzliche Finanzmittel zur Verfügung stellen und zum anderen musste der Forderung der ostdeutschen Länder nachgekommen werden, zeitgleich den aus ihrer Sicht für den Aufbau Ost finanziell zentralen Solidarpakt II zu verhandeln. Die Anschlussregelung für den 2004 ausgelaufenen Solidarpakt I garantiert ein Fördervolumen von insgesamt 306 Mrd. DM bis 2019. Ab 2020 sollen die ostdeutschen Länder keine Sonderbehandlung mehr erfahren. Von den 306 Milliarden DM entfallen 206 Mrd. auf Ergänzungszuweisungen des Bundes für die neuen Länder, die allerdings nun nicht mehr zweckgebunden sind. Dazu kommen 100 Milliarden als Haushaltsmittel für Wirtschaftsförderung und andere Aufbaumaßnahmen. Das jährliche Fördervolumen wird von 2008 an allmählich abgeschmolzen. Die ostdeut-

---

81 Ebd.

schen Länder sind verpflichtet, dem Finanzplanungsrat im Jahresrhythmus „Fortschrittsberichte Aufbau Ost" vorzulegen.[82]

In einem ersten Schritt des Finanzausgleichs wird nach der Neuregelung denjenigen Ländern, „deren Einnahmen aus den Landessteuern und aus der Einkommensteuer und der Körperschaftsteuer je Einwohner unter dem Durchschnitt der Länder liegen" (Art. 107 (1) GG) bis zu 25 Prozent des Länderanteils an der Umsatzsteuer zugewiesen. Diese Zuweisung dient gegenwärtig in erster Linie dazu, die Finanzkraft der ostdeutschen Länder zu stärken, deren Finanzkraft so auf 95 Prozent der Steuerkraft von 97 Prozent des Länderdurchschnitts angehoben wird. In dem Bereich von 97 Prozent bis zum länderdurchschnittlichen Niveau der Ländersteuern beträgt die Auffüllquote nur noch 60 Prozent.

Ohne diese Maßnahme würden im zweiten Schritt des Finanzausgleichs alle westdeutschen Länder zu ausgleichspflichtigen Zahlerländern. Nach dem neuen Recht finden sich unter anderem auch relativ wohlhabende westdeutsche Länder wie Rheinland-Pfalz oder Schleswig-Holstein im Kreis der Begünstigten.

Der zweite Schritt des Finanzausgleichs ist ebenfalls noch Bestandteil der Umverteilung zwischen den Ländern, also des horizontalen Finanzausgleichs. Dies ist der Länderfinanzausgleich im engeren Sinne. Er transferiert Mittel zwischen den ausgleichspflichtigen und ausgleichsberechtigten Ländern, um die Finanzkraft der letzteren anzuheben. Entsprechend der Finanzkraft der einzelnen Länder gemessen am Länderdurchschnitt werden Ausgleichsabgaben festgesetzt beziehungsweise erhalten Länder Ausgleichzahlungen. So wird beispielsweise die Finanzkraft eines ausgleichsberechtigten Landes, das 70 Prozent des Länderdurchschnitts erreicht auf 90,9 Prozent angehoben. Ein Land mit einer Finanzkraft von 95 Prozent verbessert sich auf 97,7 Prozent. Bei jedem Geberland dürfen in dieser zweiten Stufe des Finanzausgleichs bis zu 72,5 Prozent (!) der Überschüsse über der länderdurchschnittlichen Finanzkraft abgeschöpft werden. Damit der Anreiz zur erfolgreichen Wirtschafts- und Finanzpolitik nicht weitgehend zunichte gemacht wird, wurde ab 2005 ein sogenanntes Prämienmodell eingeführt. Danach bleiben für jedes Land zwölf Prozent der überproportionalen Steuermehreinnahmen je Einwohner, die es gegenüber dem Vorjahr erzielt, bei der Ermittlung der Finanzkraft des Landes unberücksichtigt. Traditionell ausgleichspflichtige Länder sind wegen

---

82 Zur Diskussion über den Solidarpakt II im Rahmen einer Föderalismusreform vgl. Kapitel 5.

ihrer Finanzkraft Nordrhein-Westfalen, Baden-Württemberg, Hessen und Hamburg. Ende der Achtzigerjahre des letzten Jahrhunderts wurde auch Bayern dauerhaft von einem ausgleichsberechtigten zu einem ausgleichspflichtigen Land.

Es ist zu bezweifeln, ob die Kritik an den Prinzipien der deutschen Finanzausgleichsregelungen mit dieser marginalen Anerkennung wirtschaftlicher Leistungen einzelner Länder adäquat aufgegriffen wird. Die Organisation für Wirtschaftliche Zusammenarbeit (OECD) hatte beispielsweise in ihrer Bestandsaufnahme der wirtschaftlichen Lage Deutschlands 1998 mit Besorgnis darauf hingewiesen, dass die Aussicht für ärmere Länder bei erfolgreicher Wirtschaftspolitik 70-90 Prozent zusätzlich erwirtschafteter Steuereinnahmen wegen der Besserstellung im (horizontalen und vertikalen) Länderfinanzausgleich wieder zu verlieren, diesen nur sehr wenige Anreize biete, sich um attraktive Standortbedingungen für Unternehmen zu bemühen und ihre Wirtschaftskraft zu verbessern.[83]

Reichere Länder, so die OECD, zeigten wegen der ökonomisch unsinnigen Anreizstrukturen im horizontalen Finanzausgleich zudem noch Tendenzen in Richtung eines anderen „unerwünschten" Verhaltens. Wegen des für sie relativ geringen Nutzens überdurchschnittlicher Steuereinnahmen neigten sie dazu, die Steuerprüfung bei Unternehmen großzügig zu handhaben und so indirekt den im Land ansässigen Betrieben einen Steuervorteil zu verschaffen, der das Land als solches als Wirtschaftsstandort attraktiver mache. Damit entsteht auch ein Wettbewerbsnachteil für die ärmeren Länder mit einer geringeren Dichte von Wirtschaftsbetrieben. Die OECD bemerkte in diesem Zusammenhang, dass der Prüfungsturnus bei den Unternehmen je nach Bundesland zwischen sieben und zwölfeinhalb Jahren schwanke und bei Kleinbetrieben im Durchschnitt mehrere Jahrzehnte betrage.

Verteidiger des Status quo sehen durchaus die ungünstigen ökonomischen Anreizstrukturen, die auch den reformierten horizontalen Finanzausgleich noch prägen. Sie verweisen aber erstens darauf, dass eine radikale Reform vor allem den Aufbau Ost in Frage stellen würde, und zweitens darauf, dass auch für die ärmeren westdeutschen Länder gelte, dass der Finanzbedarf eines Landes nur zum geringeren Teil Ergebnis guter oder schlechter Landespolitik ist.[84] Man müsse sich, so die Argumentation, von der ursprünglichen Idee des Finanzausgleichs verabschieden, dass grundlegende Veränderungen der Wirtschaftskraft eines Landes mittels der

---

83 *OECD*, 1998: S. 96.
84 *Färber*, 2000: S. 49ff.

Instrumente des Finanzausgleichs zu erreichen seien. Strukturelle Schwierigkeiten eines Landes hätten sich als relativ dauerhaft erwiesen, und es sei bereits heute so, dass es für die finanzschwachen Länder immer schwieriger werde, ihre Aufgaben zu erfüllen, zumal sie gerade wegen ihrer Strukturschwäche höhere durch Bundesgesetzgebung verursachte Lasten, zum Beispiel beim Arbeitslosengeld II oder beim Wohngeld, tragen müssten. Hinzu komme, dass reichere Länder durch Subventionsflüsse des Bundes, beispielsweise in der Technologieförderung, oder durch Standortentscheidungen für Bundesinstitutionen zum Teil überproportional profitierten und deshalb die Betrachtung des Finanzausgleichs alleine kein faires Bild der Mittelflüsse zwischen den politischen Ebenen des Föderalismus biete. Die Verteidiger des Finanzausgleichs beziehen also auch die Leistungen und Anforderungen des Bundes an die Länder innerhalb und außerhalb des Finanzausgleichs in die Gesamtrechnung mit ein.

Im System des Finanzausgleichs sind die Zahlungen des Bundes der dritte Schritt des Finanzausgleichs. Dieser wird als vertikaler Finanzausgleich bezeichnet. In seinem Rahmen zahlt der Bund aus seinem Umsatzsteueranteil Bundesergänzungszuweisungen. Von besonderer Bedeutung sind hierbei die Fehlbetrags-Bundesergänzungszuweisungen. Der Bund sorgt mit diesen dafür, dass die Finanzkraft der finanzschwächeren Länder zu 77,5 Prozent des Fehlbetrags an 99,5 Prozent des Länderdurchschnitts angehoben wird. Hinzu kommen Sonderbedarfs-Bundesergänzungszuweisungen unter anderem zum Ausgleich besonderer auf die Teilung Deutschlands und deren Überwindung zurückzuführender Lasten, zum Ausgleich unterdurchschnittlich finanzierter Kommunalhaushalte oder als Kompensation für die relativ (pro-Kopf) hohen Kosten der politischen Führung (Regierung und Verwaltung) in den „kleinen" Bundesländern. Ursprünglich sollte letztere Zahlung ersatzlos gestrichen werden. Der erzielte politische Kompromiss reduzierte diese Ausgleichszahlung lediglich von 785,9 Mio. Euro auf 516,9 Mio. Euro. Der Empfängerkreis wurde um Sachsen erweitert und umfasst nun zehn (!) Länder. Bremen und das Saarland erhielten 1994 bis 1998 befristete Bundeshilfen. 1999 wurde letztmals die Zusage für diese zusätzlichen Zuwendungen für einen Zeitraum von fünf Jahren zur Überwindung der Haushaltsnotlage dieser Länder vom Bund gewährt.

Die Ergebnisse des vertikalen Finanzausgleich verstärken die Verzerrungseffekte, welche die Kritiker des horizontalen Finanzausgleichs monieren. Nach dem Abschluss dieser dritten Phase des Finanzausgleichs war bisher mit großer Regelmäßigkeit eine Umkehr der Reihenfolge der

Tabelle 11: Die Finanzen der Länder (2001)

Land	Netto-kredit-auf-nahme in Euro pro Einw.	Schul-den Ende 2000 in Euro pro Einw.	Kredit-finan-zie-rungs-quote in %	Steuer-finan-zie-rungs-quote in %	Zins-last-quote in %	Perso-nalaus-gaben-quote in %	Investi-tions-quote in %
Ba-Wü	89	2 811	3,0	76,6	6,1	40,6	10,0
Bayern	48	1 474	1,7	75,1	3,0	41,2	16,9
Berlin	547	9 888	9,1	41,7	10,1	34,2	11,1
Brandenburg	166	4 921	4,3	45,6	7,4	24,4	22,8
Bremen	1 427	12 881	23,1	44,8	12,0	33,3	15,5
HH	419	9 732	7,5	74,1	10,5	34,0	10,5
Hessen	110	3 562	3,5	77,7	6,7	35,2	10,0
NRW	181	4 260	6,7	75,5	9,1	40,1	9,5
Meck-V.	185	4 200	4,7	44,6	6,5	27,4	22,1
Nieders.	245	4 307	8,8	64,6	10,3	37,6	12,3
Rheinl.-Pfalz	162	4 554	5,7	65,7	9,6	41,3	11,2
Saarl.	521	5 732	16,7	56,7	11,8	39,7	12,2
Sachsen	52	2 266	1,4	49,9	4,0	27,0	26,5
Sachs.-Anhalt	262	5 154	5,7	46,2	7,4	27,1	22,0
Schleswig-Hol.	170	5 570	6,1	65,6	12,0	36,8	10,1
Thüring.	307	4 460	7,7	45,8	6,5	25,9	23,7

Die Quoten beziehen sich auf Landeshaushalte. Daten des Finanzministeriums Nordrhein-Westfalen.

Nach: Staatszeitung vom 30.1. 2002

Länder im Vergleich zu ihrer finanziellen Ausgangsposition zu beobachten. „Arme Länder", die nach ihrem pro-Kopf-Steueraufkommen auf den hinteren Plätzen der Ländertabelle landeten, waren nach ihrer Finanzkraft nun besser gestellt als die vermeintlich „reichen", die nach erfolgtem Finanzausgleich hintere Plätze in der Finanzkraft-Rangliste belegten.

Die Reform des Finanzausgleichs blieb Stückwerk. Für den Sachverständigenrat besteht der erzielte Kompromiss „aus einer unsystematischen Kumulation von Einzelmaßnahmen", die „überwiegend auf Besitzstandswahrung oder die Erlangung finanzieller Vorteile ausgerichtet waren".[85] Der Finanzausgleich blieb intransparent, hoch kompliziert und damit dem Bürger und Steuerzahler nicht vermittelbar (das Bundesverfassungsgericht hatte allgemeine Maßstäbe des Finanzausgleichs gefordert, die „verständlich und nachvollziehbar" sind). Die 2005 in Kraft getretene Reform des Finanzausgleichs ist damit allein rechnerisch ein Neuanfang.

Die Signale zugunsten der Förderung erfolgreicher Länderpolitik bleiben unklar. Einerseits wird der Ausgleichstarif beim Finanzausgleich zwischen den Ländern abgeflacht und ein Prämienmodell eingeführt, was die Finanzsituation der Geberländer verbessern soll, andererseits werden diese durch die verstärkte Einbeziehung der kommunalen Finanzkraft in den Länderfinanzausgleich stärker belastet. Die Komplexität des Finanzausgleichsmodells macht zudem die Gesamtwirkung des Finanzausgleichs für einzelne Länder schwer vorhersehbar. Bemerkenswert ist, dass nach der Reform *alle Länder* in einer finanziell günstigeren Position sind als vorher. Möglich wurde dies dadurch, dass der Bund entgegen seiner ursprünglichen Absicht bereit war, zusätzliche Mittel für den Finanzausgleich zur Verfügung zu stellen. Der Bund übernimmt die Zins- und Tilgungsleistungen der Länder für den Fonds Deutsche Einheit ab 2005 und entlastet damit die alten Länder, da nur diese an der Finanzierung des Fonds beteiligt sind. Gerade dies war aber politisch nötig, denn ansonsten hätten sich die alten Länder nach dem neuen System des Finanzausgleichs schlechter gestellt, und ihre Zustimmung zu dem gefundenen Kompromiss wäre fraglich gewesen.

Eine neue Restriktion für die Länderfinanzpolitik ist mit der innerstaatlichen Umsetzung des europäischen Stabilitäts- und Wachstumspaktes verbunden, der dazu dient, die Stabilität des Euro abzusichern. Der Entscheidungszwang, der von den Maastricht-Kriterien ausgeht, veranlasste Bund und Länder auf einer Sondersitzung des Finanzplanungsrates am 21. März 2002 Eckpunkte für einen Nationalen Solidaritätspakt zu beschließen. Unter anderem wurde das Haushaltsgrundsätzegesetz geändert und ein neuer Paragraph §51a formuliert, der regelt, dass Bund und Länder anstreben, ihre Nettoneuverschuldung mit dem Ziel ausgeglichener Haushalte

---

85 *Sachverständigenrat zur Begutachtung der gesamtwirtschaftlichen Entwicklung*, 2002: S. 212.

zurückführen. Bund und Länder teilten sich bis 2006 (der Zeitpunkt, an dem der Haushaltsausgleich erreicht sein sollte) die bis dahin zu leistende Defizitreduktion in der Weise zu, dass das Wachstum der Ausgaben des Bundes jährlich um 0,5 Prozent zu verringern ist, während Länder und Gemeinden ihr Ausgabenwachstum auf ein Prozent im Jahresdurchschnitt begrenzen. Ungeklärt bleibt aber, welche Sanktionen ausgelöst werden, wenn – wie geschehen – diese Selbstverpflichtungen von den Beteiligten nicht erfüllt werden.[86]

Nicht nur im Rahmen des Stabilitäts- und Wachstumspakts wird die Frage der Haftung gegenüber der EU relevant. Die Frage stellt sich ebenso im Fall von Strafzahlungen, die fällig werden, wenn EU-Richtlinien nicht fristgerecht umgesetzt werden. Die Verpflichtung gegenüber der EU liegt beim Bund, auch wenn die Länder für die Umsetzung beziehungsweise deren Verzögerung verantwortlich sind. Als die Länder im Jahr 1994 durch die Grundgesetzänderung mit Artikel 23 neu GG einen Anspruch darauf erhielten, dass ein Ländervertreter die Bundesrepublik im Ministerrat vertreten kann, wenn dort Länderzuständigkeiten behandelt werden, wurde es versäumt, den Ländern auch Verantwortlichkeiten für den Fall der Vertragsverletzung zu übertragen.[87]

 ## Wiederholungsfragen und Vertiefungsaufgaben

- Nennen Sie zwei unterschiedliche Modelle der Steuererhebung in Föderalstaaten.
- Erläutern Sie die wichtigsten Elemente des deutschen Finanzausgleichs.
- Weshalb wurde eine Reform des deutschen Finanzausgleichs notwendig?

 ## Links zum Thema

- Bundesverfassungsgericht: www.bundesverfassungsgericht.de
- Organisation für Wirtschaftliche Zusammenarbeit und Entwicklung (OECD): http://www.oecd.org/home/
- Bundesfinanzministerium: http://www.bundesfinanzministerium.de/

---

86 Für die Reformdiskussion in der Bundesstaatskommission vgl. Kapitel 5.
87 Vgl. hierzu auch Kapitel 5.

- Sachverständigenrat zur Begutachtung der gesamtwirtschaftlichen Entwicklung: http://www.sachverstaendigenrat-wirtschaft.de/

 ## Weiterführende Literatur

Conlan, Timothy J., From New Federalism to Devolution. Twenty-Five Years of Intergovernmental Reform, Washington, D.C.: Brookings, 1998.

Conlan, Timothy J./Riggle, James D./Schwartz, Donna E., Deregulating Federalism? The Politics of Mandate Reform in the 104th Congress, in: Publius, Jg. 25, Nr. 3, 1995, S. 23-40.

Färber, Gisela, Probleme der regionalen Steuerverteilung im bundesstaatlichen Finanzausgleich, Baden-Baden: Nomos Verlagsgesellschaft, 2000.

Feld, Lars P., Fiskalischer Föderalismus in der Schweiz. Vorbild für die Reform der deutschen Finanzverfassung?, Gütersloh u.a.: Bertelsmann Stiftung et al., 2004.

Hansjürgens, Bernd, Äquivalenzprinzip und Staatsfinanzierung, Berlin: Duncker & Humblot, 2001.

Kreuder, Thomas, Gestörtes Gleichgewicht. Die Gefährdungen der politischen Autonomie von Ländern und Gemeinden durch Kostenverlagerungen, in: Aus Politik und Zeitgeschichte, Jg. B24/97, 1997, S. 31-36.

Oates, Wallace E., Fiscal federalism, New York: Harcourt Brace Jovanovich, 1972. *(Klassiker)*.

Oates, Wallace E., Studies in Fiscal Federalism, Aldershot, Hants, Brookfield, Vt.: Edward Elgar, 1991.

Oates, Wallace E., Fiscal federalism, Aldershot: Gregg Revivals, 1993.

Oates, Wallace E., The Economics of Fiscal Federalism and Local Finance, Northampton, MA: Edward Elgar, 1998.

Oates, Wallace, E., An Essay on Fiscal Federalism, in: Journal of Economic Literature, Jg. 37, Nr. 3, 1999, S. 1120-1149.

Oates, Wallace E./International Institute of Management, The Political Economy of Fiscal Federalism, Lexington, Mass.: Lexington Books, 1977.

OECD, Wirtschaftsberichte Deutschland, Paris: OECD, 1998.

OECD, Economic Surveys: Canada, Paris: OECD, 2001.

OECD, Economic Surveys: United States, Paris: OECD, 2002.

OECD, Wirtschaftsberichte Deutschland, Paris: OECD, 2003.

Olson, Mancur Jr., The Principle of „Fiscal Equivalence": The Division of Responsibilities Among Different Levels of Government, in: American Economic Review, Jg. 59, 1969, S. 479-487.

Renzsch, Wolfgang, Finanzverfassung und Finanzausgleich: Die Auseinandersetzungen um ihre politischen Gestaltung in der Bundesrepublik Deutschland zwischen Währungsreform und deutscher Vereinigung, Bonn: Dietz, 1991.

Sachverständigenrat zur Begutachtung der gesamtwirtschaftlichen Entwicklung, Jahresgutachten 2001/2002, Bundestagsdrucksache 14/7569, 2002.

Schultze, Rainer-Olaf, Bundesstaaten unter Reformdruck: Kann Deutschland von Kanada lernen? In: Zeitschrift für Staats- und Europawissenschaften, Jg. 2, Nr. 2, 2004, S. 191-211.

Sturm, Roland, Haushaltspolitik in westlichen Demokratien: Ein Vergleich des haushaltspolitischen Entscheidungsprozesses in der Bundesrepublik Deutschland, Frankreich, Großbritannien, Kanada und den USA, Baden-Baden: Nomos Verlagsgesellschaft, 1989.

Telford, Hamish, The Federal Spending Power in Canada: Nation-Building or Nation-Destroying? In: Publius: the Journal of Federalism, Jg. 33, Nr. 1, 2003, S. 23-44.

4 Politische Willensbildung

In föderalen Staaten gestaltet sich der politische Willensbildungsprozess komplexer als in zentralistischen Staaten. Erstens haben die Wähler die Möglichkeit, Volksvertretungen für eine weitere legislative Ebene zu wählen und können in einer Reihe von Staaten auf dieser Ebene selbst per Volksentscheid Gesetze beschließen. Zweitens erfordert die föderale Staatsorganisation eine Abstimmung zwischen den Gliedstaaten und der Bundesebene, wie wir am Beispiel der föderalen Institutionen in den beiden vorangegangenen Kapiteln bereits gesehen haben.

Dieses Kapitel erarbeitet die wichtigsten Elemente des politischen Willensbildungsprozesses: die Wahl- und Regierungssysteme auf Länderebene, den Wettbewerb von Parteien, die Regierungsbildung sowie die Teilhaberechte der Bürger und Besonderheiten hinsichtlich politischer Karrieren im Föderalismus.

4.1 Direktdemokratische Verfahren

Eine Variante der politischen Willensbildung bilden Sachentscheidungen, die von der (wahlberechtigten) Bevölkerung selbst getroffen werden. Solche Entscheidungen können auf Initiative der Volksvertretung (Referendum) oder aufgrund von Initiativen aus der Bevölkerung selbst (Volksbegehren und Volksentscheid) stattfinden. In der Schweiz bestehen diese Möglichkeiten auf allen politischen Ebenen. In einigen föderalen Staaten finden sich direktdemokratische Verfahren nur auf der Länderebene. Hierzu zählen die USA und die Bundesrepublik Deutschland. In der Bundesrepublik wird seit geraumer Zeit über die Einführung von Volksbegehren und Volksentscheiden auf Bundesebene diskutiert. Die Rot-grüne Bundesregierung hatte die Umsetzung dieses Vorhabens im Koalitionsvertrag vorgesehen. Ein entsprechender Entwurf für eine Verfassungsänderung scheiterte am 7. Juni 2002 jedoch daran, dass die erforderliche Zweidrittelmehrheit nicht erreicht wurde.[88]

Die Grundsatzdiskussion über die Zweckmäßigkeit der Einführung direktdemokratischer Verfahren auf Bundesebene muss an dieser Stelle

---

88 Vgl. zum Verlauf des Verfahrens: http://dip.bundestag.de/gesta/14/B107.pdf, abgerufen am 11.04.2004.

nicht geführt werden.[89] Wir können uns auf ein prominentes Argument der Gegner direktdemokratischer Verfahren beschränken. Es handelt sich hierbei um die Argumentation, direktdemokratische Sachentscheidungen seien per se verfassungswidrig, da sie die Beteiligung der Länder respektive des Bundesrats an der Bundesgesetzgebung ausschließen.[90] Damit wird die deutsche Politikverflechtung zum Ausschlussargument von direktdemokratischen Verfahren. In der Schweiz wurde dieses Problem dadurch entschärft, dass bei verfassungsändernden Gesetzen neben der Mehrheit der Abstimmenden auch eine Mehrheit der Kantone zustimmen muss. Das sogenannte Ständemehr wird dadurch ermittelt, dass die Stimmen in den einzelnen Kantonen getrennt ausgezählt werden. Als zustimmende Kantone gelten dann diejenigen, in denen sich eine Mehrheit für den Vorschlag ausgesprochen hat.[91]

Auf Bundesebene der Bundesrepublik Deutschland sieht das Grundgesetz lediglich für den Artikel 29 und als Sonderfall für die Artikel 118 und 118a (hier geht es um eine Neugestaltung der Grenzen der Länder) direktdemokratische Abstimmungsmöglichkeiten vor. Alle drei Artikel betreffen sowohl Bundes- als auch Länderbelange: Länderbelange insofern als sie die Neugestaltung von Ländergrenzen zum Gegenstand haben; Bundesbelange insofern eine Länderneugliederung Auswirkungen auf das gesamtstaatliche Gefüge, wie zum Beispiel die Finanzverfassung, hätte.

Auf der Länderebene finden sich inzwischen in allen Ländern Möglichkeiten der direktdemokratischen Gesetzgebung. Auch auf kommunaler Ebene können die Bürger in den meisten Bundesländern direkt über Sachentscheidungen abstimmen. Die Ausgestaltung der direktdemokratischen Verfahren variiert zwischen den Ländern ebenso wie die Wahlsysteme der einzelnen Länder.

Hinsichtlich der Reichweite und der Durchführungsbestimmungen direktdemokratischer Entscheidungsverfahren finden sich sowohl Unterschiede als auch Gemeinsamkeiten zwischen den Ländern. Zu den Gemeinsamkeiten gehören von den Landesverfassungen für direkt-demokratische Entscheidungen ausgeschlossene Themenbereiche, wie zum Beispiel Haushaltspläne, Abgaben- und Besoldungsgesetze sowie Personalfragen. In einigen Ländern kann mittels direktdemokratischer Instrumente die Auflösung der Landtage erreicht werden. Die Hürden hierfür sind allerdings

---

89 Einen Überblick über diese Diskussion bieten *Schiller/Mittendorf (Hrsg.)*, 2002.
90 Vgl. zum Beispiel *Pehle*, 1998.
91 Diese Variante wurde auch für die Bundesrepublik vorgeschlagen. Vgl. hierzu *Erne*, 2002: S. 84f.

Tabelle 12: Bürgerbegehren und Bürgerentscheide in den Kommunalverfassungen der Länder

Land	Jahr der Einführung	Bürgerbegehren und -entscheide seit 1990	Häufigkeitsverteilung (1 Bürgerbegehren pro Einwohnerzahl) [3]
Baden-Württemberg	1956	146	792 904
Bayern	1995[1]	1 152	63 698
Berlin	_[2]	-	-
Brandenburg	1993	144	144 556
Bremen	1994	2	2 130 000
Hamburg	1998	26	197 885
Hessen	1993	164	364 992
Mecklenburg-Vorpommern	1993	42	338 286
Niedersachsen	1996	57	695 263
Nordrhein-Westfalen	1994	206	614 976
Rheinland-Pfalz	1994	78	362 115
Saarland	1997	3	1 425 333
Sachsen	1993	165	214 594
Sachsen-Anhalt	1990	57	504 649
Schleswig-Holstein	1990	202	151 931
Thüringen	1993	29	670 621

[1] Während in den übrigen 14 Ländern der Anstoß zur Ausgestaltung kommunaler Bürgerbeteiligung von den Länderparlamenten kam, ist deren Einführung in Bayern Ergebnis eines landesweiten Volksentscheides am 1. Oktober 1995, bei dem zunächst nicht der Vorschlag des Landtags, sondern der Entwurf der Initiative „Mehr Demokratie in Bayern e.V." eine Mehrheit erhielt. Nach einem Urteil des Bayerischen Verfassungsgerichtshofes, der die Reichweite direktdemokratischer Eingriffe in die kommunale Selbstverwaltung begrenzte, verabschiedete der Landtag am 1. April 1998 die heute gültige Regelung.

[2] In ihrer Koalitionsvereinbarung des Jahres 2002 haben SPD und PDS verabredet, Bürgerentscheide und -begehren im Laufe der Legislaturperiode einzuführen, bis zum 31.01.2005 wurde die Verfassung jedoch nicht geändert.

[3] Berücksichtigt wurde die Zahl der Bürgerbegehren und die Zahl der Jahre bis 2000 seit Einführung (Baden-Württemberg seit 1990) im betreffenden Land. Im Saarland (0,75) und Bremen (0,29) fanden im Jahresdurchschnitt weniger als ein Bürgerbegehren statt. Deshalb liegt die Zahl über der Einwohnerzahl des Landes. Einwohnerstand zum 31.12. 2000.

Nach: Deppe, 2002.

hoch, so dass bislang kein Landtag durch einen Volksentscheid aufgelöst wurde. Bedeutung erlangt haben hingegen auf eine Sachentscheidung zielende Volksbegehren. Die Schwerpunktthemen der Volksbegehren und -entscheide liegen im Bildungsbereich sowie im Bereich der Staatsorganisation.[92] Für die Dominanz dieser beiden Themenkomplexe gibt es jeweils eine gemeinsame und eine abweichende Erklärung. Beide Themen dominieren deshalb, weil sie originäre Landeskompetenzen betreffen und damit zu den Bereichen gehören, die als ausschließliche Gegenstände der Landespolitik nicht durch die Kompetenzverteilung im Bundesstaat ausgeschlossen sind.

Bildungs- und Kulturpolitik betreffen eine relativ große Zahl von Bürgern direkt. Die Unzufriedenheit mit den jeweils bestehenden Schulsystemen und den Einsparungen in den vergangenen Jahren führte relativ häufig zur Einleitung von Volksbegehren. Dabei geht es entweder um den Erhalt der Lernmittelfreiheit oder um die Veränderung von Schultypen (christliche Schulen, Gesamtschulen etc.). Einen Sonderfall bilden in diesem Zusammenhang die in vier Bundesländern gestarteten Volksbegehren gegen die Einführung der Rechtschreibreform. Diese Reform ist nicht nur Ausdruck der in Kapitel 2 beschriebenen freiwilligen Koordination der Länder, der sogenannten „Dritten Ebene des Föderalismus", sondern auch Ergebnis einer Koordination mit der Schweiz und Österreich. Somit handelt es sich bei diesen vier Volksbegehren, von denen keines erfolgreich im Sinne der Antragsteller war, um Proteste gegen die Sache einerseits und gegen die Kompetenzpreisgabe der Länder durch die Koordination in der Kultusministerkonferenz andererseits.

Die relativ große Zahl an angestrebten Volksbegehren im Bereich der Staatsorganisation erklärt sich ebenfalls durch einen über die jeweilige Ländergrenze hinaus reichenden Faktor, wenn es um die Einführung oder Erleichterung direktdemokratischer Verfahren auf der Landes- oder der kommunalen Ebene geht. Einerseits stellen Verfechter direktdemokratischer Instrumente Vergleiche mit der Situation in anderen Bundesländern an – zumeist solchen mit einfacheren Verfahren – und zum anderen wirkt sich hier die Arbeit des Vereins „Mehr Demokratie e.V." aus. Dieser Verein war 1995 in Bayern bei der Durchsetzung des kommunalen Bürgerentscheids mit Hilfe eines Volksentscheides erfolgreich und hat seine Aktivitäten seither auf andere Bundesländer sowie auf die Bundesebene ausgedehnt und zahlreiche direktdemokratische Verfahren angestoßen. Damit

---

92 Vgl. vertiefend zu den Themen direktdemokratischer Verfahren *Rehmet*, 2002.

kommt der Impuls zu diesen Begehren nicht nur aus den betroffenen Ländern selbst, sondern auch von außen.

Die Durchführungsbestimmungen der direktdemokratischen Verfahren unterscheiden sich ebenso wie deren thematische Reichweite von Bundesland zu Bundesland. Wichtiger Bestandteil von Durchführungsbestimmungen sind Quoren und Fristen zur Initiierung eines Volks- oder Bürgerbegehrens, ferner die Frage, ob die Unterschriftensammlung frei oder in Amtsräumen erfolgt. Kommt es zum Entscheid, bestehen wiederum je nach Land unterschiedliche Quoren. Hierbei werden Zustimmungs- und Beteiligungsquoren unterschieden. Beteiligungsquoren erfordern neben der Mehrheit der gültigen Stimmen gleichzeitig die Beteiligung eines festgelegten Prozentsatzes der Stimmberechtigten. Unter Zustimmungsquoren versteht man die Zustimmung eines festgelegten prozentualen Anteils der Stimmberechtigten. Bei 1000 Wahlberechtigten erfordert ein Beteiligungsquorum von 30 Prozent die Teilnahme von 300 Stimmberechtigten. Bei einem Zustimmungsquorum von 30 Prozent bei wiederum 1000 Stimmberechtigten, muss der Vorschlag, der die meisten Stimmen erhalten hat, gleichzeitig mindestens 300 Stimmen bekommen haben, damit er als beschlossen gilt. Das heißt, es müssen deutlich mehr Stimmberechtigte an der Abstimmung teilnehmen als bei einem Beteiligungsquorum von 30 Prozent. Somit sind Zustimmungsquoren restriktiver als reine Beteiligungsquoren, da sie implizit Beteiligungsquoren enthalten. Während diese Art von Quorum in den USA und der Schweiz unbekannt sind, sind sie in den deutschen Ländern gängig. Sie sollen verhindern, dass eine unbedeutende Minderheit einen bindenden Beschluss in einer Sachfrage herbeiführen kann.

Unabhängig davon, ob direktdemokratische Verfahren die kommunale oder die Landesebene betreffen, ähneln sich bei diesen die Akteursstrukturen stark, insbesondere was die Beteiligung von Parteien angeht. Diese – und hier vor allem die oppositionellen Parteien – haben Volks- beziehungsweise Bürgerbegehren als Instrumente zur Durchsetzung politischer Ziele entdeckt. Sie initiieren solche Begehren entweder selbst oder treten einer Initiative bei und unterstützten diese inhaltlich und organisatorisch. In größeren Städten oder auf der Landesebene ist der organisatorische Aufwand für ein Begehren so hoch, dass die Aussicht auf Erfolg ohne die Unterstützung einer Partei äußerst gering ist. Auffällig ist, dass auch Parteien, die direktdemokratischen Verfahren eher skeptisch gegenüberstehen, wie zum Beispiel die CSU, die sich zunächst gegen die Einführung des kommunalen Bürgerentscheids in Bayern ausgesprochen hatte, das Instrument des

Tabelle 13: Volksinitiativen, Volksbegehren und Volksentscheide in den Ländern

Land	Volks-initiative	Volks-begehren	Volks-befragung	Volks-entscheid	Verfassungsänderung durch Volksentscheid	Auflösung des Landtags durch Volksentscheid
Baden-Württemberg	nein	ja	(1)	ja	ja	ja
Bayern	nein	ja	(1)	ja	ja[2]	ja
Berlin	ja	ja	nein	ja	nein	ja
Brandenburg	nein	ja	nein	ja	ja	ja
Bremen	Bürgerantrag	ja	(1)	ja	ja	ja
Hamburg	ja	ja	nein	ja	nein	nein
Hessen	nein	ja	(1)	ja	ja[2]	nein
Mecklenburg-Vorpommern	ja	ja	nein	ja	ja	nein
Niedersachsen	ja	ja	nein	ja	ja	nein
Nordrhein-Westfalen	ja	ja	(1) (3)	ja	ja	nein
Rheinland-Pfalz	nein	ja	nein	ja	ja	ja
Saarland	nein	ja	nein	ja	nein	nein
Sachsen	ja	ja	(1)	ja	ja	nein
Sachsen-Anhalt	nein	ja	nein	ja	ja	nein
Schleswig-Holstein	ja	ja	ja	ja	ja	nein
Thüringen	Bürgerantrag	ja	nein	ja	ja	nein

(1) Der Landtag kann für einen Gesetzentwurf einen Volksentscheid beantragen.

(2) Volksentscheid zur Verfassungsänderung notwendig. Zuletzt in Hessen zeitgleich mit Bundestagswahl 2002 zur Verlängerung der Legislaturperiode auf fünf Jahre; zur Aufnahme des Sports als Staatsziel in die Verfassung und zur Aufnahme des Konnexitätsprinzips (finanzieller Ausgleich für die Kommunen bei neuen Aufgaben) in die Verfassung. Die Aufnahme des Konnexitätsprinzips war neben der Absenkung des passiven Wahlrechts sowie Anpassungen an das Grundgesetz im Bereich Kinder und Familie ebenfalls Gegenstand der letzten Verfassungsänderung in Bayern, über die zeitgleich zur Landtagswahl am 21. September 2003 abgestimmt wurde.

(3) Die Landesregierung kann einen vom Landtag abgelehnten Gesetzesvorschlag dem Volk vorlegen. Lehnt das Volk die Vorlage ab, muss die Landesregierung zurück treten. Stimmt das Volk der Vorlage zu, kann die Landesregierung den Landtag auflösen.

Aktualisiert und ergänzt nach: Zimmermann-Steinhart, 1996: 51.

Tabelle 14: Bestimmungen für Volksbegehren und Volksentscheide in den Ländern

Land	Volksbegehren			Volksentscheid Zustimmungsquorum	
	Quorum in %	Frist	Ort der Unterschriftensammlung	einfaches Gesetz	Verfassungsänderung
Baden-Württemberg	16,7%	14 Tage	Amtsräume	33%	50%
Bayern	10%	14 Tage	Amtsräume	-	25%
Berlin	10%	2 Monate	Amtsräume	50% Beteiligung beziehungsweise 33%[a]	nicht möglich
Brandenburg	80.000 (ca. 4,1%)	4 Monate	Amtsräume	25%	50%+2/3 Mehrheit
Bremen	10% (einfache Gesetze) 20% (verfassungsändernde Gesetze)	3 Monate	frei	25%	50%
Hamburg	5%	14 Tage	Amtsräume	20%	50%+2/3 Mehrheit
Hessen	20%	14 Tage	Amtsräume	-	-[b]
Mecklenburg-Vorpommern	140.000 (ca. 9,8%)	2 Monate	frei	33%	50%+2/3 Mehrheit
Niedersachsen	10%	12 Monate	frei	25%	50%
Nordrhein-Westfalen	8%	12 Wochen	Amtsräume, Anzahl richtet sich nach Gemeindegröße[f]	15%	50%+2/3 Mehrheit
Rheinland-Pfalz	300.000 (ca. 10,2%)	2 Monate	Amtsräume	25% Beteiligungsquorum	50%
Saarland	20%	14 Tage	Amtsräume	50%	nicht möglich
Sachsen	450.000 (ca. 12,1%)	8 Monate	frei[c]	-	50%
Sachsen-Anhalt	250.000 (ca. 11,2%)	6 Monate	frei	25%[d]	50%+2/3 Mehrheit
Schleswig-Holstein	5%	6 Monate	Amtsräume[e]	25%	50%+2/3 Mehrheit
Thüringen	14%	4 Monate	frei	33%	50%

(a) Beteiligen sich 50% der Stimmberechtigten, ist die einfache Mehrheit ausreichend. Bei einer geringeren Beteiligung ist die Zustimmung von 33% der Stimmberechtigten notwendig.
(b) Verfassungsänderungen müssen durch die Mehrheit der Landtagsmitglieder und die Mehrheit der gültigen Stimmen beschlossen werden.
(c) Die Listen müssen einem amtlichen Muster entsprechen.
(d) Das Zustimmungsquorum entfällt, wenn der Landtag einen eigenen Gesetzentwurf vorlegt.
(e) Weitere Räume können beantragt werden.
(f) Die Sammlung der Stimmen erfolgt außer zu den Geschäftszeiten an vier Sonntagen. Die Eintragung in die Listen per Eintragungsschein ist möglich.

Aktualisiert und ergänzt nach Zimmermann-Steinhart, 1996: 53.

Bürgerbegehrens ebenso nutzen, wie Parteien, die grundsätzlich eine befürwortende Position einnehmen. So wurde ein großer Teil der bisherigen Bürgerbegehren in Bayern von der CSU initiiert und/oder unterstützt.

Damit sind direktdemokratische Verfahren einerseits eine Konkurrenz zur parlamentarischen Arbeit, andererseits aber auch eine Ergänzung und Unterstützung – zumindest aus der Sicht der Opposition. In jedem Fall beeinflussen direktdemokratische Verfahren den parlamentarischen Willensbildungsprozess. Dies trifft selbst dann zu, wenn die Unterstützung für ein Thema zwar breit ist, das entsprechende Begehren oder der Entscheid jedoch an den formalen Hürden gescheitert sind.

In der Schweiz, wo die direkte Demokratie eine wesentlich breitere Basis und eine längere Tradition besitzt als in der Bundesrepublik Deutschland, wird der indirekte Einfluss direktdemokratischer Entscheidungsmöglichkeiten besonders deutlich. Die Gesetzgebung der Schweiz ist von vornherein so konzipiert, dass sie sich als möglichst „referendumsfest" erweist. Dies beinhaltet, dass ein Gesetz so gestaltet sein muss, dass ein Begehren dagegen höchstwahrscheinlich ausbleibt. In Bereichen, die eine Zustimmung des Volkes verlangen, werden Gesetze solange beraten, bis sich ein Kompromiss oder ein Konsens abzeichnet, von dem die Regierung und das Parlament der Meinung sind, er finde die Zustimmung des Volkes. Dies hat Auswirkungen auf die parlamentarische Arbeit und die Regierungsbildung und ist neben der Heterogenität der Gesellschaft eine der Erklärungen für die Entwicklung des für die Schweiz typischen Konkordanzsystems: Die Regierung der Schweiz, der Bundesrat, wird zwar vom Parlament gewählt, jedoch nicht wie in parlamentarischen Systemen üblich, entsprechend der Mehrheitsverhältnisse im Parlament, sondern nach der sogenannten „Zauberformel". Die „Zauberformel" garantiert die Einbindung aller Parteien nach einem festgelegten Verhältnis. Die Zusammensetzung der Regierung wurde seit 1848 bislang nur achtmal geändert. Die letzte Änderung erfolgte im Dezember 2003. Die letzte „Zauberformel" hatte 44 Jahre gegolten, obwohl sich die parlamentarischen Mehrheiten seither immer wieder verschoben hatten.[93] Bis zur letzten Änderung hatten die Freiheitliche Partei (FDP), die Christliche Volkspartei (CVP) und die Sozialdemokratische Partei (SP) jeweils zwei Sitze und die Schweizer Volkspartei (SVP) einen Sitz im Bundesrat. Nach dem deutlichen Erstarken der Schweizer Volkspartei in den letzten Parlaments- und Ständeratswahlen und den großen Verlusten der CVP erzwang die SVP einen zweiten Sitz auf Kosten der CVP.

---

93 *Linder*, 1999: S. 221.

Die direktdemokratische Entscheidungspraxis führt nicht automatisch zu demokratischeren Willensbildungsprozessen, wie das Beispiel des Frauenwahlrechts in der Schweiz deutlich macht.[94] Der Grund für die späte Einführung des Frauenwahlrechts lag darin, dass alle früheren Versuche am Nein der allein abstimmungsberechtigten Männer scheiterten. Als Ursache hierfür wird die mangelnde Kompromissfähigkeit von reinen Ja/Nein-Entscheidungen angesehen. Bei einer solchen Abstimmung lässt sich nur sehr schwer eine Kompromiss- oder Paketlösung finden. Für die abstimmenden Männer gab es nur die Entscheidung zwischen den Polen „Machtteilung" oder „Machterhalt". Im parlamentarischen Prozess hätte die Interessenlage eher ausgedehnt oder mit einem anderen Thema verknüpft werden können, wie die Einführung des Frauenwahlrechts in stärker repräsentativen Demokratien zeigt.[95]

4.2 Wahl- und Regierungssysteme

In den vorangegangenen Kapiteln haben wir festgestellt, dass Föderalismus und Demokratie nicht voneinander zu trennen sind, und dass eine der Voraussetzungen für den Föderalismus das Vorhandensein gewählter Volksvertretungen auf der gliedstaatlichen Ebene ist. An dieser Stelle geht es darum zu zeigen, dass die Wahl dieser Parlamente nach unterschiedlichen Wahlsystemen erfolgen kann. Grundsätzlich stehen hierfür zwei Idealtypen, die Mehrheits- und die Verhältniswahl, zur Verfügung. Die Stellung von Parlamenten im politischen System ist wiederum davon abhängig, ob es sich um ein präsidentielles oder parlamentarisches Regierungssystem handelt. Die sich aus diesen Typologien ergebenden Varianten lassen sich miteinander kombinieren und kommen beide in föderalen politischen Systemen vor (vgl. Tabelle 15).[96]

---

94 Vgl. zur Einführung des Frauenwahlrechts auch den Abschnitt „Wahl- und Regierungssysteme".
95 *Eidgenössische Kommission für Frauenfragen*, 2004: S. II/1.
96 Über die Zuordnung von politischen Systemen zu den Typen „präsidentiell", „parlamentarisch", „semi-präsidentiell" wird in der Politikwissenschaft seit langem diskutiert. Winfried Steffani sieht in der Kompetenz des Parlaments, die Regierung abwählen zu können, das entscheidende Kriterium für die Zuordnung zu parlamentarischen Systemen (*Steffani*, 1983: S. 392). Danach wäre die Schweiz ein präsidentielles System. Da die Schweiz jedoch eine Reihe von Besonderheiten aufweist, die sich nur schwer mit der Zuordnung zu präsidentiellen Systemen vereinbaren lassen und auch die von Maurice Duverger aufgestellten Kriterien zur Zuordnung zu semi-präsidentiellen Systemen (*Duverger*, 1980) nicht greifen, verwenden wir den Begriff „Mischsystem".

Tabelle 15: Wahlsysteme und Regierungssysteme

	nationale Ebene		gliedstaatliche Ebene	
	Regierungssystem	Wahlsystem	Regierungssystem	Wahlsystem
Deutschland	parlamentarisch	personalisierte Verhältniswahl	parlamentarisch	(personalisierte) Verhältniswahl
Schweiz	„Mischsystem"[96]	Verhältniswahl (Nationalrat)	„Mischsystem"	überwiegend Mehrheitswahl (Ständerat u. Kantonalregierung), überwiegend Verhältniswahl (Kantonalparlamente)
USA	präsidentiell	Mehrheitswahl	präsidentiell	Mehrheitswahl
Kanada	parlamentarisch	Mehrheitswahl	parlamentarisch	Mehrheitswahl

In Föderalstaaten ist die regionale Ebene dafür zuständig, die rechtlichen Grundlagen für die Wahl ihres Parlament und dessen Ausgestaltung zu schaffen. Daher können die Wahlsysteme innerhalb eines Staates zwischen den Gliedstaaten und der Bundesebene variieren. Besonders große Freiräume finden wir diesbezüglich in der Schweiz und in den USA. In der Schweiz liegt sowohl die Ausgestaltungskompetenz des Wahlsystems für den Ständerat (Zweite Kammer der Schweizer Bundesversammlung) als auch für die Kantonalparlamente und -regierung bei den Kantonen. Bezüglich der Entscheidung für Mehrheits- oder Verhältniswahlsysteme besteht dennoch eine fast vollständige Homogenität zwischen den Kantonen: In den meisten Kantonen werden sowohl die Kantonalregierung[97] als auch die Vertreter im Ständerat[98] mittels eines Mehrheitswahlsystems gewählt, während die meisten kantonalen Parlamente durch Verhältniswahlsysteme bestimmt werden.[99] Ein Beispiel für die Varianz der Wahlsysteme in der Schweiz ist die bereits oben erwähnte Einführung des Frauenwahlrechts.

97 Die Kantone Tessin und Zug bilden hiervon eine Ausnahme.
98 Bei der Ständeratswahl bildet der Kanton Jura eine Ausnahme.
99 Hiervon ausgenommen sind die Kantone Uri, Graubünden sowie die beiden Halbkantone Appenzell-Innerrhoden und -Ausserrhoden.

Während die Schweizerinnen im Jahr 1971 auf nationaler Ebene das Stimmrecht erhielten, zögerte sich dies in einigen Kantonen noch weitere Jahre hinaus. Im Halbkanton Appenzell-Innerrhoden erhielten sie das Stimmrecht erst im Jahr 1990,[100] in anderen Kantonen erfolgte dieser Schritt bereits im Jahr 1959. Die Einführung des Frauenwahlrechts in einigen fortschrittlicheren Kantonen gilt als Wegbereiter der Anerkennung dieses Rechts auf nationaler Ebene (vgl. Tabelle 16).

Tabelle 16: Einführung des Stimm- und Wahlrechts für Frauen in Kantonsangelegenheiten

Kanton	Datum	Kanton	Datum
Waadt	01.02.1959	Glarus	02.05.1971
Neuenburg	27.09.1959	Solothurn	06.06.1971
Genf	06.03.1960	Bern	12.12.1971
Basel-Stadt	26.06.1966	Thurgau	12.12.1971
Basel-Landschaft	23.06.1968	St.Gallen	23.01.1972
Tessin	19.10.1969	Uri	30.01.1972
Wallis	12.04.1970	Schwyz	05.03.1972
Luzern	25.10.1970	Graubünden	05.03.1972
Zürich	15.11.1970	Nidwalden	30.04.1972
Aargau	07.02.1971	Obwalden	24.09.1972
Freiburg	07.02.1971	Jura	20.03.1977*
Schaffhausen	07.02.1971	Appenzell A.Rh.	30.04.1989
Zug	07.02.1971	Appenzell I.Rh.	27.11.1990
* Annahme der Verfassung in einer Volksabstimmung			

Quelle: Eidgenössische Kommission für Frauenfragen, 2004, II/2; online: http://www.frauenkommission.ch/geschichte_chronik_d.htm.

100 Die Einführung des Frauenstimmrechts in Appenzell-Innerrhoden bildet zusätzlich ein Beispiel für den Grundsatz der Bundestreue. Die Frauen erhielten das Wahlrecht hier nicht aufgrund einer Entscheidung innerhalb des Halbkantons, sondern aufgrund eines bundesrichterlichen Urteils.

Neben der Einführung des Frauenstimmrechts variieren die kantonalen Parlamente auch hinsichtlich ihrer Legislaturperioden. Die Spannbreite liegt hier zwischen drei und fünf Jahren, wobei die überwiegende Zahl der Kantonalparlamente für vier Jahre gewählt wird. Die Wahlen finden daher nicht zeitgleich statt, sondern jeweils an kantonsspezifischen Terminen.

In den USA haben die einzelnen Staaten ebenfalls große Spielräume, was die Ausgestaltung des Wahlrechts angeht. Erstens werden in den USA wesentlich mehr öffentliche Ämter per Volkswahl besetzt als dies in Europa der Fall ist. So werden in 25 Staaten die Richter und in der Mehrheit der Staaten neben dem Gouverneur weitere Regierungsmitglieder direkt gewählt. Zweitens entscheiden die Bundesstaaten auch bei der Durchführung der nationalen Wahlen über deren wahlrechtliche Grundlagen. Drittens ist es den Parteiorganisationen in den einzelnen Staaten überlassen, für ihre jeweilige Partei auch bei der Vorbereitung nationaler Wahlen die Regeln für die *„primaries"* zu bestimmen. Primaries sind Vorwahlen zur Bestimmung des Kandidaten der jeweiligen Partei. Sie können entweder als offene (jeder registrierte Wähler kann abstimmen) oder als geschlossene (nur registrierte Parteianhänger dürfen abstimmen) Wahlen oder Parteiversammlungen *(„caucus"/„convention")* organisiert werden.

In der Bundesrepublik Deutschland gibt es keine unterschiedlichen Regeln bei der Durchführung der Bundestagswahlen. Die jeweiligen Landtagswahlsysteme sind in den Verfassungen der Länder festgelegt. Sie variieren hinsichtlich der Legislaturperioden (vier oder fünf Jahre). Deshalb und auch wegen gelegentlich vorkommender früherer Neuwahlen stimmen die Termine der Landtagswahlen nicht überein. Es kann zwar in sogenannten „Superwahljahren" zu Überschneidungen kommen, in denen in mehreren Ländern Landtags- und/oder Kommunalwahlen stattfinden, aber dies ist kein gewollter oder gesteuerter Prozess. In Deutschland wurde diskutiert, einerseits aus Kostengründen, vor allem aber um den Zwang für die Bundespolitik, einen „Dauerwahlkampf" zu führen, zu beseitigen, die Landtagswahltermine zusammen zu legen.[101] Hiergegen sprechen sowohl technische als auch demokratietheoretische Überlegungen. Zu den technischen gehören die Probleme der Organisation entsprechender zustimmender Mehrheiten in allen Länderparlamenten und die Möglichkeit der vorzeitigen Parlamentsauflösung in den Ländern, die solche Terminierungen ad absurdum führt. Demokratietheoretisch bedenklich wäre, dass dadurch die Landtagswahlen zu einer Art „Zwischenwahlen" der Bundespolitik

101 Vgl. *von Beyme*, 1992.

würden, was die föderale Willensbildung im Kern beseitigte. Wer meint, die Bürgerinnen und Bürger würden durch zu häufiges Wählen finanziell und persönlich zu sehr belastet, könnte sich auch für eine Länderneugliederung einsetzen, als deren Ergebnis weniger Länder und damit weniger Wahlen zu erwarten wären.

Im Unterschied zur Schweiz sind in der Bundesrepublik Deutschland alle Wahlen dem Grundsatz der Verhältniswahl verpflichtet. Es bestehen jedoch Variationsmöglichkeiten hinsichtlich der Kombination von Direkt- und Listenmandaten (personalisierte Verhältniswahl oder reine Verhältniswahl). Unterschiede gibt es auch bei der Stimmgebung. Nur in elf Ländern hat der Wähler bei Landtagswahlen zwei Stimmen (in Hamburg zehn). Einige Länder kennen Ausnahmeregeln für die Fünf-Prozent-Sperrklausel, die den geforderten Mindeststimmenanteil reduzieren, der für die Berücksichtigung einer Partei bei der Vergabe von Mandaten erforderlich ist (Ausnahmeregelungen für die dänische Minderheit in Schleswig-Holstein und Parteien und Listen der Sorben in Brandenburg). Stärker noch als diese Zugangsbeschränkung zu Parlamenten variieren in den Ländern die Regeln hinsichtlich der Berücksichtigung von Parteien bei der Mandatsverteilung, die eine gewisse Anzahl von Direktmandaten (Grundmandatsklausel) errungen haben. Fünf Länderwahlgesetze berücksichtigen die Grundmandatsklausel.

Im Unterschied zur Bundestagswahl gewähren alle Länder, die Listen- und Direktmandate vergeben, wodurch die Möglichkeit von Überhangmandaten besteht, Ausgleichsmandate. Überhangmandate entstehen, wenn die Zahl der Direktmandate die Zahl der Sitze überschreitet, die einer Partei aufgrund ihres Stimmenergebnisses zustehen würde. Überhangmandate sind eine Form der Überrepräsentation von Parteien gemessen am Stimmergebnis. Sie vergrößern das im Vergleich zu den anderen Parteien relative Gewicht derjenigen Partei, die Überhangmandate erringen konnte. Ausgleichsmandate für Parteien ohne Überhangmandate stellen die dem Stimmergebnis entsprechende Gewichtsverteilung zwischen den Parteien wieder her.

Zur Verbesserung der Entscheidungsmöglichkeiten der Wähler wurde auf Landesebene bei Kommunalwahlen das Kumulieren (Häufeln von Wählerstimmen) und das Panaschieren (der Wähler kann sich sozusagen seine eigene Liste aus den Kandidatenlisten aller Parteien zusammenstellen) eingeführt. Die Länder errichteten ferner unterschiedlich hohe Hürden für den Einzug in Kommunalparlamente. Eine Fünf-Prozent-Klausel gilt in Bremen, Hamburg, Hessen, Mecklenburg-Vorpommern, im Saarland, in

Schleswig-Holstein und in Thüringen. Eine Drei-Prozent-Klausel gibt es in Rheinland-Pfalz. Keine solche Beschränkung kennen Baden-Württemberg, Bayern, Berlin, Brandenburg, Niedersachsen, Nordrhein-Westfalen, Sachsen und Sachsen-Anhalt.

Der Stadtstaat Hamburg sieht als einziges Bundesland die Möglichkeit des Kumulierens und Panaschierens für die Wahl seines Landesparlaments, der Hamburgischen Bürgerschaft, vor. Nach dem neuen Wahlrecht kann jeder Wähler jeweils fünf Stimmen für Wahlkreislisten und für Landeslisten vergeben. Mit den offenen Wahlkreislisten werden mindestens 71 der regulär 121 Abgeordneten in Mehrmandatswahlreisen direkt gewählt. Die restlichen Abgeordneten werden durch Landeslisten gewählt. Die Wählerinnen und Wähler können auf beiden Listen kumulieren und panaschieren und einem einzelnen Kandidaten dabei bis zu fünf Stimmen geben. Die Anzahl der Mandate einer Partei beziehungweise einer kandidierenden Listenverbindung errechnet sich aus den für die Landeslisten errungenen Stimmen. Hierbei werden nur die Listen berücksichtigt, die fünf Prozent der gültigen abgegebenen Stimmen erreicht haben. Über Wahlkreislisten gewählte Bewerber ziehen ungeachtet der Sperrklausel in die Bürgerschaft ein. Erringt eine Liste mehr Direktmandate als ihr nach dem Landeslistenergebnis zustehen würden, entstehen sowohl Überhang- als auch Ausgleichmandate.

Das neue Wahlrecht wurde durch Volksentscheid beschlossen und unterlag bislang noch keinem Praxistest. Während bislang Baden-Württemberg als das Land mit dem komplexesten Landtagswahlsystem galt[102], führt nun Hamburg diese Liste an. Das Wahlsystem lässt den Wählerinnen und Wählern einen relativ großen Gestaltungsspielraum. Dies hat jedoch den Preis, dass das Wahlsystem insgesamt relativ kompliziert ist. Ob es sich in der Praxis bewährt, muss sich erst noch zeigen.

In der Bundesrepublik Deutschland unterliegen Landtagswahlen widersprüchlichen Prämissen. Zum einen wird Landtagswahlen unterstellt, Stellvertreterwahlen für den Bundestag zu sein. In diesem Zusammenhang wird den Landtagswahlen die gleiche Bedeutung zugemessen, wie den in der Mitte der Amtsperiode des US-amerikanischen Präsidenten stattfindenden Kongresswahlen (*mid-term elections*). Das heißt, den Wählern wird unterstellt, nur formal über die Zusammensetzung eines Landtags zu entscheiden, in Wirklichkeit aber über die Politik der jeweiligen Bundesregierung zu urteilen. Vorschub wird dieser Argumentation dadurch geleistet, dass die Zuständigkeiten der Landtage im Zuge der wachsenden Politikver-

---

102 Vgl. Müller, 2004.

Tabelle 17: Wahlsysteme der Länder

Land	Wahl-system	GMK[c]	Man-date[d]	Direkt-man-date	Listen-man-date	Stim-men	Über-hang	Aus-gleich
Baden-Württem-berg	P.V. [a]	nein	120	70	50	1	ja	ja
Bayern	P.V.	nein	180	92	88	2	ja	ja
Berlin	P.V.	ja (1)	130	78	52	2	ja	ja
Branden-burg	P.V.	ja (1)	88	44	44	2	ja	ja
Bremen	V. [b]	-	100	-	100	1	-	-
Hamburg	P.V.	ja [e]	121	mind. 71[f]	restl. Man-date	5 + 5[g]	ja	ja
Hessen	P.V.	nein	110	55	55	2	ja	ja
Mecklen-burg-Vor-pommern	P.V.	nein	71	36	35	2	ja	ja
Niedersach-sen	P.V.	nein	155	100	55	2	ja	ja
Nordrhein-Westfalen	P.V.	nein	201	151	50	1	ja	ja
Rheinland-Pfalz	P.V.	nein	101	51	50	2	ja	ja
Saarland	V.	-	51	-	51	1	-	-
Sachsen	P.V.	ja (2)	120	60	60	2	ja	ja
Sachsen-Anhalt	P.V.	nein	99	49	50	2	ja	ja
Schleswig-Holstein	P.V.	ja (1)	75	45	30	2	ja	ja
Thüringen	P.V.	nein	88	44	44	2	ja	ja

[a] P.V. = Personalisierte Verhältniswahl; [b] V. = Verhältniswahl; [c] GMK = Grundman-datsklausel: In den Ländern gilt bei Wahlen zu den Landesparlamenten die Fünf-Pro-zent-Sperrklausel. Haben ein oder zwei Bewerber Direktmandate für ihre Partei errun-gen, so entfällt für diese in einigen Ländern die Sperrklausel (Zahl der erforderlichen Direktmandate in Klammern); [d] ohne Überhang- und Ausgleichsmandate; [e] die GMK gilt nur für die Landeslisten; [f] auf offenen Wahlkreislisten werden mind. 71 Kandidaten in Mehrmandatswahlkreisen, die restlichen auf Landeslisten gewählt; [g] kumulieren und panaschieren möglich.

Nach: Pehle, 1999: 252, mit eigenen Aktualisierungen.

flechtung kontinuierlich abgenommen haben, es damit an originären Landesthemen bei Landtagswahlkämpfen mangelt. Dieser Effekt wird verstärkt durch die Tendenz der Landesverbände der Parteien, die Landtagswahlkämpfe durch möglichst viele Auftritte ihrer Bundesprominenz für die Wählerschaft attraktiv zu machen.

In Landtagswahlkämpfen treten nicht nur die sogenannten „Bundespromis" auf, sondern es werden immer dann Bundesthemen diskutiert, wenn mindestens eine Partei sich davon eine größere Wahlchance verspricht. Gegen das Argument der einseitigen bundespolitischen Überformung von Landtagswahlen sprechen die Wahlergebnisse für kleine Parteien, die entweder reine Regional- oder Protestparteien sein können. Es ist allerdings nicht von der Hand zu weisen, dass politisches Personal in Landtagswahlen hinsichtlich ihrer Bundestauglichkeit „getestet" wird. So hatte die SPD sich zum Beispiel festgelegt, ihren Spitzenkandidaten für die Bundestagswahl 1998 erst nach der niedersächsischen Landtagswahl zu nominieren. Nach dem überragenden Ergebnis von Gerhard Schröder, musste der damalige SPD Vorsitzende Oskar Lafontaine, der ebenfalls ein Aspirant auf diese Position war, zurückstehen.

Wahlen auf gliedstaatlicher Ebene können auch Auswirkungen auf die nationale Ebene haben. Dies ist umso wahrscheinlicher, je stärker regionalisiert das politische System ist. Finden sich in einzelnen Gliedstaaten dominierende regionale Parteien, kann es dann zu einer Verschiebung im nationalen Parteiensystem kommen, wenn diese auch bei Wahlen auf nationaler Ebene antreten und in die nationalen Parlamente einziehen. Dies kann sich sogar als problematisch für die Stabilität des politischen Systems erweisen, wenn es sich im Falle der bei nationalen Wahlen erfolgreichen Parteien um separatistische Bewegungen oder Parteien mit extremen Positionen handelt.

Ein Beispiel für ein sehr heterogenes föderales politisches System ist Kanada. Dort kam es nach den Unterhauswahlen im Oktober 1993 nicht nur zu einem Regierungswechsel, sondern auch zu einer völlig neuen Parteienkonstellation: zwei Parteien, die Progressive Conservative Party und die New Democratic Party, verloren ihre nationale Präsenz fast vollständig: In der vorausgegangenen Wahlperiode hatte die New Democratic Party noch 45 Mandate inne, bei der Wahl im Oktober 1993 konnte sie nur noch neun Mandate erringen. Noch dramatischer fiel das Ergebnis für die vorherige Regierungspartei, die Progressive Conservative Party, aus. Sie verlor 167 ihrer 169 Mandate und erhielt nur noch zwei Sitze im kanadischen Unterhaus. Der Grund für diese enormen Verluste lag im Erstarken

Tabelle 18: Sitzverteilung im 38. Kanadischen Unterhaus nach Provinzen (Stand 13.01.2005)

Province	Liberals	Conservative Party	Bloc Québécois	National Democratic Party	Parteilos	offene Sitze	Summe
Alberta	2 (2)*	26 (23)			1 (1)		28 (26)
British Columbia	8 (6)	22 (25)		5 (2)	1 (1)		36 (34)
Prince Edward Island	4 (4)						4 (4)
Manitoba	3 (5)	7(5)		4 (4)			14 (14)
New Brunswick	7 (6)	2 (2)		1 (1)	(1)		10 (10)
Nova Scotia	6 (5)	3 (3)		2 (3)			11 (11)
Ontario	74 (95)	24 (4)		7 (2)		(2)	106 (103)
Québec	21 (37)		54 (33)		(4)	(1)	75 (75)
Saskatchewan	1 (2)	13 (8)		(2)	(2)		14 (14)
Newfoundland and Labrador	4 (4)	2 (3)				1 (0)	7 (7)
Nunavut	1 (1)						1 (1)
Northwest Territories	1 (1)						1 (1)
Yukon	1 (1)						1 (1)
National	**133 (169)**	**99 (73)**	**54 (33)**	**19 (14)**	**2 (9)**	**1 (3)**	**308 (301)**

* Die Angaben in Klammern beziehen sich auf die Sitzverteilung im 37. Unterhaus, Stand 12.04.2004.

Quelle: http://www.parl.gc.ca/information/about/process/house/partystandings/standings-e.htm, *abgerufen am 13.01.2005.*

zweier regionaler Parteien: Der separatistische Bloc Québécois erhielt 54 der 75 Provinzmandate in Québec. Im Westen Kanadas errang eine rechtspopulistische Partei, die Reform Party, 51 ihrer insgesamt 52 Mandate. Inzwischen hat sich die konservative Strömung durch den Zusammenschluss mit den regionalen Interessenvertretern des kanadischen Westens (1993 war dies noch die „Reform Party") konsolidiert. Tabelle 18 zeigt, dass dennoch auch gegenwärtig nur die Liberalen in allen Regionen Kanadas erfolgreich Mandate erringen können. Damit bleiben die Liberalen die einzige Partei mit gesamtkanadischer Integrationsfähigkeit.[103] Bei den Wahlen am 28. Juni 2004 mussten jedoch auch sie Verluste hinnehmen. Kanada wird gegenwärtig von einer liberalen Minderheitenregierung regiert.

Insgesamt zeigen die Beispiele, dass der Föderalismus in keiner direkten Verbindung mit einem speziellen Wahlsystem steht. Die gängigen Wahlsysteme lassen sich auch in föderalen Staaten anwenden. Der Unterschied zu zentralistischen Staaten ist allerdings, dass die regionale Ebene über die Kompetenz verfügt, ihr eigenes Wahlsystem zu bestimmen und dass der regionale Parteienwettbewerb ein demokratisches Forum findet, das auch Rückwirkungen auf die nationale Ebene hat.

4.3 Parteienwettbewerb und Regierungsbildung

Ebenso wie die Wahlsysteme ist auch der Parteienwettbewerb in föderalen Staaten komplexer als in zentralistischen oder dezentralisierten Staaten, da er neben dem Wettbewerb auf nationaler und regionaler Ebene um die zusätzliche Dimension der Kooperation zwischen nationaler und regionaler Ebene ergänzt wird. Wie sich dieser Wettbewerb im Detail gestaltet, ist von mehreren Faktoren abhängig. Neben den allgemeinen Einflussfaktoren auf den Parteienwettbewerb, wie zum Beispiel dem Charakter des Regierungssystems, dem Wahlsystem, der Anzahl der Parteien und deren Verhältnis zueinander und der Intensität der Parteibindungen der Wähler, finden sich in föderalen politischen Systemen weitere Kriterien für den Parteienwettbewerb. Erstens spielt die Frage der Integration der Gesellschaft eine Rolle: Ist sie homogen oder heterogen? Wie verteilen sich die gesellschaftlichen Gruppen, zum Beispiel ethnische Gruppen, innerhalb des Staates? Sind sie gleichmäßig verteilt oder konzentrieren sich einzelne Gruppen auf bestimmte Regionen?

Zweitens ist die Dynamik des Parteienwettbewerbs davon abhängig, wie stark die Kompetenzen der nationalen und der regionalen Ebene miteinander verschränkt sind. Drittens ist es relevant, ob in allen Gliedstaaten die gleichen Parteien miteinander konkurrieren, oder ob es hier Unterschiede

---

103 Vgl. zur Entwicklung des Parteiensystems seit den 80er-Jahren *Schultze*, 1997.

gibt. Viertens schließlich ist es von Bedeutung, wie sich die innerparteiliche Organisationsstruktur gestaltet: Sind die Parteien der regionalen und der Bundesebene nur lose oder eng miteinander verknüpft? Sind die einzelnen Ebenen durchlässig? Welche Ebene hat den größeren Einfluss?[104]

Abbildung 3: Logiken des Parteienwettbewerbs

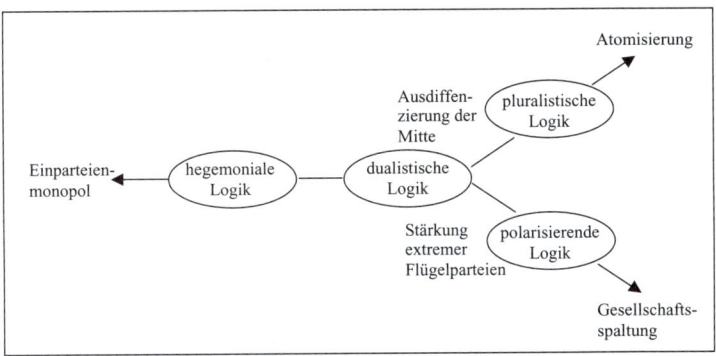

Quelle: Grande, 2002: S. 187.

Das US-amerikanische Parteiensystem ist beispielsweise durch vier Faktoren geprägt. Erstens dominieren hier die Demokratische und die Republikanische Partei den Wettbewerb sowohl auf der Bundes- als auch auf der gliedstaatlichen Ebene. Regionale Parteien spielen so gut wie keine Rolle. Zweitens ist die Struktur der Parteien nicht ideologisch geprägt, sondern hat sich als flexibel und anpassungsfähig erwiesen. Die vergleichsweise lockere Struktur hängt auch damit zusammen, dass das präsidentielle Regierungssystem der USA keinen Fraktionszwang kennt und der Präsident innerhalb der Parteiorganisation keine dominierende Rolle einnimmt. Dies führt unmittelbar zum dritten wesentlichen Faktor: die beiden dominierenden Parteien sind traditionell eher dezentral organisiert. Zwar dominieren beide auch den Wettbewerb in den Gliedstaaten, jedoch agieren Bundes- und Staatenorganisationen im Vergleich zu den deutschen Landesverbänden autonom und sind voneinander unabhängig. Viertens konzentriert sich der Wettbewerb um Wählerstimmen aufgrund des Mehrheits-

104 Vgl. zum Vergleich von Parteiensystemen in Föderalstaaten auch *Grande*, 2002, *Hrbek (Hrsg.)*, 2004.

wahlsystems, der innerparteilichen Konkurrenz um Kandidaturen und der Notwendigkeit, individuelle Finanzierungsmöglichkeiten (unabhängig von der Parteiorganisation) für die Wahlkämpfe zu finden, auf die Kandidaten, wodurch die Dominanz der Parteien weniger offensichtlich wird. Der Ausgang von Wahlen in den US-Staaten wird daher sowohl unter dem Gesichtspunkt von Wettbewerb zwischen Amtsinhabern und Herausforderern als auch unter dem Wettbewerbsaspekt zwischen Parteien analysiert. Dabei zeigt sich, dass der Einfluss des Faktors Partei in den Bundesstaaten variiert. In allen Staaten ist die parteizentrierte Form der Kampagne in den Hintergrund gerückt und wurde durch eine auf den Kandidaten zentrierte Kampagne ersetzt. Ebenfalls für alle Staaten lässt sich feststellen, dass die Aussichten von Abgeordneten, wieder gewählt zu werden, relativ gut sind, was unter anderem damit zusammenhängt, dass die Chancen, genügend finanzielle Mittel zu sammeln, für Abgeordnete höher liegen als für Neulinge.[105]

Ganz anders als in den USA ist das kanadische Parteiensystem durch eine starke Separierung geprägt. Dies äußert sich einerseits in der Existenz starker regionaler Parteien und einem hohen Maß an Autonomie bezüglich der vertikalen Beziehungen innerhalb der beiden großen Parteien. Die Karrieremuster der Politiker, die Parteienfinanzierung, die ideologische Ausrichtung sowie die Programmatik entsprechen eher konföderalen als föderalen Strukturen.[106] Anders als in Deutschland ist der politische Prozess in den Gliedstaaten und auf der nationalen Ebene nicht durch die Parteipolitik verklammert, sondern folgt jeweils seiner eigenen Logik. Kanadier würden beispielsweise den Regierungschef einer Provinz nicht als geeigneten Kandidaten für das Amt des Premierministers erachten, da sie in ihm immer den Lobbyisten für die Interessen seiner Provinz sehen würden.

Wie wir oben gesehen haben, sind sich die Wahl- und Regierungssysteme in den Ländern der Bundesrepublik sehr ähnlich. Die Parteiensysteme unterscheiden sich jedoch zum Teil sehr stark und dies nicht erst seit der Deutschen Einheit. Zwar war vor den Wahlerfolgen der Grünen die Zahl der relevanten Parteien (definiert als Regierungsparteien) in Bund und Ländern spätestens seit den Sechzigerjahren des letzten Jahrhunderts auf drei begrenzt. Aber diese drei Parteien waren schon immer in den einzelnen Ländern deutlich unterschiedlich erfolgreich. Anders als im Bund

---

105 *Salmore/Salmore*, 1993; *Hamm/Moncrief*, 1999: S. 159f.
106 *Schultze*, 1982: S. 135.

gab und gibt es in einzelnen Ländern Einparteienregierungen als Regelfall und nicht als Ausnahme. Und im Gegensatz zum Bund konnten einzelne Parteien das politische Leben von Ländern dominieren. Auf Landesebene erwies sich eine Art „Hochburgenbildung" als möglich, die gelegentlich Landesidentität und Parteiidentität verschmelzen lässt. Parteien werden so zu einer Art „Staatspartei" mit allen Anfechtungen, die eine permanente Nähe zur Macht bereithält. Die Dominanz einer solchen Partei ist aber nicht garantiert. In einigen Ländern wurde die Vormachtstellung einer traditionellen Regierungspartei nicht nur erschüttert, sondern sogar durch die längerfristige Vorherrschaft einer anderen Partei abgelöst (vgl. Tabelle 19). Die Variationen der Parteirepräsentation vergrößerten sich nach den Erfolgen der Grünen bei Landtagswahlen und nach der Deutschen Einheit. In den fünf neuen Ländern und in Berlin konnte sich die PDS als politische Kraft etablieren, während die FDP und die Grünen hier eine untergeordnete Rolle spielen. Derzeit gibt es eine Spannbreite von drei (Bayern, Hamburg, Mecklenburg-Vorpommern, Thüringen) bis sechs (Sachsen) Parteien in den Landtagen.

Neben der Zahl der im Landtag vertretenen Parteien variiert heute von Landesparteiensystem zu Landesparteiensystem auch die Präsenz von Kleinparteien. Damit ist die Auswahl an potenziellen Koalitionspartnern für CDU und SPD regional sehr unterschiedlich. Während die PDS eine ostdeutsche Regionalpartei ist, waren Bündnis90/Die Grünen bis 2004 vorwiegend in westdeutschen Landtagen und die FDP außer in Sachsen-Anhalt in keinem ostdeutschen Landtag vertreten. Im Jahr 2004 konnten beide Parteien jedoch Sitze in weiteren Landtagen erringen. Dies zeigt dennoch, dass die kleineren demokratischen Parteien nicht sicher sein können, bei Landtagswahlen zumindest die Fünf-Prozent-Hürde zu meistern. Bündnis90/Die Grünen hatten Ende des Jahres 2004 Abgeordnete in zwölf Landtagen, die FDP in elf.

Für die Regierungsbildung in den Ländern bedeutet die Vielfalt parteipolitischer Repräsentation auf Landesebene und die Variationsbreite der Stärke der Parteien, dass es immer schwerer fällt, Regierungen in den Ländern nach dem Vorbild oder als oppositionelles Gegenbild zur im Bund regierenden Koalition zu bilden. Vor allem seit den Neunzigerjahren werden Länderkoalitionen immer häufiger „quer" zu den koalitionspolitischen Trennlinien im Bund gebildet (nichtkonforme Koalitionen).

Tabelle 19: Parteiendominanz auf Länderebene

Land	Langfristige Parteienkonstellation[1]
Baden-Württemberg	CDU-Dominanz (Hochburg FDP)
Bayern	CSU-Dominanz
Berlin	SPD-Dominanz (1949-71), kompetitiv
Brandenburg	SPD-Dominanz
Bremen	SPD-Dominanz (1949-95)
Hamburg	SPD-Dominanz (1949-2001), kompetitiv
Hessen	SPD-Dominanz (1949-70), kompetitiv
Mecklenburg-Vorpommern	kompetitiv
Niedersachsen	kompetitiv
Nordrhein-Westfalen	CDU-Dominanz (1949-58), kompetitiv (1966-70), SPD-Dominanz (seit 1975)
Rheinland-Pfalz	CDU-Dominanz (1949-87), kompetitiv
Saarland	CDU-Dominanz (1955-70), kompetitiv (1975), SPD-Dominanz (1980-99), kompetitiv
Sachsen	CDU-Dominanz
Sachsen-Anhalt	kompetitiv
Schleswig-Holstein	kompetitiv (1949-54), CDU-Dominanz (1958-83), kompetitiv (1987), SPD-Dominanz seit 1988
Thüringen	kompetitiv

[1] Dominanz wird definiert durch die mindestens zwei Legislaturperioden während mangelnde Chance der Oppositionsparteien, den Machtwechsel durchzusetzen. Kompetitiv bezeichnet eine Situation des offenen Wettbewerbs um die politische Macht.

Quelle: Nach: Kropp/Sturm, 1999: 41, mit eigenen Aktualisierungen.

Tabelle 20: Parteien in den Landtagen/Landesregierungen (2004)

Land (Datum der letzten Landtagswahl)	Anzahl der Parteien im Landtag	Parteien im Landtag (Mandate)	Anzahl der Parteien in der Regierung	Regierungsparteien (Zahl der Ministerien, einschl. Ministerpräsident)
Baden-Württemberg (25.03.2001)	4	CDU (63); SPD (45); FDP (10); B90/Grüne (10)	2	CDU (8); FDP (2)
Bayern (21.09.2003)	3	CSU (124); SPD (41); B90/Grüne (15)	1	CSU (11)
Berlin (29.11.2001)	5	SPD (44); CDU (35); PDS (33); FDP (14); B90/Grüne (14); fraktionslos (1)	2	SPD (6); PDS (3)
Brandenburg (19.09.2004)	4	SPD (33); CDU (20); PDS (29); DVU (6);	2	SPD (5 + 1 parteiloser Minister); CDU (4)
Bremen (25.05.2003)	5	SPD (40); CDU (29); B90/Grüne (13); FDP (1); DVU (1)	2	SPD (4); CDU (3)
Hamburg (10.03.2004)	3	CDU (63); SPD (41); GAL (17);	1	CDU (6); parteilos (4)
Hessen (02.02.2003)	4	CDU (56); SPD (33); B90/Grüne (12), FDP (9)	1	CDU (11)
Mecklenburg-Vorpommern (22.09.2002)	3	SPD (33); CDU (25); PDS (13)	2	SPD (6); PDS(3); parteilos(1)
Niedersachsen (02.02.2003)	4	CDU(91); SPD (63); FDP (15); B90/Grüne (14);	2	CDU (8); FDP (2)
Nordrhein-Westfalen (14.05.2000)	4	SPD (102); CDU (88); FDP (24); B90/Grüne (16); fraktionslos (1)	2	SPD (9); B90/Grüne (2)
Rheinland-Pfalz (25.03.2001)	4	SPD (49); CDU (38); FDP (8); B90/Grüne (6)	2	SPD (7); FDP (2),
Saarland (05.09.2004)	4	CDU (27); SPD (18); FDP (3); B90/Grüne (3)	1	CDU (8)
Sachsen (19.09.2004)	6	CDU (55); PDS (31); SPD (13); NPD (12); FDP (7); B90/Grüne (6)	2	CDU (7); SPD (2)
Sachsen-Anhalt (21.04.2002)	4	CDU (48); PDS (25); SPD (25); FDP (17)	2	CDU (6); FDP (3)
Schleswig-Holstein (27.02.2000)	5	SPD (41); CDU (33); FDP (7); B90/Grüne (5); SSW (3)	2	SPD (8); B90/Grüne (2)
Thüringen (13.06.2004)	3	CDU (45); PDS (28); SPD (15)	1	CDU (10)

SSW = Südschleswigscher Wählerverband; DVU = Deutsche Volksunion (rechtsextreme Partei); GAL= Hamburger Liste von B90/Grüne.

Tabelle 21: Nichtkonforme Regierungskoalitionen in den Ländern (seit 1990)

Jahr	Koalition im Bund	nichtkonforme Länderkoalitionen
1990	CDU/CSU/FDP	2
1991	CDU/CSU/FDP	4
1992	CDU/CSU/FDP	5
1993	CDU/CSU/FDP	5
1994	CDU/CSU/FDP	6
1995	CDU/CSU/FDP	6
1996	CDU/CSU/FDP	5
1997	CDU/CSU/FDP	5
1998	CDU/CSU/FDP	5
1999[1]	SPD/B90-DIE GRÜNEN	5
2000	SPD/B90-DIE GRÜNEN	5
2001	SPD/B90-DIE GRÜNEN	5
2002	SPD/B90-DIE GRÜNEN	5
2003	SPD/B90-DIE GRÜNEN	5
2004	SPD/B90-DIE GRÜNEN	6

[1] Die rot-grüne Koalition regiert seit Oktober 1998.

Auch wenn sich in der Bundespolitik Rot-Grün und christlich-liberale Positionen gegenüberstehen, ist in den Ländern die SPD heute mit allen demokratischen Parteien (das heißt für die SPD, einschließlich der PDS) koalitionsfähig. Das gleiche kann nicht von der Union gesagt werden, die zwar mit der FDP, der SPD und bis März 2004 in Hamburg mit der Schill-Partei koalierte, aber schwarz-grünen Koalitionen (noch) reserviert gegenübersteht und Koalitionen mit der PDS ablehnt. Rein zahlenmäßig hat diese Konstellation von Koalitionsmöglichkeiten für die SPD Vorteile, weil sie häufiger als die CDU in der Lage ist, Koalitionspartner zu finden. Über die Bildung von Koalitionen entscheiden aber weniger Zahlenspiele als die politische Ausgangslage und die jeweilige parteipolitische Konkurrenz-situation in den einzelnen Ländern, insbesondere dann, wenn für eine der großen Parteien mehrere Koalitionspartner rechnerisch zur Wahl stehen.

Notorisch instabil scheinen jedoch nach den bisherigen Erfahrungen auf Landesebene „Ampelkoalitionen" aus SPD, FDP und Bündnis90/Die Grünen zu sein. Dreierkoalitionen dieser, aber auch anderer Art, sind – was die Effizienz der Regierungstätigkeit angeht – Zweierkoalitionen in der Regel unterlegen.

In Ostdeutschland hat die PDS durch ihre relative Stärke häufig Zweckkoalitionen provoziert, die entweder das Ziel verfolgten, sie von der Regierung fernzuhalten oder sie auf die eine oder andere Weise in die Regierung einzubinden. Die Haltung zur Koalitionsfähigkeit der PDS wurde so zum bestimmenden Faktor für Koalitionsbildungen. In fast allen ostdeutschen Ländern hat dieses Taktieren die wegen der schwachen Parteibindung der Wähler ohnehin große Bereitschaft zum politischen Experiment auch zum Faktor der Regierungsbildung gemacht. Unter dem Vorzeichen der Spezifika des Umgangs mit der PDS wurden sogar Minderheitsregierungen (in Sachsen-Anhalt), die in westdeutschen Ländern bis zur Regierungsbildung in Schleswig-Holstein im Frühjahr 2005 regelmäßig als „Zwischenstation" zur Neuwahl interpretiert wurden, möglich.

Im Unterschied zu vorhergehenden Jahrzehnten bundesdeutscher Politik haben die Parteizentralen auf Bundesebene weitgehend die Möglichkeit verloren, bei der Koalitionsbildung in den Ländern, ungeliebte Lösungen zu verhindern. Der Parteienwettbewerb in den Ländern hat das Potential der intern ohnehin föderal organisierten Parteien zur Widerspiegelung der regionalen Vielfalt in der politischen Willensbildung noch erhöht. Die große Koalition nach den Landtagswahlen in Bremen 1999 war dem grünen Koalitionspartner der SPD im Bund ein Dorn im Auge. Auch bei der Koalitionsbildung nach der Berliner Wahl am 21. Oktober 2001 hatte die Bundes-SPD andere Präferenzen als die Landes-SPD, die – nachdem Verhandlungen über eine der Bundes-SPD genehmere Ampelkoalition gescheitert waren – eine Koalition mit der PDS einging.

Auch ohne die Problemlagen, die sich aus einer Koalitionsbildung ergeben, die der Lagerbildung im Bund nicht folgt, sind die Auseinandersetzungen zwischen den Repräsentanten der gleichen Partei im Bund und in den Ländern häufiger und substantieller geworden. Hier wird deutlich, dass es nicht nur ein formales Argument ist, wenn Koalitionsregierungen sich mit dem Verweis auf die Interessen ihrer Länder kritisch gegenüber der Bundesregierung äußern. In Zeiten knapper Kassen kann parteipolitische Loyalität nicht mehr im bisherigen Maße als Ressource zum Aushandeln von Unterstützungsleistungen für das eigene Land genutzt werden. Eine deutliche Vertretung der Interessen ihrer Länder auch in der Ausein-

Tabelle 22: Regierungsparteien in den neuen Ländern
(Stand 31.12.2004)

Brandenburg	
1990-1994	SPD-FDP-Bündnis 90*
1994	SPD-FDP (Minderheitsregierung)
1994-1999	SPD
seit 1999	SPD-CDU

Mecklenburg-Vorpommern	
1990-1994	CDU-FDP
1994-1998	CDU-SPD
seit 1998	SPD-PDS

Sachsen	
1990-1994	CDU
1994-1999	CDU
1999-2004	CDU
seit 2004	CDU-SPD

Sachsen-Anhalt	
1990-1994	CDU-FDP
1994-1998	SPD- Bündnis 90/Die Grünen (Minderheitsregierung)
1998-2002	SPD (Minderheitsregierung)
seit 2002	CDU-FDP

Thüringen	
1990-1994	CDU-FDP
1994-1999	CDU-SPD
seit 1999	CDU

* Die Abgeordneten des Bündnis 90 traten bis auf einen nicht dem 1993 gegründeten Bündnis 90/Die Grünen bei. Sie schlossen sich im Parlament zu einer „Bündnis-Fraktion" zusammen.

Nach: Jesse, 1999: 162, mit eigenen Ergänzungen.

andersetzung mit allen anderen Bundesländern, nicht zuletzt aber auch mit dem Bund, ist für Landesregierungen aufgrund der schärfer werdenden Verteilungskämpfe um Finanzen und Investoren heute unumgänglich. Die Länder sehen sich nicht mehr nur als eigenständige politische Ebene, sondern auch als Ost- und Westländer, als reiche oder arme, als große oder kleine Länder, als Stadt- oder Flächenstaaten, als Kooperationspartner europäischer Regionen oder als Wirtschaftsregionen im europäischen Binnenmarkt. Der politische Willensbildungsprozess in den Ländern – und das gilt auch für die Logik des regionalen Parteienwettbewerbs – muss diese Konstellationen berücksichtigen. Der Parteienwettbewerb „regionalisiert" sich zusehends.

In diesem Prozess nimmt die regionale Ausdifferenzierung, die „Föderalisierung", auch der großen Parteien zu. Dies ist im internationalen Vergleich keine ungewöhnliche Erscheinung. In Belgien sind fast alle Parteien in zwei Regionalparteien zerfallen. In Kanada besteht nur eine sehr lose Verbindung zwischen regionalen und nationalen Parteifamilien. Der „Föderalisierung" der deutschen Parteien sind vor allem durch die institutionellen Besonderheiten des deutschen Föderalismus Grenzen gesetzt, der ein relativ hohes Maß an Kooperation von Bund und Ländern als Verfassungsregel festschreibt.

Gibt es einen genau definierbaren Zusammenhang von Landtagswahlen und Bundespolitik? Die politikwissenschaftliche Forschung kann hier bisher nur auf Trends und Thesen verweisen.[107] Empirisch lassen sich zyklische Effekte im Verhältnis von Bundestags- zu Landtagswahlen beobachten. Das heißt: je näher das Datum einer Landtagswahl vor oder nach der Bundestagswahl liegt, desto ähnlicher ist häufig das Ergebnis beider Wahlen. Zur Mitte einer Wahlperiode und zu Beginn der zweiten Hälfte der Wahlperiode sind die Unterschiede von Bundestags- und Landtagswahlergebnissen am größten. Dies wird mit der Terminierung unpopulärer Entscheidungen der amtierenden Regierungen erklärt, die früher in der Legislaturperiode liegen, während zu deren Ende hin amtierende Regierungen aus Interesse an ihrer Wiederwahl eher den Erwartungen der Wähler entgegenkommen.

Eine andere These geht von einer Art „Amtsmalus" der regierenden Koalition aus, also von einem schlechteren Abschneiden der Regierung in Landtagswahlen, da diese nicht nur für „Wohltaten" verantwortlich sein kann, während die Oppositionsparteien ihre Gegenpositionen nicht in einer

107 Ausführlicher *Decker/Blumenthal*, 2002, *Jeffery/Hough*, 2001.

politisch Anstoß erregenden Form formulieren und diese auch nicht dem Praxistest aussetzen müssen. Schließlich wurde argumentiert, die Bundespolitik bilde eine Art „Referenzrahmen" für die Landespolitik. Mittelfristig wird sich in Deutschland auf Landesebene immer der Machtwechsel im Bund dadurch vorbereiten, dass zur Bundesregierung alternative Parteien oder Koalitionen die Oberhand in den Ländern gewinnen. Als Beispiele hierfür wurden genannt das Aufholen der SPD in den Ländern in den fünfziger und der ersten Hälfte der Sechzigerjahren (man sprach damals vom „Genossen Trend"), die Erfolge der CDU auf Länderebene in den Siebzigerjahren des zwanzigsten Jahrhunderts und das seit Ende der Achtzigerjahre auf Länderebene entstandene Übergewicht der SPD.

Für die Zukunft wurde von den Anhängern dieser These deshalb bereits vor dem Wahlsieg Gerhard Schröders von 1998 prognostiziert, „dass es eine rot-grüne Bundestagsmehrheit, sollte sie in Zukunft zustande kommen, eines Tages wiederum mit einer von der CDU kontrollierten Mehrheit des Bundesrates zu tun haben könnte."[108]

All diese Modellüberlegungen zum Zusammenhang von Bundestags- und Landtagswahlen bleiben indes eindimensional und werden den komplexen Gründen für Wahlentscheidungen bei Landtagswahlen nicht gerecht. Die empirischen Befunde liefern jedenfalls für keine der vorgestellten Thesen eindeutige Belege. Aus der Sicht des Bürgers mögen Landtagswahlen zwar weniger wichtig als Bundestagswahlen sein, was sich auch an der bei Landtagswahlen immer um mehr als zehn Prozent niedrigeren Wahlbeteiligung ablesen lässt, aber gerade deshalb haben sie für ihn eine besondere Bedeutung als politisches Experimentierfeld. Die politischen Initiativen, die zum Beispiel in Rheinland-Pfalz (1998) oder in Brandenburg (1997) eine Senkung des Wahlalters bei Landtagswahlen auf 16 Jahre vornehmen wollten, kann man einerseits als Beleg für die geringer veranschlagte Bedeutung von Landtagswahlen sehen, denn für Bundestagswahlen wurde die Senkung des Wahlalters bisher noch nicht ernstlich erwogen. Andererseits unterstreicht aber das Vorpreschen der Landespolitiker in dieser Frage den „experimentellen Charakter" von Landtagswahlen.

Wähler experimentieren bei Landtagswahlen mit neuen Parteien. Mitte der Sechzigerjahre fand die NPD kurzfristig den Weg in eine Reihe von westdeutschen Länderparlamenten. Ob der Einzug der NPD in den Landtag Sachsens nach den Wahlen des Jahres 2004 ebenso kurzfristiger Natur

---

108 *Lehmbruch*, 1998: S. 181.

ist, bleibt abzuwarten. Anfang der Achtzigerjahre waren es die Grünen und die Grün-Alternativen Listen, die als neue Kraft gewählt wurde. Anfang der Neunzigerjahre gewannen rechtsextreme Parteien, die DVU und die Republikaner, in einigen Landtagen Mandate. Ja selbst regionale Protestparteien ohne weltanschauliches Profil oder ein ihnen eigenes politisches Thema, wie die Hamburger STATT-Partei oder „Arbeit für Bremen und Bremerhaven", oder der „Law and Order"-Protest in Form der Schill-Partei[109] in Hamburg, gewannen auf Landesebene zeitweise Profil und Bedeutung. Die PDS mag aufgrund ihrer Vorgeschichte als SED im Reigen der „neuen" Parteien auf Länderebene ein Sonderfall sein. In westdeutschen Landtagswahlen spielte die PDS bisher keine Rolle.

Die Wahl neuer Parteien auf Landesebene ist häufig weniger ein Votum für deren – dem Wähler oft nicht bekanntes – Programm als eine Proteststimme gegen das Politikangebot der etablierten Parteien. Trotz zunehmender Wechselbereitschaft der Wähler war es bisher nicht denkbar, dass eine landespolitisch erfolgreiche Protestpartei ganz ohne sozialstrukturelle Verankerung in der Wählerschaft bei Bundestagswahlen Erfolg hat.

Folgen für den Bundesrat

Der Parteienwettbewerb findet im Föderalismus Ausdruck bei Wahlen auf den unterschiedlichen Ebenen, aber auch im Zusammenspiel des Bundesrates und des Bundestages bei der Gesetzgebung. Parteien vertreten ihre Interessen, ihre Politik im Parlament. Dies trifft auch auf den Bundesrat zu. Die ursprüngliche Konzeption des Bundesrates als Länderkammer, bei der parteipolitische Interessen zugunsten der Landesinteressen zurücktreten, hat sich in der Realität nicht bestätigt.

Die politische Eigenständigkeit der Länder wird nicht zuletzt wegen des begrenzten Spielraums von Landespolitik bisher stärker bei politisch kontroversen Einzelentscheidungen deutlich als im Politikprofil der Länder. Politische Kontroversen sind stark von parteipolitischen Gegensätzen geprägt. Aber auch innerhalb ein und derselben Partei variieren politische Positionen in den Ländern immer häufiger. Und auch der Bund scheint, wie die Debatten um die Wiedereinführung der Vermögensteuer, einer Ländersteuer, oder um die Öffnungsklausel in dem Bundesgesetz, das die Beamtenbesoldung regelt, belegen, nicht mehr um jeden Preis bundeseinheitliche Regelungen wahren zu wollen.

---

109 Ausführlicher zur Schill-Partei: *Hartleb*, 2004.

Tabelle 23: Absolute Mehrheiten im Bundesrat (M)

Jahr[1]	Stimmen der Regierung	Stimmen der Opposition	Andere[2]	Insgesamt[3]
1949	8	4	31	43
1950	17	5	21	43
1951	16	9	18	43
1952	13	9	16	38
1953	13	9	16	38
1954	16	9	13	38
1955	21(M)[4]	4	13	38
1956	16	4	18	38
1957	21(M)	4	16	41
1958	5	7	29	41
1959	5	15	21	41
1960	5	15	21	41
1961	5	15	21	41
1962	26(M)	4	11	41
1963	26(M)	4	11	41
1964	26(M)	4	11	41
1965	26(M)	4	11	41
1966	26(M)	7	8	41
1967	22(M)	0	19	41
1968	22(M)	0	19	41
1969	22(M)	0	19	41
1970	20	16	5	41
1971	20	16	5	41

1972	20	21(M)	0	41
1973	20	21(M)	0	41
1974	20	21(M)	0	41
1975	20	21(M)	0	41
1976	15	26(M)	0	41
1977	15	26(M)	0	41
1978	15	26(M)	0	41
1979	15	26(M)	0	41
1980	15	26(M)	0	41
1981	15	26(M)	0	41
1982	15	26(M)	0	41
1983	26(M)	15	0	41
1984	26(M)	15	0	41
1985	23(M)	18	0	41
1986	23(M)	18	0	41
1987	27(M)	14	0	41
1988	23(M)	18	0	41
1989	23(M)	18	0	41
1990	18	23(M)	0	41
1991	27	26	15	68
1992	21	26	21	68
1993	21	26	21	68
1994	10	34	24	68
1995	10	34	24	68
1996	16	34	18	68

1997	16	34	18	68
1998	16	38(M)	15	69
1999	23	28	18	69
2000	20	31	18	69
2001	20	31	18	69
2002	16	35(M)	18	69
2003	10	41(M)	18	69
2004	10	41(M)	18	69

[1] Die für die Zusammensetzung des Bundesrates entscheidenden Landtagswahlen finden nicht jeweils zu Beginn eines Jahres statt. Die Einordnung hier erfolgte nach der Stimmenzusammensetzung des Bundesrates, die für den größten Teil eines Jahres galt.

[2] Stimmen derjenigen Koalitionsregierungen aus zwei oder drei Parteien, von denen mindestens eine im Bund in der Regierung oder in der Opposition war.

[3] Die Gesamtzahl der Sitze im Bundesrat veränderte sich mehrmals: Nach dem Zusammenschluss der Länder Baden, Württemberg-Baden und Württemberg-Hohenzollern 1952, nach dem Beitritt des Saarlandes 1957 und schließlich nach der deutschen Einheit 1990. 1998 führte das Bevölkerungswachstum in Hessen zu einem zusätzlichen Sitz für dieses Land. Bis 1990 werden die Stimmen von West-Berlin nicht berücksichtigt, weil die Berliner Mitglieder im Bundesrat bis zu diesem Zeitpunkt nicht voll stimmberechtigt waren.

[4] M = absolute Mehrheit.

Nach: *Schüttemeyer,* 1990: 473f. und eigenen Berechnungen.

Die Existenz parteipolitischer Interessen im Bundesrat und deren Relevanz für politische Entscheidungen ist in der Literatur als „Systembruch" bezeichnet worden:

> „Die ‚Polarisierung' des Bundesrates war also in dieser Konstruktion nicht vorgesehen; vielmehr setzte der Grundgesetzgeber voraus, dass das bundesstaatliche System weitgehend autonom gegenüber dem Parteiensystem bleiben und die ihm zugedachte Rolle eines ‚Widerlagers' tatsächlich spielen könnte. Das aber sollte sich als eine folgenreiche Fehleinschätzung erweisen. Vielmehr wurde mit dem als letztes Refugium vor dem Parteienwettbewerb gedachten Bundesrat der mögliche ‚Strukturbruch' gleichsam in die Verfassungskonstruktion eingebaut."[110]

Welche Bedeutung hat der Bundesrat als „Scharnierstelle" der Bundesgesetzgebung, und wie ist die These vom „Strukturbruch" durch den Par-

110 *Lehmbruch,* 1998: S. 82.

teienwettbewerb im Bundesrat im Hinblick auf seine Gesetzgebungstätigkeit zu bewerten?

Selbstverständlich waren beispielsweise die zeitweilige Blockade des Rentenreformgesetzes 1972, eines Kernvorhabens der damaligen sozialliberalen Koalition, oder der Steuerreformpläne der christlich-liberalen Regierung Helmut Kohl in den Jahren 1997 und 1998 von großem politischen Gewicht. Es ist auch zu beobachten, dass sich insgesamt gesehen seit den Siebzigerjahren das Veto des Bundesrates als Folge der zeitweiligen Mehrheit der Opposition im Bundesrat „politisierte", also stärker die materielle Politik als den Gesetzesvollzug betraf. Für die Siebzigerjahre kann als Beispiel die Blockade sozialpolitischer Initiativen der sozialliberalen Koalition genannt werden.

Umstritten ist, ob sich seit den Neunzigerjahren des vorigen Jahrhunderts eine Trendwende vollzieht und der Bundesrat wegen der stärkeren Orientierung seiner Mitglieder an Länderinteressen und der unübersichtlicher gewordenen Gemengelage von Koalitionsvarianten in den Ländern, die sich schwerer auf die parteipolitisch motivierte Befürwortung eines Gesetzgebungsvorhabens festlegen lassen, in seinem Entscheidungsverhalten parteipolitisch unabhängiger wird. Träfe letzteres zu, so würden parteipolitische Vetopositionen im Bundesrat viel weniger als früher automatisch zu parteipolitischen Blockaden führen. Zumindest wäre es auch für eine Regierung mit einer gegnerischen Bundesratsmehrheit möglich, Kompromisse mit einigen oppositionsgeführten Landesregierungen zu finden.

Wie solche Kompromisse gefunden werden können, zeigte beispielhaft das Ringen um die Steuerreform der rot-grünen Bundesregierung im Juli 2000. Die Regierung Gerhard Schröder erhielt eine Mehrheit im Bundesrat für das entsprechende zustimmungspflichtige Gesetzeswerk, obwohl die SPD-regierten und die von der SPD und den Grünen geführten Regierungen im Bundesrat nicht über die erforderliche absolute Mehrheit an Sitzen verfügte. Diese kam mit Hilfe der Stimmen von Rheinland-Pfalz (SPD-FDP), Berlin, Bremen und Brandenburg (alle große Koalitionen) und Mecklenburg-Vorpommern (SPD-PDS) zustande. Die Zugeständnisse an diese Länder reichten von einer stärkeren Mittelstandskomponente in der Steuerreform (Rheinland-Pfalz), über Unterstützungsleistungen beim Haushaltsausgleich und bei den Verhandlungen zur Reform des Finanzausgleichs (Bremen), Kulturförderung und Stadionsanierung (Berlin), Straßenbauprojekte (Brandenburg) bis hin zu Neubaustrecken der Bahn und einer Anerkennung der PDS als künftigen Verhandlungspartner der Regierung (Mecklenburg-Vorpommern).

Die Option, die Zustimmung zur Regierungspolitik im Bundesrat durch Kompensationsleistungen herbeizuführen, steht jedoch nicht immer zur Verfügung. Erstens verlangt sie das Vorhandensein der entsprechenden finanziellen Mittel. Zweitens setzt sie eine gewisse Bedürftigkeit der zu überzeugenden Länder voraus. Drittens, und dies ist von herausragender Bedeutung, hat ein solches Verfahren nur dann Erfolg, wenn der Gewinn für die betroffenen Landesregierungen höher ist als die politischen Kosten. Das heißt je kontroverser das Thema zwischen der Bundesregierung und den Oppositionsparteien diskutiert wird, je mehr Aufmerksamkeit dem Thema in der Öffentlichkeit zuteil wird und je näher der Abstimmungstermin im Bundesrat zu einem relevanten Wahltermin liegt, desto unwahrscheinlicher wird ein erfolgreiches Verhandeln sein.

4.4 Politische Karrieren

Ob Politiker ihre Karriere horizontal (in einem Gliedstaat oder zwischen Gliedstaaten) oder vertikal (entweder von der föderalen auf die gliedstaatliche Ebene oder umgekehrt) ausrichten, ist davon abhängig, wie durchlässig die Parteiensysteme sind und welche Bedeutung die jeweiligen Volksvertretungen innerhalb des politischen Systems besitzen. Kohärente Karrieremuster finden sich jedoch weder im Vergleich von Föderalstaaten noch im Vergleich der einzelnen Gliedstaaten eines Föderalstaats.

In der Bundesrepublik mit ihrem vertikal stark integrierten Parteiensystem ist anzunehmen, dass der Wechsel zwischen Landtags- und Bundestagsmandaten grundsätzlich möglich ist und keinen großen Restriktionen unterliegt. Der Wechsel von Abgeordneten von der Bundes- auf die Landesebene ist aufgrund der geringeren Bedeutung und des meist geringeren Einkommens und der geringeren Ausstattung an Mitarbeitern auf Landesebene relativ selten. Wenn der Wechsel eines Abgeordneten von der Bundesebene auf die Landesebene stattfindet, dann tendenziell eher, um von einem Bundestagsmandat in ein Ministeramt auf der Landesebene zu wechseln. Die Zahl der Landtagsabgeordneten, die vorher ein Mandat auf einer höheren politischen Ebene inne hatten, ist daher verschwindend gering: in der 14. Legislaturperiode (1998-2002) traf dies von 1948 Landtagsabgeordneten nur auf 81 Abgeordnete zu.[111]

Der Wechsel in die andere Richtung, vom Landtag in den Bundestag lässt sich häufiger nachweisen: Von den Direktkandidaten der SPD, CDU,

---

111 *Borchert/Stolz*, 2003: S. 157.

CSU und der PDS zum 15. Deutschen Bundestag hatten 11,6 Prozent zu einem früheren Zeitpunkt ihrer politischen Karriere ein Landtagsmandat inne, 6,3 Prozent kandidierten aus einem aktuellen Landtagsmandat heraus für den Bundestag.[112] In der 14. Legislaturperiode des Deutschen Bundestages hatten rund 15 Prozent der Mitglieder früher ein Landtagsmandat inne, die sich jedoch höchst unterschiedlich auf die einzelnen Bundesländer verteilten. Die Länder Bremen, Hamburg, Rheinland-Pfalz und das Saarland wiesen besonders hohe Anteile an früheren Landtagsabgeordneten unter ihren Bundestagsabgeordneten auf.[113] Bei diesen Ländern handelt es sich um kleine Länder, in denen die SPD traditionell stark ist beziehungsweise war. Der hohe Anteil an Wechslern von der Landesebene zur Bundesebene erklärt sich in diesem Fall durch die Größe der Länder. In kleinen Ländern stehen weniger politische Ämter zur Verfügung als in großen Ländern, und der Anreiz, auf die Bundesebene zu wechseln, ist generell höher. Bei der Bundestagswahl im Jahr 1998 erreichte die SPD besonders viele Mandate. Daher ist es kaum verwunderlich, dass der Anteil der ehemaligen Landtagsabgeordneten im Bundestag in dieser Legislaturperiode besonders hoch ist. Insgesamt gesehen ist die Tendenz von der Landes- auf die Bundesebene zu wechseln zwar deutlicher ausgeprägt als in umgekehrter Richtung, aber weniger stark als auf Grund der relativen Machtlosigkeit der Landtage hätte angenommen werden können.

Ziehen Ministerpräsidenten der Länder als Spitzenkandidaten ihrer Parteien in den Bundestagswahlkampf, versprechen sie nur in Ausnahmefällen (Helmut Kohl, 1976 oder Rudolf Scharping, 1994) ihr Bundestagsmandat auch bei einer Wahlniederlage ihrer Partei wahrzunehmen. Das eigentliche Zentrum der Macht liegt im deutschen Föderalismus im Zusammenspiel der Exekutiven. Ein Mandat im Bundestag ist aus dieser Perspektive nicht attraktiv. Beim Scheitern einer Kanzlerkandidatur ist deshalb der Mandatsverzicht und die Weiterführung des politisch einflussreicheren Amtes des Ministerpräsidenten eher üblich.

Ambitionierte Landespolitiker sehen Regierungsämter auf der Landesebene auch als „Durchgangsstation" für eine Karriere im Bund. In dieser Sichtweise spiegelt sich die faktische Entmachtung der Landtage wider. Insbesondere für Oppositionspolitiker bietet die Einbindung der Landesregierungen in die Bundespolitik die Chance, sich auch außerhalb des eigenen Landes zu profilieren. Im Bundestag ergreifen regelmäßig die Minis-

---

112 *Schüttemeyer/Sturm*, 2005.
113 *Borchert/Stolz*, 2003: S. 157.

terpräsidenten der Länder von der Bundesratsbank aus das Wort, auch wenn es um Stellungnahmen zu Gesetzesvorhaben des Bundes beziehungsweise um bundespolitische Themen geht, für welche die Länder keine Verantwortung tragen. Theodor Eschenburg, einer der Gründerväter der deutschen Politikwissenschaft, hielt diesen Umgang mit der vom Bundesrat verliehenen Legitimation für unzulässig. In einem „Stern"-Interview von 1997 bemerkte er: „Was fällt Ministerpräsidenten wie Lafontaine ein, im Bundestag, obwohl sie keine Abgeordneten sind, rein parteipolitische Reden zu halten? Das ist Missbrauch des Rederechts und könnte vom Bundestagspräsidenten verhindert werden."[114]

Tabelle 24: Kanzler und Kanzlerkandidaten aus der Landespolitik

Kanzler	Kanzlerkandidat
Kurt-Georg Kiesinger (CDU), zuvor Baden-Württemberg, 1966-69	Willy Brandt (SPD), Berlin (West), 1961, 1965, 1969
Willy Brandt (SPD) (seit 1966 Außenminister), 1969-1974	Helmut Kohl (CDU), Rheinland-Pfalz, 1976 Franz-Josef Strauß (CSU), Bayern, 1980
Helmut Kohl (CDU) (seit 1976 Bundestagsabgeordneter), 1982-1998	Johannes Rau (SPD), Nordrhein-Westfalen, 1987 Oskar Lafontaine (SPD), Saarland, 1990 Rudolf Scharping (SPD), Rheinland-Pfalz, 1994 Gerhard Schröder (SPD), Niedersachsen, 1998
Gerhard Schröder (SPD), seit 1998	Edmund Stoiber (CSU), Bayern, 2002

Während der Wechsel von der gliedstaatlichen auf die föderale Ebene in der Bundesrepublik zwar vorkommt, aber – vor allem in den ostdeutschen Ländern – nicht die Regel ist, tendieren Regionalpolitiker in der Schweiz und in den USA wesentlich stärker dazu, auf die Bundesebene zu wechseln. In den USA hatten 38 Prozent der Kongress-Abgeordneten des 104. Kongresses vorher ein Mandat in einem Bundesstaat inne, in der Schweiz waren im Jahr 2000 sogar 68 Prozent der Nationalrats-Mitglieder vorher

---

114 Zitiert nach *Eschenburg*, 2000: S. 278.

Mitglied eines Kantonalparlaments.[115] Der amerikanische Fall ist insofern augenfällig, als ein nur schwach integriertes Parteiensystem auf ein wesentlich geringeres (erfolgreiches) Streben nach Kongressmandaten schließen ließe. Die Erklärung liegt in diesem Fall in der starken Personalisierung von Politik in den USA, die wir bereits im zweiten Kapitel kurz beschrieben haben. Das Ausüben eines Mandates in einem Bundesstaat ist in der Regel mit der Existenz guter Netzwerke zur Beschaffung finanzieller Ressourcen verbunden, so dass diese Kandidaten im politischen Wettbewerb eher eine Chance haben, als Neueinsteiger, die sich ihre Netzwerke neu aufbauen müssen. Der hohe Rekrutierungsgrad der Schweizer Nationalräte aus den Kantonalparlamenten lässt sich dagegen mit der starken Dominanz der Parteien über ihre regionale Organisationen erklären.[116]

Hinsichtlich politischer Karrieren lässt sich, wie eingangs erwähnt, kein einheitliches Bild für föderale Staaten zeichnen. Die Karriere-Verläufe sind nicht nur von der Staatsorganisation, sondern vor allem von den Funktionsmechanismen des politischen Systems, wie dem Parteien- und dem Wahlsystem, sowie von politisch-kulturellen Dispositionen abhängig. Im internationalen Vergleich lässt sich jedoch feststellen, dass die jeweilige Kompetenzausstattung der Gliedstaaten in den einzelnen föderalen politischen Systemen keine übergeordnete Bedeutung hat. Wäre ein Mangel an Kompetenzen der Landesebene der Grund für einen Wechsel auf die Bundesebene, müssten die Wechsler-Quoten in den USA oder der Schweiz deutlich geringer sein als in der Bundesrepublik. Es ist vielmehr anzunehmen, dass neben den bereits genannten Faktoren auch das Zusammenspiel zwischen den politischen Ebenen und die Bedeutung der Parlamente innerhalb des politischen Systems ausschlaggebend ist.

Die politische Dynamik des Föderalismus

Die Vielzahl der Gelegenheiten politischer Beteiligung, ihr Formenreichtum und die gesellschaftlich prägende Wirkung der politischen Willensbildung im Föderalismus erinnern uns an den prinzipiellen Unterschied von Föderalismus und einheitsstaatlicher Dezentralisierung. Anders als im Zentralstaat ist die regionale Ebene im Föderalismus der Ort des demokratischen Wettbewerbs. Dieser gewinnt seine politische Dynamik aus dem Selbstverständnis und den Prioritäten regionaler Gesellschaften, aus der

---

115 *Stolz*, 2003: S. 228.
116 *Ebd.*, S. 243.

Vielfalt regionaler Repräsentation und Entscheidung und unterliegt in keinem umfassenden Sinne zentralstaatlichen Vorgaben.

 ## Wiederholungsfragen und Vertiefungsaufgaben

- Erklären Sie den Unterschied zwischen Beteiligungs- und Zustimmungsquoren.
- Diskutieren Sie mögliche Auswirkungen direkter Demokratie auf das repräsentative System.
- Nennen Sie vier Kriterien für die Analyse des Parteienwettbewerbs im Bundesstaat.

 ## Links zum Thema

Im Bundestag vertretene Parteien:
- Bündnis 90/Die Grünen: http://www.gruene.de
- CDU: http://www.cdu.de
- CSU: http://www.csu.de
- FDP: http://www.liberale.de
- SPD: http://www.spd.de
- Zum Stand der Bundesgesetzgebung:
  http://www.bundestag.de/bic/standgesetzgebung/index.html
- Bundesrat: http://www1.bundesrat.de/coremedia/generator/Inhalt/DE/
  (mit Verweisen auf die Internetseiten der Länder)

 ## Weiterführende Literatur

Beyme, Klaus von, Zusammenlegung von Wahlterminen: Entlastung der Wähler – Entlastung der Politiker?, in: Zeitschrift für Parlamentsfragen, Jg. 23, Nr. 2, 1992, S. 339-353. *(Zeigt, dass diese Diskussion nicht neu ist).*

Borchert, Jens/Stolz, Klaus, Die Bekämpfung der Unsicherheit: Politikerkarrieren und Karrierepolitik in der Bundesrepublik Deutschland, in: Politische Vierteljahresschrift, Jg. 44, Nr. 2, 2003, S. 148-173.

Decker, Frank/Blumenthal, Julia von, Die bundespolitische Durchdringung der Landtagswahlen. Eine empirische Analyse von 1970 bis 2001, in: Zeitschrift für Parlamentsfragen, Jg. 33, Nr. 1, 2002, S. 144-165. *(Solide Analyse).*

Deppe, Rainer, Direkte Demokratie II. Eine Bestandsaufnahme von Bürgerbegehren und Bürgerentscheiden auf kommunaler Ebene seit 1990, Sankt Augustin (Arbeitspapier der Konrad-Adenauer-Stiftung 90/2002), 2002.

Duverger, Maurice, A New Political System Model: Semi-Presidential Government, in: European Journal of Political Research, Jg. 8, Nr. 2, 1980, S. 165-187.

Eidgenössische Kommission für Frauenfragen (Hrsg.), Geschichte der Gleichstellung "Frauen Macht Geschichte 1848-2000,", Bern: Eidgenössische Kommission für Frauenfragen, 2004.

Erne, Roland, Obligatorisches Referendum, Plebiszit und Volksbegehren – drei Typen direkter Demokratie im europäischen Vergleich, in: *Schiller, Theo/Mittendorf, Volker (Hrsg.)*, Direkte Demokratie: Forschung und Perspektiven, Opladen: Westdeutscher Verlag, 2002, S. 76-87. *(Interessanter Sammelband zur direkten Demokratie)*

Eschenburg, Theodor, Letzten Endes meine ich doch. Erinnerungen 1933-1999, Berlin: Siedler, 2000. *(Lesenswerte Memoiren)*.

Grande, Edgar, Parteiensystem und Föderalismus. Institutionelle Strukturmuster und politische Dynamiken im internationalen Vergleich, in: *Benz, Arthur/Lehmbruch, Gerhard (Hrsg.)*, Föderalismus: Analysen in entwicklungsgeschichtlicher und vergleichender Perspektive (PVS Sonderheft 32/2001), Wiesbaden: Westdeutscher Verlag, 2002, S. 179-212.

Hamm, Keith E./Moncrief, Gary F., Legislative Politics in the States, in: *Gray, Virginia/Hanson, Russell L./Jacob, Herbert (Hrsg.)*, Politics in the American States. A Comparative Analysis, Washington, D.C.: CQ Press, 7. Auflage 1999, S. 144-190. *(Guter Überblick)*.

Hartleb, Florian, Rechts- und Linkspopulismus. Eine Fallstudie anhand von Schill-Partei und PDS, Wiesbaden: VS Verlag für Sozialwissenschaften, 2004. *(Detailreich)*.

Hrbek, Rudolf (Hrsg.), Political Parties and Federalism. An International Comparison, Baden-Baden: Nomos Verlagsgesellschaft, 2004.

Jeffery, Charlie/Hough, Daniel, The Electoral Cycle and Multi-Level Voting in Germany, in: German Politics, Jg. 10, Nr. 2, 2001, S. 73-98.

Jesse, Eckhard, Koalitionen in den neuen Bundesländern, in: *Sturm, Roland/Kropp, Sabine (Hrsg.)*, Hinter den Kulissen von Regierungsbündnissen. Koalitionspolitik in Bund, Ländern und Gemeinden, Baden-Baden: Nomos Verlagsgesellschaft Verlagsgesellschaft, 1999, S. 146-168.

Kropp, Sabine/Sturm, Roland, Politische Willensbildung im Föderalismus, in: Aus Politik und Zeitgeschichte, Jg. B 13/99, 1999, S. 37-46.

Lehmbruch, Gerhard, Parteienwettbewerb im Bundesstaat, Opladen: Leske+Budrich, 2. Auflage, 1998. (Klassiker)

Linder, Wolf, Schweizerische Demokratie: Institutionen – Prozesse – Perspektiven, Bern: Haupt Verlag, 1999.

Müller, Markus M., Das Landtagswahlrecht von Baden-Württemberg. Oder: die Ohnmacht der Parteiendemokratie?, in: Zeitschrift für Parlamentsfragen, Jg. 35, Nr. 2, 2004, S. 288-294.

Pehle, Heinrich, Probleme einer plebiszitären Ergänzung des Grundgesetzes, in: Gegenwartskunde, Jg. 47, Nr. 3, 1998, S. 299-310.

Pehle, Heinrich, Ist das Wahlrecht in Bund und Ländern reformbedürftig? Eine Bilanz seiner Mängel und Ungereimtheiten nach 50 Jahren, in: Gegenwartskunde, Jg. 48, Nr. 2, 1999, S. 233-256.

Rehmet, Frank, Direkte Demokratie in den deutschen Bundesländern, in: *Schiller, Theo/Mittendorf, Volker (Hrsg.)*, Direkte Demokratie: Forschung und Perspektiven, Opladen: Westdeutscher Verlag, 2002, S. 102-114.

Salmore, Stephen A./Salmore, Barbara G., The Transformation of State Electoral Politics, in: *Van Horn, Carl E. (Hrsg.)*, The State of the States, Washington D.C.: Congressional Quarterly Press, 2. Auflage 1993, S. 51-78.

Schiller, Theo/Mittendorf, Volker (Hrsg.), Direkte Demokratie: Forschung und Perspektiven, Opladen: Westdeutscher Verlag, 2002. *(Guter Sammelband zur direkten Demokratie).*

Schultze, Rainer-Olaf, Politikverflechtung und konföderaler Föderalismus: Entwicklungslinien und Strukturprobleme im bundesrepublikanischen und kanadischen Föderalismus, in: Zeitschrift für Kanadastudien, Jg. 2, 1982, S. 111-144.

Schultze, Rainer-Olaf, Föderalismus, in: *Schmidt, Manfred G. (Hrsg.)*, Lexikon der Politik Band 3: Die westlichen Länder, München: Becè, 1992, S. 95-110.

Schultze, Rainer-Olaf, Repräsentationskrise, Parteiensystem- und Politikwandel in Kanada seit den 80er Jahren, in: *Schultze, Rainer-Olaf/Schneider, Steffen (Hrsg.)*, Kanada in der Krise: Analysen zum Verfassungs-, Wirtschafts- und Parteiensystemwandel seit den 80er Jahren, Bochum: Universitätsverlag Dr. N. Brockmeyer, 1997, S. 269-313.

Schüttemeyer, Suzanne S., Die Stimmenverteilung im Bundesrat 1949-1990, in: Zeitschrift für Parlamentsfragen, Jg. 21, Nr. 3, 1990, S. 471-475.

Schüttemeyer, Suzanne S./Sturm, Roland, Kandidatenstudie, in: Zeitschrift für Parlamentsfragen, Jg. 36, (i.E.), 2005.

Steffani, Winfried, Zur Unterscheidung parlamentarischer und präsidentieller Regierungssysteme, in: Zeitschrift für Parlamentsfragen, Jg. 14, Nr. 3, 1983, S. 390-401.

Stolz, Klaus, Moving up, Moving Down: Political Careers Across Territorial Levels, in: European Journal of Political Research, Jg. 42, Nr. 2, 2003, S. 223-248. *(Interessante Analyse politischer Karrieren).*

Zimmermann-Steinhart, Petra, Politische Beteiligung im Rahmen der repräsentativen Demokratie der Bundesrepublik Deutschland, Magisterarbeit an der Universität Tübingen: unveröffentlicht, 1996.

5 Föderalismus in der Kritik – Reformdebatten

In der Bundesrepublik ist der Föderalismus in seiner derzeitigen Ausprägung zunehmend in die Kritik geraten. Wie es zu dieser Entwicklung kam, haben wir vor allem in den Kapiteln 1 und 3 dargestellt. In diesem Kapitel beschäftigen wir uns mit den diagnostizierten Problemen des deutschen Föderalismus, mit den entsprechenden Lösungsvorschlägen unterschiedlicher Akteure, sowie den Diskussionspunkten und Lösungsvorschlägen der im Dezember 2004 gescheiterten Kommission des Bundestags und des Bundesrates zur Modernisierung der bundesstaatlichen Ordnung. Die Lösungsvorschläge der gescheiterten Kommission werden aufgegriffen, um mögliche Reformansätze aufzuzeigen und den Stand der Diskussion zu dokumentieren. Ob einzelne Vorschläge zur Reform des deutschen Föderalismus in absehbarer Zeit Realität werden, lässt sich zum Zeitpunkt des Abschluss des Manuskripts nicht vorhersehen.

Interessanterweise fand und findet zeitgleich zur deutschen Reformdiskussion eine Föderalismusreformdiskussion in Österreich statt. Sie ist eingebettet in die Arbeit des Österreich-Konvents, der nach dem Vorbild des Europäischen Verfassungskonvents 2003 eingesetzt wurde.[117] Die Arbeit an einer Föderalismusreform wurde hier bis Ende Januar 2005 verlängert. Bei Abschluss des Manuskripts nicht geklärt sind unter anderem die geplante neue Kompetenzverteilung zwischen Bund und Ländern sowie Grundrechtsfragen. Die Abschaffung des Bundesrates oder die Zusammenlegung von Bundesländern wird nicht mehr erwogen.

5.1 Probleme des deutschen Föderalismus

Wir haben bereits festgestellt, dass die föderale Ordnung in der Bundesrepublik im Grundgesetz festgeschrieben und auf Dauer garantiert ist. In der deutschen Reformdebatte geht es also nicht um eine Abschaffung des Föderalismus, auch wenn dies gelegentlich von Vertretern der Industrie[118]

---

117 *Bußjäger*, 2004.
118 So zum Beispiel vom damaligen BDI-Präsidenten Hans-Olaf Henkel (vgl. FAZ, 30.04.1997, S. 17).

aus Effizienzgründen angemahnt und von journalistischen Kritikern mit Blick auf die Regierungspraxis anderer Länder gefordert wurde.

Die Debatte über die Reform des deutschen Föderalismus ist komplex, was zahllose Publikationen zu diesem Thema belegen,[119] wobei die Problem-Diagnosen der meisten Wissenschaftler und Politiker sehr ähnlich ausfallen.[120] Was mögliche Problemlösungen angeht, trifft dies allerdings nicht immer zu. Dies ist aber nur eine Teilerklärung für die Hürden im Reformprozess. Hinzu kommt die mangelnde Bereitschaft der politischen Akteure, ihren Einsichten Taten folgen zu lassen.

Wie bereits erwähnt, herrscht hinsichtlich der Problemlagen der Föderalismusreform weitgehend Einigkeit, zumindest was die wesentlichen Aspekte angeht. Die Kritik an der deutschen Ausprägung des Föderalismus lässt sich folgendermaßen zusammenfassen: Es wird argumentiert, der deutsche Föderalismus kranke an seiner starken Verflechtung, was dazu führe, dass Probleme nur noch im Verbund von Bund und Ländern lösbar seien. Dies wiederum verursache Effizienz- und Legitimationsprobleme, die sich meist über den engen Bereich föderaler Regelungen hinaus auswirken. Sie sind unter anderem fatal für einen Staat, der sich im Rahmen des europäischen Stabilitäts- und Wachstumspakts zu einem (nahezu) ausgeglichenen Haushalt mit einem Haushaltsdefizit von weniger als drei Prozent des Bruttoinlandsprodukts (BIP) verpflichtet hat, da finanzwirksame Reformen nur unter großen Schwierigkeiten durchgeführt werden können. Eng mit dieser Problemlage zusammen hängt die Problematik der stark verflochtenen Finanzverfassung (vgl. Kapitel 3): Die Einnahmeseiten des Bundes- und der Länderhaushalte sind voneinander abhängig, miteinander verwoben und damit intransparent. Die Bürgerinnen und Bürger können nicht mehr erkennen, wohin ihre Steuern fließen, und wer die Verantwortung für die Steuersätze trägt.

Die Intransparenz der Einnahmeseite setzt sich auf der Ausgabenseite fort: Auf Grund des hohen Grades an Verflechtungen von politischen Entscheidungen hat das deutsche föderale System, das nie durch eine klare

---

119 Vgl. z.B. *Benz*, 2003, *Borchard/Margedant (Hrsg.)*, 2004, *Decker*, 2004a, *Decker*, 2004b, *Fischer/Martin Große Hüttmann*, 2001, *Franz*, 2004, *Hickel*, 2000, *Hilz*, 2004, *Hrbek*, 2003, *Hrbek*, 2004, *Hrbek/Eppler (Hrsg.)*, 2003, *Jun*, 2004, *Lorenz*, 2004, *Luthardt*, 1999, *Margedant*, 2003, *Menz*, 2000, *Mielke/Reutter*, 2004, *Schmid*, 2002, *Schultze*, 2000, *Schultze*, 2004, *Strohmeier*, 2004, *Sturm*, 2003a, *Sturm*, 2003b, *Sturm*, 2003c, *Sturm*, 2004a, *Sturm*, 2004b, *Thaysen*, 2003, *Thaysen*, 2004a, *Wachendorfer-Schmidt*, 2000.

120 Eine Reihe der folgenden Probleme haben wir bereits in den vorausgegangenen Kapiteln angesprochen. Wir fassen sie hier nochmals zusammen, um zu einer Einschätzung der Reformdebatte gelangen zu können.

Aufgabentrennung geprägt war, zusätzlich an Transparenz verloren. Die weitreichende Wahrnehmung der Rahmengesetzgebung durch den Bund, die umfassende gesetzgeberische Tätigkeit im Rahmen der konkurrierenden Gesetzgebung und schließlich die Einführung der Gemeinschaftsaufgaben im Jahr 1969 haben dazu geführt, dass es für die Bürgerinnen und Bürger heute nicht mehr ohne weiteres nachvollziehbar ist, welche politische Ebene und welche politischen Akteure für eine Entscheidung verantwortlich sind. Daher ist es für den Bürger auch nicht mehr möglich, die Verantwortlichen durch Wahl oder Abwahl zur Verantwortung zu ziehen. Die Wahlentscheidung verliert damit ihren ursprünglichen Charakter. Dies birgt zwei Gefahren. Erstens fördert die Nichtzuordnungsfähigkeit von Entscheidungen politisches Desinteresse. Eine Folge hiervon ist Wahlenthaltung. Ein Beispiel für gezielte Wahlenthaltung ist die Europawahl des Jahres 2004. Bei dieser Wahl sind die Bürger auch deshalb zu Hause geblieben, weil sie nicht über die Kompetenzen und anstehenden Themen des Europäischen Parlaments informiert wurden und ihnen – vor allem in der Bundesrepublik, aber auch in anderen Staaten der Europäischen Union (EU) – suggeriert wurde, es handle sich um eine Abstimmung über die nationale Politik. Eine weitere Folge kann jedoch auch eine generelle Entfremdung vom politischen System und damit langfristig eine Destabilisierung desselben sein. Entfremdung kann sich sowohl in Nichtwahl als auch in Protestwahl äußern. Auch hier lässt sich das Beispiel der Wahlen zum Europäischen Parlament problemlos anführen. Zusammengefasst bedeutet dies, dass die Politikverflechtung die Ursache für zwei grundlegende Probleme der deutschen Demokratie und deren negativen Folgen ist: Sie führt zu Blockaden und zu einem intransparenten und damit letztlich nicht mehr demokratisch legitimierbaren politischen System.

Auch die volkswirtschaftliche Sichtweise bestätigt diese Analyse. Der Sachverständigenrat zur Begutachtung der gesamtwirtschaftlichen Entwicklung fasste im Jahr 2002 seine Föderalismuskritik folgendermaßen zusammen:

> „Vom Idealsystem eines föderal organisierten Staates sind wir weit entfernt. Zwischen dem Deutschen Bundestag und dem Bundesrat kann es zu Blockaden kommen; der Bund kann im Rahmen seiner allgemeinen Gesetzgebungskompetenz über Aufgaben entscheiden, deren Kosten von den Ländern und Kommunen zu tragen sind; die Länder haben nicht nur keinerlei Steuerautonomie, durch das Finanzausgleichssystem werden Anreize zur Erschließung und Ausschöpfung der eigenen Steuerquellen weitgehend beseitigt; Bundesländer, die durch eigene Fehler in eine finanzielle Schieflage geraten sind, können die Folgen auf andere Bun-

desländer oder den Bund abwälzen; durch eine enge Interpretation der grundgesetzlichen Bestimmung der ‚Herstellung gleichwertiger Lebensverhältnisse im Bundesgebiet' werden wettbewerbliche Lösungsansätze konterkariert. Aus diesen und anderen Gründen sind die föderalen Institutionen und Entscheidungsstrukturen mitverantwortlich für den viel bezeugten Reformstau in diesem Land".[121]

Der deutsche Föderalismus in seiner heutigen Gestalt führt also dazu, dass die im ersten Kapitel aufgezeigten Kriterien für die Bestimmung föderaler Ordnungen verloren gehen. Als eine Anforderung hatten wir beispielsweise die Existenz subnationaler Parlamente genannt, die in substanzieller Form eigenständig und ausschließlich gesetzgeberisch tätig werden. Angesichts der starken Ausweitung der Aktivitäten des Bundes in der konkurrierenden Gesetzgebung, bei der Rahmengesetzgebung und den Gemeinschaftsaufgaben, sind die Zuständigkeitsbereiche der Landesparlamente deutlich geschrumpft, und es stellt sich die Frage, was diese den Regionen in dezentralisierten Staaten hinsichtlich der Verfassungswirklichkeit heute noch voraus haben.[122]

Die genannten Probleme des deutschen Föderalismus sind nicht neu, sondern zeichneten sich spätestens seit der Grundgesetzänderung der Großen Koalition im Jahr 1969 ab. Bereits zu Beginn der Siebzigerjahre war erkannt worden, dass die 1969 entwickelten Rezepte unerwünschte Nebenwirkungen hatten. Um diese zu beseitigen, beschloss der Bundestag im Februar 1973 einstimmig, eine Enquête-Kommission einzusetzen, die den Auftrag erhielt, „zu prüfen, ob und inwieweit es erforderlich ist, das Grundgesetz den gegenwärtigen und voraussehbaren zukünftigen Erfordernissen – unter Wahrung seiner Grundprinzipien – anzupassen."[123] Dabei sollte die Kommission sich auf das Verhältnis von Bund und Ländern sowie auf das von Parlament und Regierung konzentrieren. Ergebnis einer mehr als dreijährigen Arbeit war ein komplexer Bericht mit einer Reihe von Sondervoten, der letztendlich ohne Konsequenzen blieb. Einen weiteren Anlauf zur Entflechtung der Kompetenzen von Bund und Ländern gab es nach dem Regierungswechsel 1982, doch auch dieser blieb ohne weitreichende Folgen.

Die deutsch-deutsche Vereinigung bot eine neue Chance, ein sogenanntes „Window of Opportunity", zur Reform des Föderalismus. In der Zeit

121 *Sachverständigenrat zur Begutachtung der gesamtwirtschaftlichen Entwicklung* 2002: S. 234f.
122 Vgl. hierzu *Thaysen*, 2004a: S. 123.
123 Bundestagsdrucksache 7/214, zitiert nach *Hrbek*, 2003: S. 9.

vom 16.01.1992 bis zum 01.10.1993 tagte eine „Gemeinsame Verfassungskommission von Bundestag und Bundesrat", die sich auch mit Fragen des Föderalismus befasste. Das Grundgesetz wurde bezüglich der bundesstaatlichen Ordnung zwar an zwei Stellen ergänzt, doch auch dieses politische Handlungsfenster schloss sich wieder, ohne dass substanzielle Entflechtungen stattgefunden hätten. Einige „Stellschrauben" der föderalen Ordnung wurden allerdings neu justiert: Zu erwähnen ist die Änderung des Artikel 72 (2) des Grundgesetzes. Dieser ermächtigte den Bund in der alten Fassung im Rahmen der konkurrierenden Gesetzgebung immer dann tätig zu werden, wenn die Herstellung „einheitlicher Lebensverhältnisse" dies verlangt. Die „Einheitlichkeit der Lebensverhältnisse" wurde im Rahmen dieser Grundgesetzänderung in eine „Gleichwertigkeit der Lebensverhältnisse" abgeschwächt, um so den Umfang der gesetzgeberischen Tätigkeiten des Bundes wieder einzuschränken (vgl. Kapitel 2). Die zweite wesentliche Änderung bezog sich auf die ebenfalls immer wieder aufkeimende Frage der Länderneugliederung. Diesbezüglich wurde ein neuer Artikel 118a geschaffen, um den Ländern Berlin und Brandenburg eine Fusion analog zur Gründung Baden-Württembergs zu ermöglichen, die jedoch, wie dargestellt, 1996 am Veto der brandenburgischen Bevölkerung scheiterte.

Ein weiteres Set von Problemen ergibt sich für den deutschen Föderalismus aus der Mitgliedschaft der Bundesrepublik in der EU. Von zentraler Bedeutung ist in diesem Zusammenhang der Artikel 23 des Grundgesetzes. Mit diesem Artikel hat sich der Bund die Zustimmung der Länder zum Maastricht-Vertrag von 1992 erkauft. Er sichert den Ländern neben der Informationspflicht durch den Bund in Europaangelegenheiten unter anderem die Berücksichtigung der Stellungnahmen des Bundesrates zu, wenn die Interessen der Länder berührt sind (Artikel 23 (5) GG). Darüber hinaus legt er fest, dass die Bundesrepublik immer dann durch einen vom Bundesrat benannten Vertreter der Länder bei der EU vertreten werden kann, wenn dort Politikfelder behandelt werden, die in die ausschließliche Zuständigkeit der Länder fallen (Art. 23 (6) GG).[124]

Dieser Artikel hat sich in der Praxis nicht bewährt. Die Möglichkeit der Vertretung der Bundesrepublik Deutschland im EU-Ministerrat durch einen Vertreter der Länder nach Artikel 23 (6) Grundgesetz hat bisher noch keine bedeutende Rolle gespielt. Auch wenn die Delegationsleitung immer bei der Bundesregierung lag, gab es gelegentlich Forderungen der Länder,

---

124 Vgl. zur Entstehung des Artikels 23 GG *Leonardy (Hrsg.)*, 2002.

ihnen in Abstimmung mit der Bundesregierung die Verhandlungsführung zu übertragen. Von 1998 bis Anfang 2004 war dies achtmal der Fall. In drei Fällen stimmte die Bundesregierung nicht zu, sorgte aber dafür, dass die Ländervertreter in den Verhandlungen zu Wort kamen.[125] Diese Situation ist aus der Sicht sowohl des Bundes als auch der Länder unbefriedigend. Der Bund beklagt den Koordinationsaufwand mit den Ländern und führt dramatisierend ins Feld, Deutschland sei durch den durch Artikel 23 provozierten Abstimmungsprozess mit den Ländern in Brüssel nicht mehr politikfähig. Es fehle die Möglichkeit zu raschen und flexiblen Absprachen mit den europäischen Partnern. Die Länder haben eine völlig andere Perspektive. Sie sehen sich in einer Abwehrschlacht gegen EU-Übergriffe auf die wenigen ihnen noch gebliebenen Kompetenzfelder. Um die Interessen der Länder in Brüssel zu wahren, so ihre Position, reichen die Einflussmöglichkeiten, die der Artikel 23 Grundgesetz insgesamt bietet, nicht aus. Aus ihrer Sicht wäre eher an eine Stärkung der Möglichkeiten ihrer Interessenwahrnehmung auf EU-Ebene zu denken.

Ein zweites Problem ergibt sich aus der Haftungsfrage gegenüber der EU, die sich dann stellt, wenn die Bundesrepublik ihren vertraglichen Verpflichtungen nicht nachkommt. Bislang haftet in diesen Fällen allein der Bund, weil nur dieser das EU-Mitglied Deutschland repräsentiert. Nicht immer ist der Bund jedoch allein verantwortlich für diese Vertragsverletzungen. Es bedarf also einer Regelung die klärt, welche politische Ebene in Deutschland in welchen Fällen zu welchem Teil haftet. Nach der bisherigen Regelung haben die Länder keinen Anreiz, EU-Richtlinien fristgerecht umzusetzen. Ein interessantes Beispiel hierfür ist die Fauna-Flora-Habitat Richtlinie (FFH-RL), welche die Ausweisung von zusammenhängenden Natur- und Artenschutzgebieten für durch die Richtlinie definierte bedrohte Arten verlangt. Diese Richtlinie wurde im Jahr 1992 im Umweltministerrat einstimmig verabschiedet und hätte innerhalb von zwei Jahren in nationales Recht umgesetzt werden müssen. Für die inhaltliche Umsetzung stand ein größerer Zeitrahmen zur Verfügung.

Bereits die erste Umsetzungsfrist wurde in fast allen Mitgliedstaaten überschritten. In der Bundesrepublik ergab sich eine besondere Problematik. Neben der Änderung des Bundes- und der Ländernaturschutzgesetze waren Anpassungen im Bau-, Raumordnungs- und Wasserhaushaltsgesetz notwendig. Die Länder erwarteten eine Regelung durch den Bund, obwohl sie gerade im Bereich des Umweltschutzes eine Ausdehnung ihrer Kompe-

125 *Sturm/Pehle*, 2005.

tenzen gefordert hatten und beschlossen abzuwarten, bis der Bund tätig würde, während der Bund auf die Meldungen der Gebiete der Länder wartete. Kompetenzstreitigkeiten zwischen Bund und Ländern verzögerten die Umsetzung der Richtlinie erheblich, die schließlich erst gegen Ende der Legislaturperiode im Jahr 1998 auf Grund massiven Drucks durch die EU erfolgte.[126] Die Kommission hatte vor dem Europäischen Gerichtshof (EuGH) erfolgreich gegen die Bundesrepublik wegen der nicht erfolgten rechtlichen Umsetzung der Richtlinie geklagt.[127] Die Argumentation der Bundesregierung, eine formelle Umsetzung sei zum gegebenen Zeitpunkt noch nicht nötig, weil die Richtlinie ohne Umsetzungsvorschriften auf der Basis des Bundesnaturschutzgesetzes angewandt werden könne, wurde von der fünften Kammer des EuGH ebenso wenig akzeptiert, wie das zweite Argument, die Richtlinie berge Unklarheiten, die eine Umsetzung erschwerten.[128]

Auch nach der rechtlichen Umsetzung der Richtlinie verlief die inhaltliche Umsetzung nur sehr schleppend.[129] So wurde die Bundesrepublik 1998/99 erneut von der EU-Kommission wegen nicht ausreichender Meldung von FFH-Gebieten verklagt und am 11.09.2001 vom Europäischen Gerichtshof verurteilt. Weiterer Druck auf die Bundesrepublik entstand dadurch, dass die Zahlung von Strukturfonds-Mitteln an eine abschließende Meldung von FFH-Gebieten gekoppelt wurde.[130] Verantwortlich für die Verzögerungen der Gebietsmeldungen waren die Länder, die mit der Evaluierung des jeweiligen Landesgebietes erst nach der Verabschiedung der Novelle des Bundesnaturschutzgesetzes begonnen hatten, obwohl die Anforderungen der Richtlinie eindeutige Vorgaben enthielten, die es durchaus ermöglicht hätten, zumindest mit der Sammlung von Informationen zu beginnen. Das Beispiel zeigt, dass es keine Anreize gab, die unliebsame Richtlinie umzusetzen. Erst als einige der Länder mit der Nichtauszahlung von Strukturfondsmitteln rechnen mussten, ließen sich Fortschritte erzielen. Eine Regelung der Verantwortlichkeit gegenüber der EU ist daher dringend angeraten.

Das Problem der Haftung gegenüber der EU tritt nicht nur im Fall der Umsetzung von Richtlinien auf, sondern auch immer dann, wenn die Krite-

---

126 Vgl. zur Umsetzung, vor allem in Bayern *Fischer* 2000.
127 Vgl. *EuGH*, 1998.
128 Vgl. ausführlicher zur Umsetzung der FFH-Richtlinie in der Bundesrepublik: *Rödiger-Vorwerk*, 1998 sowie *Zimmermann-Steinhart*, 2003.
129 Vgl. *Hagelüken*, 2000.
130 Bundesamt für Naturschutz (2003). http://www.bfn.de/03/030303.htm, abgerufen am 03.03.2003.

rien des Europäischen Stabilitäts- und Wachstumspaktes nicht eingehalten werden. Auch hier haftet bislang allein der Bund, unabhängig davon, welchen Anteil die Länder am Staatsdefizit haben. Ebenso wie im Fall der Haftung für die allgemeine Vertragsverletzung, wird auch in diesem Fall eine Aufteilung der Verantwortung nach dem Verursacherprinzip diskutiert.[131]

5.2 Die Kommission des Bundestages und des Bundesrates zur Reform der bundesstaatlichen Ordnung

Seit der Kür zum Wort des Jahres 1997 ist der Begriff des „Reformstaus" aus der deutschen Debatte nur für kurze Zeit, nach dem Regierungswechsel 1998, aus den Schlagzeilen und den Debatten in Wissenschaft und Politik verschwunden. Regierung und Opposition bekannten sich zwar immer wieder zur Notwendigkeit von Reformen, das Reformtempo blieb aber schleppend, der Erfolg von Reformen bescheiden. Nach umfangreichen Vorarbeiten auf Länderseite und auch in der Zusammenarbeit zwischen Bund und Ländern gelang es schließlich im Jahr 2003 für ausgewählte Föderalismusprobleme einen Reformprozess anzustoßen. Die Einsetzung der „Kommission von Bundestag und Bundesrat zur Modernisierung der bundesstaatlichen Ordnung" wurde am 16. beziehungsweise 17. Oktober 2003 von Bundestag und Bundesrat beschlossen. Die Kommission trat am 7. November 2003 erstmals zusammen. Sie bestand aus je 16 stimmberechtigten Vertretern des Bundestags und des Bundesrats. Beratend wirkten in der Kommission vier Mitglieder der Bundesregierung, sechs Mitglieder von Landesparlamenten, drei ständige Gäste der kommunalen Spitzenverbände sowie zwölf von den Parteien benannte Sachverständige aus der Wissenschaft mit. Den Vorsitz der Kommission, die umgangssprachlich die Bezeichnungen „KOMBO", „Bundesstaatskommission" oder „Föderalismuskommission" erhalten hat, teilten sich je ein Vertreter des Bundestages und des Bundesrates, Franz Müntefering (SPD) und Edmund Stoiber (CSU).[132]

Auffällig an der Zusammensetzung der Kommission war die Tatsache, dass die Landesparlamente zwar Vertreter in die Kommission entsenden konnten, diese jedoch kein Stimmrecht besaßen. Das heißt, die Hauptverlierer des Exekutivföderalismus waren auch hier im Vergleich zu ihren Kollegen im Bundestag Abgeordnete zweiter Klasse, die keinen entschei-

---

131 Vgl. Kapitel 3.
132 Vgl. zur Zusammensetzung der Kommission: http://www3.bundesrat.de/Site/Inhalt/ DE/, abgerufen am 20.07.2004.

denden Beitrag zur Steigerung ihrer Kompetenzen leisten konnten, während die Vertreter der Institutionen, welche die jetzige Situation durch ihre Entscheidungen herbeigeführt haben, diese nun kurieren sollten. Eine Föderalismusreform, die diesen Namen verdient, ist ohne Aufwertung der Landtage nicht denkbar. Die Geringschätzung der Landtage erklärt sich weniger aus der Problemstellung, sondern ist vielmehr Konsequenz des machtpolitischen Kalküls, das sich mit der Einsetzung der Kommission verband. Hinter dem rhetorischen Schleier des Föderalismusreformdiskurses verbarg sich für den Bund das politische Problem, den Störfaktor Länder zu reduzieren, der sich sowohl bei Entscheidungen, die der Zustimmung des Bundesrates bedürfen, als auch bei europapolitischen Entscheidungen bemerkbar macht. Für die Länderexekutiven stellt sich die Frage, welchen machtpolitischen Preis sie beim Rückzug aus den entsprechenden verfassungspolitischen Positionen erzielen können. Eine stärkere Vertretung der Landtage in der Bundesstaatskommission hätte das Kräftegleichgewicht zwischen den Länderexekutiven einerseits und der Bundesebene andererseits erheblich stören können. Daher ist es nicht verwunderlich, dass diese mit ihrem Einsetzungsbeschluss die Vertreter der Landtage an den „Katzentisch" verbannt haben.[133]

Machtpolitisch überraschend und – wie sich zeigen sollte – wenig hilfreich war auch die bloße Beraterrolle der Mitglieder der Bundesregierung. Es war von vorne herein klar, dass die Interessen des Bundes letztendlich nicht durch die Vertreter des Bundestages, sondern durch die Bundesregierung selbst artikuliert werden würde. Mit der Konstruktion der Bundesstaatskommission wurde diese nicht in die Pflicht genommen und blieb in der komfortablen Position, ohne politisches Kapital verspielen zu müssen, von außen in regelmäßigen Abständen ihr Störfeuer auf die Kommissionsberatungen richten zu können bis hin zu vorzeitigen Aussagen, die Arbeit der Kommission sei gescheitert.[134]

Auffällig und wenig verheißungsvoll hinsichtlich des Vertrauensverhältnisses bei der Zusammenarbeit in der Kommission war auch die Tatsache, dass ihr Entscheidungsprozess von Beginn an mit hohen Hürden ausgestattet wurde. Und dies, obwohl ihre Arbeit nur empfehlenden Charakter haben konnte und es selbstverständlich einer Zweidrittelmehrheit in Bundestag und Bundesrat bedurfte, um eventuelle Grundgesetzänderungen zu beschließen. Für Beschlüsse innerhalb der Kommission forderte ihre

---

133 Vgl. zur Stellung der Landtagsabgeordneten auch *Thaysen*, 2004b.
134 So zum Beispiel der Staatsminister im Auswärtigen Amt, Hans Martin Bury (Der Spiegel, 25.10.2005, S. 46).

Geschäftsordnung eine Zweidrittelmehrheit und zusätzlich eine Mehrheit sowohl der Vertreter des Bundesrates als auch der Vertreter des Bundestages. Ja selbst unterhalb der Ebene von Beschlüssen, bei bloßen Verfahrensfragen, war – erstmals in einer deutschen Verfassungsreformkommission – nur eine Beschlussfassung mit Zweidrittelmehrheit möglich.

Die Aufgabe der Kommission bestand darin, Vorschläge zur Modernisierung der bundesstaatlichen Ordnung zu erarbeiten. Die Vorschläge sollten darauf abzielen, die Transparenz politischer Entscheidungen zu erhöhen, die Handlungsfähigkeit von Bund und Ländern zu verbessern sowie Blockaden aufzulösen. Ein besonderes Augenmerk sollte dabei auf die Verteilung von Gesetzgebungskompetenzen zwischen Bund und Ländern gelegt werden. Darüber hinaus sollten Vorschläge bezüglich der künftigen Mitwirkungsrechte der Länder bei der Gesetzgebung des Bundes erarbeitet und die Finanzbeziehungen von Bund und Ländern überprüft werden. Dies alles sollte schließlich die Situation der Kommunen sowie eine Weiterentwicklung der Europäischen Union einbeziehen.[135] Im Laufe der Kommissionsarbeit kamen weitere Themen, wie die Innere Sicherheit, die Festschreibung des Solidarpakts im Grundgesetz oder die Rolle und Finanzierung Berlins als Hauptstadt hinzu. Ausgespart von der Arbeit der Kommission blieben von Beginn an die Themenbereiche Länderneugliederung[136] und Finanzausgleich, dessen bis 2019 gültige Regelung nicht angetastet werden sollte.

Die Kommission sollte zunächst im Juli, dann im September 2004 einen Zwischenbericht vorlegen und ihre Arbeit definitiv Ende 2004 abschließen. Um dieser Aufgabe gerecht zu werden, wurden zwei Arbeits- sowie sieben Projektgruppen gebildet. Die Arbeitsgruppen widmeten sich den Bereichen „Gesetzgebungskompetenz und Mitwirkungsrechte" sowie den Finanzbeziehungen. Die Themen der Projektgruppen waren: Art. 84 GG/ Materielle Zugriffsrechte der Länder/Europa; Öffentlicher Dienst/Innere Sicherheit; Bildung und Kultur; Umwelt- und Verbraucherschutz; Regionale Themen; Finanzthemen sowie das Hauptstadtthema. Obwohl die Erwartungen an die Kommission sowohl von außen als auch seitens der Kommissionsmitglieder zunächst sehr hoch waren, erreichte die Kommission bereits ihr erstes Ziel nicht, den angestrebten Zwischenbericht vorzustellen. In der letzten Kommissions-Sitzung vor der Sommerpause wurden

---

135 Vgl. die Einsetzungsbeschlüsse des Bundestages und des Bundesrates: BT-Drucksache 15/1685 und BR-Drucksache 750/03. Beide sind online zugänglich unter: http://www3.bundesrat.de/Site/Inhalt/DE/.
136 Vgl. zur Diskussion über die Länderneugliederung *Leonardy*, 2001.

lediglich die Ergebnisse aus den Projektgruppen vorgestellt, die zeigten, dass sich zu diesem Zeitpunkt in wesentlichen Punkten auch innerhalb der Projektgruppen kein Konsens abzeichnete.[137]

Die unterschiedlichen Positionen der Mitglieder und Sachverständigen innerhalb der Kommission lassen sich sowohl mit parteipolitischen Erwägungen als auch durch die Funktion der Akteure bestimmen. Die Feststellung ihrer Zugehörigkeit zur Bundes- oder Länderebene ist hierfür allerdings nicht ausreichend. Die Trennungslinien verliefen auch zwischen den Akteuren der Länderebene. Ministerpräsidenten reicher Länder verfolgten andere Interessen als Ministerpräsidenten armer Länder. Weitere Faktoren für die Bestimmung der Positionen der Mitglieder der Kommission waren die politischen und persönlichen Interessen und Karrierevorstellungen der einzelnen Akteure in der Reformdebatte. Während weitgehende Einigung darüber bestand, dass eine Reform dringend notwendig sei, bestand über den Umfang und die Ausgestaltung der Reform keinerlei Konsens (vgl. hierzu auch Tabelle 25). Die Kommission beauftragte in ihrer letzten Beratungsphase schließlich die beiden Vorsitzenden, Edmund Stoiber und Franz Müntefering, einen Kompromissvorschlag zu erarbeiten.

Nach ersten gefundenen Kompromisslinien erweckten die Kommission und vor allem ihre beiden Vorsitzenden bis Mitte Dezember den Eindruck, als seien die noch vorhandenen Differenzen zwischen den einzelnen Akteuren relativ gering und durchaus überwindbar. Bis zur letzten Sitzung der Kommission am 17. Dezember 2004 wurden Kompromisse in fast allen Bereichen erreicht. Zu dem ungelösten Streitthema der Beteiligung der Länder an EU-Entscheidungen wurde geschwiegen.

Gescheitert ist die Kommission schließlich an der Frage der Kompetenzverteilung bezüglich der Bildungspolitik. In diesem Punkt konnte keine Einigung zwischen Vertretern des Bundes und der Länder erzielt werden. Während der Bund neben Rahmenkompetenzen für den Hochschulzugang und die Hochschulabschlüsse ein Mitspracherecht im Bildungsbereich, eine Entscheidung über Studiengebühren sowie die Möglichkeit zur Finanzierung einzelner bildungspolitischen Projekte, wie zum Beispiel Ganztagsschulen wollte, waren die Länder nicht bereit, in ihrem Kernkompetenzbereich Bildung, Zugeständnisse zu machen. Es wäre allerdings politisch kurzsichtig, wollte man alleine das Thema „Bildungskompetenz" für die Unwilligkeit der Beteiligten, Kompromisse zu schließen, verantwort-

---

137 Die stenographischen Protokolle finden sich ebenfalls unter http://www3.bundesrat.de/Site/Inhalt/DE/, abgerufen am 20.07.2004.

lich machen. Dieser Streitpunkt war der Anlass, nicht aber der Grund für die erfolglosen Beratungen. Im Hintergrund stehen auch unterschiedliche Vorstellungen zur Fortentwicklung des deutschen Föderalismus, die sich innerhalb der Kommission am Konflikt von „Wettbewerbsföderalisten" und „Flexibilisierern" festmachen lassen.

Tabelle 25: Vorstellungen von Wettbewerbsföderalisten und Flexibilisierern im Überblick

Wettbewerbsföderalisten	Flexibilisierer
— deutliche Ausweitung der ausschließlichen Gesetzgebung der Länder — grundsätzlich Verzicht des Bundes auf die Rahmengesetzgebung — erhebliche Stärkung der Länder im Rahmen der konkurrierenden Gesetzgebung: Opting-out-Regel und generelles Zugriffsrecht der Länder innerhalb der konkurrierenden Gesetzgebung	— „bereichsspezifische Entflechtung": die konkurrierende Gesetzgebung ist so zu entflechten, dass der Bund weiterhin grundsätzlich die Gesetzgebungskompetenz wahrnimmt, die Länder nur „in festgeschriebenen Bereichen" davon abweichen können; — Öffnungs- und Experimentierklauseln
— Streichung der Gemeinschaftsaufgaben sowie der Finanzhilfen des Bundes	— Abbau der Mischfinanzierungen, ohne dass der Bund gänzlich außen vor bleibt; — Sonderzuweisungen und -ergänzungen für finanzschwache Länder; — Flexible Zusammenarbeit von Bund und Ländern bei gemeinsamen Vorhaben
— Mittel- bis langfristige Auflösung des Steuerverbundes; — Ausgleichsintensität im horizontalen Finanzausgleich soll erheblich abgesenkt und Bundeszuweisungen sollen deutlich zurückgeführt werden	— Beibehaltung des Steuerverbundes; — schrittweise Absenkung der Nivellierung im horizontalen Finanzausgleich; — Beibehaltung von Bundeszuweisungen
— Deutliche Verringerung der Zustimmungspflicht des Bundesrates	— Schrittweise Verringerung der Zustimmungspflicht des Bundesrats

Quelle: Jun, 2004: 576.

Hinsichtlich einer Reihe von Änderungen der föderalen Ordnung konnte zwischen den beiden Vorsitzenden Edmund Stoiber und Franz Müntefering eine Einigung erzielt werden, die jedoch aufgrund des Scheiterns der Kommission nicht umgesetzt wurde. Dazu gehören beispielsweise Weichenstellungen für Teile der Steuergesetzgebung, eine Regelung der Haftung bei Verletzungen von EU-Verpflichtungen, eine weitgehende Auflösung der Rahmengesetzgebung, eine Neuregelung der Gemeinschaftsaufgaben nach Artikel 91a des Grundgesetzes sowie eine grundsätzliche Reduzierung der zustimmungspflichtigen Gesetze von 60 auf maximal 40 Prozent.

Die Länder sollten die Alleinzuständigkeit für einige Bereiche erhalten, die bislang unter die Rahmengesetzgebung fallen. Zu diesen gehören zum Beispiel das Besoldungs- und Versorgungsrecht für Landesbeamte, Ladenschlussregelungen, das Gaststättenrecht, Spielhallen, Messen und das landwirtschaftliche Pachtwesen. Bei der Durchführung von Bundesgesetzen sollten die Länder die Verwaltungsverfahren selbst bestimmen können. Zusätzlich sollte in Artikel 104 des Grundgesetzes eingefügt werden: „Führen die Länder Bundesgesetze als eigene Angelegenheit aus, bedürfen diese der Zustimmung des Bundesrates, wenn sie Pflichten der Länder zur Erbringung von Geldleistungen oder geldwerten Sachleistungen gegenüber Dritten begründen."[138] Dieser Änderungsvorschlag ist zwar noch nicht als eine Umsetzung des Konnexitätsprinzips anzusehen, weist aber deutlich in dessen Richtung. Problematisch hätte werden können, dass die so begründete Zustimmungspflicht des Bundesrats das Ziel der Reduzierung der zustimmungspflichtigen Gesetze konterkarierte.

In der Steuergesetzgebung hatte man sich darauf verständigt, dass die Zuständigkeit für die Grunderwerbsteuer auf die Länder übergehen sollte. Der von Bundesfinanzminister Hans Eichel eingebrachte Vorschlag, die Kompetenzen im Bereich der Steuerverwaltung weitgehender umzuverteilen, stieß bei den Ländern hingegen auf Ablehnung, beziehungsweise wurde, wie die Übertragung der Ertragshoheit und der Verwaltungskompetenz für die KFZ-Steuer auf den Bund und im Gegenzug die entsprechende Übertragung der Versicherungssteuer auf die Länder, nicht endgültig entschieden. Der Umgang mit Strafzahlungen für nicht erfüllte Verpflichtungen gegenüber der EU wurde aufgeteilt. Bund und Länder waren sich grundsätzlich einig darüber, dass die jeweils verantwortliche politische Ebene die Haftung tragen solle.[139] Selbst in der strittigen Frage, wer bei

---

138 FAZ, „Noch keine Einigung über Bildungs- und Europafragen", 14.12.2004, S. 1.
139 Financial Times Deutschland, „Bildung und EU belasten Föderalismusreform",
6.12.2004, S. 13.

Verletzungen des europäischen Stabilitäts- und Wachstumspaktes haftet, zeichnete sich eine Annäherung ab. Die Länder zeigten sich bereit, einen Teil der hier fälligen Strafzahlungen zu entrichten, der ihrem Anteil an der Verschuldung entspricht. Insgesamt sollte der Bund für 65 und die Länder für 35 Prozent haften, wobei diejenigen Länder, deren Verschuldung über der drei Prozent-Marke liegt, zwei Drittel des Länderanteils bezahlen sollten.[140]

Die Punkte, auf die sich die Vertreter des Bundes und der Länder in der Kommission verständigen konnten, hätten vielleicht nicht dem vom bayerischen Ministerpräsidenten und Ko-Vorsitzenden der Bundesstaatskommission geprägten Anspruch, die „Mutter aller Reformen" zu schaffen, genügt, aber sie hätten erstmals seit der Großen Koalition eine (Teil-) Entflechtung des deutschen Föderalismus bedeutet. Die Chancen, dass einzelne Bereiche des „Beinahe"-Kompromisses umgesetzt werden, oder gar, dass das Paket unter Ausschluss der strittigen Kompetenzverteilung in Bereich der Bildung verabschiedet wird, sind ausgesprochen gering, da im diesem Fall keine Verhandlungsmasse für eventuelle Paketlösungen zur Verfügung steht, die für alle Beteiligten politische Gewinne erlauben.

Gründe für das Scheitern der Bundesstaatskommission

Die Föderalismusreform und die Bundesstaatskommission sind gescheitert. Es stellt sich nun die Frage, worin die Ursachen für dieses Scheitern liegen. Die Föderalismusreform scheiterte an den Faktoren, deren Auswirkungen sie hätte abmildern sollen: am parteipolitischen Machtkalkül, aber auch am Profilierungsbedürfnis einzelner politischer Akteure. In diesem Zusammenhang sind die CDU-Vorsitzende Angela Merkel, Bundeskanzler Gerhard Schröder und Bildungsministerin Edelgard Bulmahn zu nennen, deren Beitrag zur Debatte nicht als konstruktiv bezeichnet werden kann, aber allen voran auch eine Reihe von Ministerpräsidenten, deren Einfluss auf die Bundespolitik durch die geplante Reduzierung der zustimmungspflichtigen Gesetze deutlich gesunken wäre. Matthias Geis hat dies treffend beschrieben:

> „Noch immer speist sich die Bedeutung eines deutschen Ministerpräsidenten aus seinem bundespolitischen Einfluss. Ohne die Chance zur Blockade wäre er lediglich eine regionale Größe. Erst die Funktion als Mitspieler im Bundesrat garan-

---

140 FAZ, „Der Stabilitätspakt soll auch für die Bundesländer gelten", 13.12.2004, S. 1., Financial Times Deutschland, „Konsens bei Föderalismusreform in Sicht", 13.12.2004, S. 10.

tiert ihm die nationale Rolle. Man wird den Länderchefs nicht zu nahe treten, wenn man unterstellt, dass sie diesen Mechanismus sehr genau kennen. Ohne die nationale Bühne im Bundesrat und die Chance zur Blockade wäre Peter Müller nur ein Regierungsrat und Roland Koch hätte kein Sprungbrett, auf dem er irgendwann zur Kanzlerkandidatur ansetzen könnte. Eine echte Reform des Föderalismus zerstört zwangsläufig diesen Mechanismus."[141]

Insofern bestätigt das Scheitern der Kommissionsarbeit die generellere These von Fritz W. Scharpf, der deutsche Föderalismus befinde sich in der Politikverflechtungsfalle:

„Die ‚Politikverflechtungsfalle' kann [. . .] zusammenfassend beschrieben werden als eine zwei oder mehr Ebenen verbindende Entscheidungsstruktur, die aus ihrer institutionellen Logik heraus systematisch [. . .] ineffiziente und problem-unangemessene Entscheidungen erzeugt, und die zugleich unfähig ist, die institutionellen Bedingungen ihrer Entscheidungslogik zu verändern – weder in Richtung auf mehr Integration noch in Richtung auf Desintegration. [. . .] Wirksame Verbesserungen würden weitreichende Veränderungen erfordern, die wenigstens kurzfristig die Interessen vieler Beteiligter verletzen müssten."[142]

Einen theoretischen Ausweg aus der Politikverflechtungsfalle hat der Multiple Streams-Ansatz aufgezeigt, der von dem Vorhandensein dreier „Ströme" bei jeder politischer Entscheidungssituation ausgeht, dem „Problemstrom", dem „Policy-Strom" (= Strom politischer Lösungen) und dem „Politikstrom" aus den Elementen „Reformstimmung" in der Bevölkerung, Kampagnen von Interessengruppen und neues politisches Personal durch Regierungswechsel. Der entscheidende Faktor für den Erfolg von Reformpolitik ist das Koppeln der drei Ströme, wenn sich ein Handlungsfenster durch drängende politische Probleme oder spezielle politische Ereignisse öffnet. Hierzu bedarf es eines „politischen Unternehmers", der bereit ist, Zeit, Energie, Reputation und Geld zu investieren, um Reformen voran zu bringen.[143]

Im Falle der deutschen Föderalismusreform war das allgemein anerkannte und auch publizistisch begleitete[144] Problem die Reformblockade, die sich über den engen Bereich der Effizienzminderung des Föderalismus auf das politische System, auf dessen Entscheidungs- und Handlungsfähig-

141 Die Zeit, „Jeder für sich, keiner für alle", 22.12.2004, S. 4.
142 Scharpf, 1994: S. 44.
143 Vgl. Zahariades, 1999.
144 Zum Beispiel in der Serie des Spiegels zum Thema „Die verstaubte Verfassung". Vgl. Darnstädt, 2003.

keit, sowie auf seine ökonomischen Erfolge negativ auswirkte. Die Probleme des Föderalismus waren bekannt, auch die Lösungen lagen auf dem Tisch. Es gab kein Erkenntnisproblem, aber ein Entscheidungs- und Handlungsproblem. Aus der Sicht des Multiple Streams-Ansatzes scheiterte die Föderalismusreform zum einen an der ungenügenden Ausprägung des Politikstromes: eine föderale Aufbruchstimmung in der Bevölkerung war nicht zu beobachten, außer der „Stiftungsallianz Bürgernaher Bundesstaat",[145] beziehungsweise der in dieser mitarbeitenden politischen Stiftungen, gab es keine Interessengruppe, die sich dauerhaft engagierte, und auch der parteipolitische Schub durch neues politisches Personal fehlte. Es ist daher wenig erstaunlich, dass auch „politische Unternehmer", also Parteipolitiker ausblieben, die in dem Thema „Föderalismusreform" wahlpolitisches Potenzial sahen. Probleme und Lösungen waren vorhanden, der politische Impetus, diese zusammenzuführen, reichte nicht aus. Kanzler und Oppositionsführerin engagierten sich nicht. Schlimmer noch, sie bestritten durch die Prioritätensetzung ihrer Politik die Zentralität der Föderalismusreform. Ein bezeichnendendes Beispiel hierfür war der Vorschlag des Bundes ausgerechnet im Bereich der Bildungspolitik durch die Einrichtung von „Eliteuniversitäten" einen neuen Mischfinanzierungs- und Kompetenzverflechtungstatbestand nach Artikel 91b Grundgesetz zu schaffen. Dieser Vorschlag entstand ohne Abstimmung und zeitlich parallel mit der Arbeit der Föderalismuskommission.

Auf der politischen Verhandlungsebene wurde als Grund des Scheiterns der Föderalismusreform ihre thematische Beschränkung einerseits und die Ausweitung der behandelten Themen andererseits identifiziert. Hierbei finden wir eine doppelte Problematik. Erstens erscheint es wenig hilfreich, dass zentrale Aspekte wie der Länderfinanzausgleich und die Länderneugliederung von vorneherein nicht im Reformprozess zur Diskussion standen. Eine grundlegende Reform des Föderalismus sollte vor diesen – zugegebenermaßen politisch äußerst schwer zu lösenden – Problemen nicht kapitulieren. So ist auch formuliert worden, dass die Kommission nicht daran scheiterte, dass sie sich zuviel vorgenommen hatte, sondern daran, dass ihr Auftrag zu wenig umfangreich war.[146]

Die Ursache des Scheiterns in der zu kleinen Reichweite der geplanten Reform zu suchen, ist nicht unbestritten geblieben. Theoretisch ließe sich auch argumentieren, dass eine Reform des Föderalismus nur dann durch-

---

145 Vgl. z.B. Dokument 12 in: *Hrbek/Eppler (Hrsg.)*, 2003, S. 143-146.
146 Matthias Geis, in: Die Zeit, „Jeder für sich, keiner für alle", 22.12.2004, S. 4.

geführt werden kann, wenn diese nicht zu komplex und umfassend ist und die gewohnten Strukturen nicht zu stark verändert werden sollen. Der politikwissenschaftliche Fachbegriff für diese Art der Argumentation lautet „*Pfadabhängigkeit*". Das theoretische Konstrukt der Pfadabhängigkeit gehört zur Denkrichtung des Institutionalismus und beinhaltet die Prämisse, dass es äußerst schwierig ist, einmal etablierte Institutionen grundlegend zu verändern, weil die Institutionen die in ihnen agierenden Akteure prägen und das Interesse an Veränderung daher gering ist. Im Zusammenhang mit der Reform des Föderalismus hat unter anderem Gerhard Lehmbruch auf die Pfadabhängigkeit hingewiesen.[147] Verstärkt wird diese noch, wenn – wie in der Föderalismuskommission – bei den politischen Entscheidern, ihren Beratern und ihren fachlichen Zuarbeitern auf Beamtenebene einseitig der juristische Sachverstand dominiert.

Das zweite Problem liegt darin, dass gegen Ende ihres Arbeitsprozesses plötzlich neue Themen an die Kommission herangetragen wurden, die in der Debatte um die Reform des Grundgesetzes einerseits nichts verloren hatten, an deren Aufnahme aber andererseits die Zustimmung zum Reformpaket gekoppelt wurde. Das prominenteste Beispiel hierfür ist die Forderung der ostdeutschen Ministerpräsidenten, allen voran des thüringischen Ministerpräsidenten Dieter Althaus, den Solidarpakt im Grundgesetz festzuschreiben, der sich die CDU anschloss, während die SPD sowie Edmund Stoiber (CSU) diese Forderung strikt ablehnten.[148]

Den Grund des Scheiterns der Reform darin zu suchen, dass nicht über das Gesamtpaket der Vorschläge abgestimmt wurde, würde hingegen in eine Sackgasse führen. Die Kommission musste, wie erwähnt, ihre Entscheidungen nach dem Beschluss von Bundestag und Bundesrat mit einer Zweidrittelmehrheit treffen. Diese Mehrheit war nicht vorhanden.

Die Abstimmungssituation in der Föderalismuskommission ließe sich mit einem weiteren (zu verfeinernden) politikwissenschaftlichem Theorem fassen: Dem Vetospieler-Ansatz nach George Tsebelis.[149] Tsebelis argumentiert, dass die Wahrscheinlichkeit von Entscheidungsblockaden mit der Zahl der Entscheider, die ein Veto ausüben können wächst, mit der programmatisch-ideologischen Distanz der am Entscheidungsprozess beteilig-

---

147 *Lehmbruch*, 2002, vgl. zur Diskussion der Pfadabhängigkeit in der aktuellen Reformdebatte auch *Decker*, 2004b, *Jun*, 2004.
148 Süddeutsche Zeitung, „Neue Hürde für Reform Föderalismus-Kommission", 15.12.2004, S. 5, FAZ, „Solidarpakt nicht ins Grundgesetz", 16.12.2004, S. 4.
149 *Tsebelis*, 1990.

ten und mit der Kohäsion von Gruppen, die sich im Entscheidungsprozess bilden.

Formal schien die Zahl der Entscheider in der Föderalismuskommission nicht sehr hoch zu sein. Stimmberechtigt waren nur die Vertreter von Bundestag und Bundesrat. Es stellte sich aber zum einen heraus, dass beide „Bänke" nicht als Einheiten zu sehen waren, sondern die Bundestagsbank mehrere nach parteipolitischer Orientierung zu unterscheidende Entscheider produzierte und die Bundesratsbank aus 16 relativ autonom entscheidenden Ministerpräsidenten bestand. Hinzu kamen eine Reihe informeller Veto-Spieler, allen voran die Bundesregierung und die Fachbeamten, die der Politik zuarbeiteten. Die programmatisch-ideologische Distanz der Verhandler wurde – was vielleicht hilfreich gewesen wäre – in der Kommissionsarbeit nie offen und umfassend angesprochen, zeigte sich aber immer wieder an Konflikten um die Finanzverfassung, die Interpretation „gleichwertiger Lebensverhältnisse" oder hinsichtlich der demokratiesichernden Funktionen des Föderalismus. Der Versuch in „letzter Minute" mit der Benennung von Franz Müntefering (SPD) und Edmund Stoiber (CSU) die Gruppenkohäsion im Entscheidungsprozess zu konstituieren, scheiterte an der mangelnden Folgebereitschaft der jeweiligen parteipolitischen Lager, was aber auch Ausdruck der Tatsache ist, dass Parteipolitik nicht im entscheidenden Maße lagerbildend wirkte.

5.3 Ausblick

Unmittelbar nach dem Scheitern der Föderalismusreform in der Bundesstaatskommission haben Vertreter aller Parteien und aller politischen Ebenen dazu aufgerufen, einen erneuten Anlauf zur Reform des deutschen Föderalismus zu nehmen. Einige Akteure sprachen sich dafür aus, dies schnellstmöglich zu tun, andere vertraten die Ansicht, es sei besser bis nach der nächsten Bundestagswahl im Jahr 2006 zu warten. Zu denjenigen, die sich für eine rasche Rückkehr an den Verhandlungstisch ausgesprochen haben, gehören zum Beispiel der bayerische Ministerpräsident Edmund Stoiber, der SPD-Vorsitzende Franz Müntefering, Bundeskanzler Gerhard Schröder, Bundespräsident Horst Köhler, Bundestagspräsident Wolfgang Thierse, die Ministerpräsidenten Peer Steinbeck und Heide Simonis. Skeptisch bezüglich der Chancen eines schnellen Neuanfangs äußerten sich der baden-württembergische Ministerpräsident Teufel und eine Reihe weiterer

Ministerpräsidenten, wie zum Beispiel Roland Koch oder Christian Wulff.[150]

Die Initiative des Bundespräsidenten für eine Wiederaufnahme des Reformvorhabens, die dieser mittels öffentlicher Äußerungen sowie eines Gespräches mit Franz Müntefering und Edmund Stoiber angestoßen hat, zeigte bis zum Abschluss des Manuskripts keine große Wirkung. Zur Debatte stehen derzeit zwei unterschiedliche Herangehensweisen, um die Reformpläne wieder aufzugreifen. Die erste Möglichkeit wäre, das gesamte Verhandlungspaket noch einmal aufzuschnüren und gewissermaßen von vorne zu beginnen, um die Kompromissbereitschaft der politischen Akteure durch Zugeständnisse anderswo beim strittigen Thema der Bildungspolitik zu erhöhen. Die andere Variante wäre, die Punkte umzusetzen, über die bereits eine Einigung erzielt wurde, und lediglich die Bildungspolitik auszuklammern. Ein Erfolg dieser Variante erscheint allerdings nur wenig realistisch, da in diesem Fall keine „Tauschmasse" mehr für das Aushandeln eines Kompromisses zur Verfügung stünde.

Die politikwissenschaftliche Theoriebildung (Pfadabhängigkeit, Politikverflechtungsfalle, Multiple Streams, Vetospieler) legt nahe, zumindest parallel zu weiteren Verhandlungen, die gesellschaftliche Komponente des Reformprozesses zu stärken. Es scheint äußerst unwahrscheinlich, dass sich Politiker dauerhaft und mit entsprechendem Engagement auf das verminte Gelände der Föderalismusreform begeben, wenn sie sich bei Wahlen keine politischen Gewinne aus ihrer Arbeit versprechen können. Nur wenn die Föderalismusreform, wie dies ansatzweise bei dem Beginn der Kommissionsarbeit der Fall war, als wichtige und unabdingbare Reform auch in der Öffentlichkeit gesehen wird, sind diese Bedingungen gegeben. Insofern hat die Politik selbst jegliche umfassende Föderalismusreform systematisch untergraben, weil sie zuließ, dass die Arbeit der Kommission sich zu einer „Insider"-Veranstaltung entwickelte.

 Wiederholungsfragen und Vertiefungsaufgaben

- Nennen Sie die wichtigsten Probleme des deutschen Föderalismus.
- Erläutern Sie die Ursachen für das Scheitern der Reform.
- Wie argumentiert der Multiple Streams – Ansatz?

150 Financial Times Deutschland, „Bund will Verfassungsreform noch retten", 20.12.2004, S. 9.

Links zum Thema

- Kommission von Bundestag und Bundesrat zur Modernisierung der bundesstaatlichen Ordnung: http://www3.bundesrat.de/Site/Inhalt/DE/
- Institut für Föderalismus, Insbruck: www.foederalismus.at *(zahlreiche österreichische und internationale Links)*
- Österreich-Konvent:
  http://www.konvent.gv.at/portal/page?_pageid=905,81612&_dad=portal&_schema=PORTAL&P_INF2=1 *(umfassende Informationen)*

 Weiterführende Literatur

Benz, Arthur, Reformpromotoren oder Reformblockierer? Die Rolle der Parteien im Bundesstaat, in: Aus Politik und Zeitgeschichte, Jg. B29-30/03, 2003, S. 32-38.

Borchard, Michael/Margedant, Udo (Hrsg.), Föderalismusreform – Vor der Reform ist nach der Reform? Eine erste Bilanz der Arbeit der Bundesstaatskommission, Sankt Augustin: Konrad-Adenauer-Stiftung, 2004.

Bußjäger, Peter, Der Österreich-Konvent als Chance oder Inszenierung? – der Bundesstaat Österreich vor einem neuen Anlauf der Verfassungsreform, in: *Europäisches Zentrum für Föderalismus-Forschung Tübingen (Hrsg.)*, Jahrbuch des Föderalismus 2004, Baden-Baden: Nomos Verlagsgesellschaft, 2004, S. 248-263.

Darnstädt, Thomas, Das Prinzip Wettbewerb. Wie der Deutsche Föderalismus zu reformieren wäre, in: Der Spiegel, 19.5.2003, S. 52-65.

Decker, Frank, Föderalismus an der Wegscheide? Optionen und Perspektiven einer Reform der bundesstaatlichen Ordnung, Wiesbaden: VS Verlag für Sozialwissenschaften, 2004a.

Decker, Frank, Konturen des „neuen" Föderalismus aus Expertensicht: Eine Zwischenbilanz der Arbeit der Kommission zur Modernisierung der bundesstaatlichen Ordnung, in: Zeitschrift für Parlamentsfragen, Jg. 35, Nr. 3, 2004b, S. 540-558.

EuGH, Urteil des Gerichtshofes (Fünfte Kammer) vom 11. Dezember 1997 in der Rechtssache C-83/97: Kommission der Europäischen Gemeinschaften gegen Bundesrepublik Deutschland (Vertragsverletzung – Nichtumsetzung der Richtlinie 92/43/EWG), in: Amtsblatt der Europäischen Gemeinschaften, Jg. C 55, 1998, S. 6-7.

Fischer, Robert. Bayerische Naturschutzpolitik unter europäischen Vorgaben: Die Fauna-Flora-Habitat-Richtlinie der Europäischen Gemeinschaft auf dem bayerischen Weg der Implementation. Unveröffentlichte Magisterarbeit, Universität Erlangen-Nürnberg, 2000.

Fischer, Thomas/Große Hüttmann, Martin, Aktuelle Diskussionsbeiträge zur Reform des deutschen Föderalismus – Modelle, Leitbilder und die Chancen ihrer

Übertragbarkeit., in: *Europäisches Zentrum für Föderalismus-Forschung Tübingen (Hrsg.)*, Jahrbuch des Föderalismus 2001, Baden-Baden: Nomos Verlagsgesellschaft, 2001, S. 128-142.

Franz, Thorsten, Die Zukunft der deutschen Bundesstaatlichkeit: Verfassungsrechtliche Vorgaben für einen Systemwechsel, in: Zeitschrift für Parlamentsfragen, Jg. 35, Nr. 3, 2004, S. 409-427.

Hagelüken, Alexander, Naturschutzamt attackiert Länder, in: Süddeutsche Zeitung, 17.02.2000, 5.

Hickel, Rudolf, Vom kooperativen zum konkurrierenden Föderalismus?, in: Blätter für deutsche und internationale Politik, Jg. 50, Nr. 12, 2000, S. 1483-1493.

Hilz, Wolfram, Die Ambivalenz des Föderalismus – zwischen Dysfunktionalität und unverminderter Attraktivität, in: *Europäisches Zentrum für Föderalismus-Forschung Tübingen (Hrsg.)*, Jahrbuch des Föderalismus 2004, Baden-Baden: Nomos Verlagsgesellschaft, 2004, S. 36-48.

Hrbek, Rudolf, Der deutsche Föderalismus im Herbst 2003: Mängeldiagnose und Reformkonzepte – zur Einführung, in: *Hrbek, Rudolf/Eppler, Annegret (Hrsg.)*, Deutschland vor der Föderalismus-Reform. Eine Dokumentation, Europäisches Zentrum für Föderalismus-Forschung Tübingen, Occasional Papers, Nr. 28, 2003, S. 7-25.

Hrbek, Rudolf, Auf dem Weg zur Föderalismus-Reform: die Kommission zur Modernisierung der bundesstaatlichen Ordnung, in: *Europäisches Zentrum für Föderalismus-Forschung Tübingen (Hrsg.)*, Jahrbuch des Föderalismus 2004, Baden-Baden: Nomos Verlagsgesellschaft, 2004, S. 147-162.

Hrbek, Rudolf/Eppler, Annegret (Hrsg.), Deutschland vor der Föderalismus-Reform. Eine Dokumentation, Europäisches Zentrum für Föderalismus-Forschung Tübingen, Occasional Papers, Nr. 28, 2003.

Jun, Uwe, Reformoptionen der politischen Akteure im deutschen Föderalismus: Mehr Länderautonomie und mehr Wettbewerb als Ausweg aus der Politikverflechtungsfalle?, in: Zeitschrift für Parlamentsfragen, Jg. 35, Nr. 3, 2004, S. 559-580. *(Informative und interessante Analyse)*.

Lehmbruch, Gerhard, Pfadabhängigkeit und Wandel, in: *Benz, Arthur/Lehmbruch, Gerhard (Hrsg.)*, Föderalismus: Analysen in entwicklungsgeschichtlicher und vergleichender Perspektive (PVS-Sonderheft 32), Wiesbaden: Westdeutscher Verlag, 2002, S. 53-110.

Leonardy, Uwe, Die Neugliederung des Bundesgebietes: Auftrag des Grundgesetzes, in: *Jenkis, Helmut/Eckart, Karl (Hrsg.)*, Föderalismus in Deutschland, Berlin: Duncker & Humblot, 2001, S. 9-35.

Leonardy, Uwe (Hrsg.), Europäische Kompetenzabgrenzung als deutsches Verfassungspostulat: Dokumente zu Entstehung und Außenwirkung des Artikels 23 GG, Baden-Baden: Nomos Verlagsgesellschaft, 2002.

Lorenz, Astrid, Stabile Verfassungen? Konstitutionelle Reformen in Demokratien, in: Zeitschrift für Parlamentsfragen, Jg. 35, Nr. 3, 2004, S. 448-468.

Luthardt, Wolfgang, Abschied vom deutschen Konsensmodell? Zur Reform des Föderalismus, in: Aus Politik und Zeitgeschichte, Jg. B 13/99, 1999, S. 12-23.

Margedant, Udo, Die Föderalismusdiskussion in Deutschland, in: Aus Politik und Zeitgeschichte, Jg. B29-30/03, 2003, S. 6-13.

Menz, Lorenz, Föderalismus: Stärke oder Handicap deutscher Interessenvertretung in der EU? (I), in: *Hrbek, Rudolf (Hrsg.)*, Europapolitik und Bundesstaatsprinzip, Baden-Baden: Nomos Verlagsgesellschaft, 2000, S. 67-74.

Mielke, Siegfried/Reutter, Werner, Länderparlamentarismus in Deutschland – eine Bestandsaufnahme, in: *Mielke, Siegfried/Reutter, Werner (Hrsg.)*, Länderparlamentarismus in Deutschland, Wiesbaden: VS Verlag für Sozialwissenschaften, 2004, S. 19-51. *(Gute Einführung zu einem sehr empfehlenswerten Sammelband mit vielen Detailinformationen zu den Ländern).*

Rödiger-Vorwerk, Tanja, Die Fauna-Flora-Habitat-Richtlinie der Europäischen Union und ihre Umsetzung in nationales Recht: Analyse der Richtlinie und Anleitung zu ihrer Anwendung, Berlin: Verlag Erich Schmidt, 1998. *(Gute Analyse, die das Trauerspiel der Umsetzung der FFH-Richtlinie aufzeigt).*

Sachverständigenrat zur Begutachtung der gesamtwirtschaftlichen Entwicklung 2002, Jahresgutachten 2002/2003, Bundestagsdrucksache 15/100. *(Die Jahresgutachten des Sachverständigenrates sind empfehlenswert).*

Scharpf, Fritz W., Optionen des Föderalismus in Deutschland und Europa, Frankfurt am Main, New York: Campus Verlag, 1994.

Schmid, Josef, Die „neue" Bundesrepublik und der „alte" Föderalismus. Veränderte Rahmenbedingungen, institutioneller Wandel und fiskalische Persistenz, in: *Europäisches Zentrum für Föderalismus-Forschung Tübingen (Hrsg.)*, Jahrbuch des Föderalismus 2002, Baden-Baden: Nomos Verlagsgesellschaft, 2002, S. 211-223.

Schultze, Rainer-Olaf, Indirekte Entflechtung: Eine Strategie für die Föderalismusreform?, in: Zeitschrift für Parlamentsfragen, Jg. 31, Nr. 3, 2000, S. 681-698.

Schultze, Rainer-Olaf, Bundesstaaten unter Reformdruck: Kann Deutschland von Kanada lernen?, in: Zeitschrift für Staats- und Europawissenschaften, Jg. 2, Nr. 2, 2004, S. 191-211.

Strohmeier, Gerd, Der Bundesrat: Vertretung der Länder oder Instrument der Parteien?, in: Zeitschrift für Parlamentsfragen, Jg. 35, Nr. 4, 2004, S. 717-731.

Sturm, Roland, Föderalismus – ein „Schnäppchen"? – Zu den finanziellen Auswirkungen der Gewährung regionaler Rechte, in: *Europäisches Zentrum für Föderalismus-Forschung Tübingen (Hrsg.)*, Jahrbuch des Föderalismus 2003, Baden-Baden: Nomos Verlagsgesellschaft, 2003a, S. 66-78.

Sturm, Roland, Föderalismus in Deutschland, München: Bayerische Landeszentrale für politische Bildungsarbeit, 2003b.

Sturm, Roland, Zur Reform des Bundesrates, in: Aus Politik und Zeitgeschichte, Jg. B29-30/03, 2003c, S. 24-31.

Sturm, Roland, Bürgergesellschaft und Bundesstaat. Demokratietheoretische Begründung des Föderalismus und der Föderalismuskultur, Gütersloh, Berlin: Bertelsmann-Stiftung, 2004a.

Sturm, Roland, Demokratie stärken. Zu Zielen und Prinzipien der Föderalismusreform, in: Die Politische Meinung, Jg. 49, Nr. 1, 2004b, S. 29-32.

Sturm, Roland/Pehle, Heinrich, Das neue deutsche Regierungssystem. Die Europäisierung von Institutionen, Entscheidungsprozessen und Politikfeldern in der Bundesrepublik Deutschland, Wiesbaden: VS Verlag für Sozialwissenschaften, 2. Auflage, 2005.

Thaysen, Uwe, Der deutsche Föderalismus zwischen zwei Konventen, in: Aus Politik und Zeitgeschichte, Jg. B29-30/03, 2003, S. 14-23.

Thaysen, Uwe, Die Konventsbewegung zur Föderalismusreform in Deutschland: ein letztes Hurra der Landesparlamente zu Beginn des 21. Jahrhunderts?, in: *Europäisches Zentrum für Föderalismus-Forschung Tübingen (Hrsg.),* Jahrbuch des Föderalismus 2004, Baden-Baden: Nomos Verlagsgesellschaft, 2004a, S. 123-146. *(Plädoyer für die Konventsidee).*

Thaysen, Uwe, Die Konventsbewegung zur Föderalismusreform in Deutschland: ein letztes Hurra der Landesparlamente zu Beginn des 21. Jahrhunderts?, in: Zeitschrift für Parlamentsfragen, Jg. 35, Nr. 3, 2004b, S. 513-539.

Tsebelis, George, Nested Games. Rational Choice in Comparative Politics, Berkeley u.a.: University of California Press, 1990.

Wachendorfer-Schmidt, Ute, Der Föderalismus im vereinten Deutschland, in: *Gada, Roland/Wollmann, Helmut (Hrsg.),* Von der Bonner zur Berliner Republik: 10 Jahre Deutsche Einheit, Wiesbaden: Westdeutscher Verlag, 2000, S. 113-140.

Zahariades, Nikolaos, Ambiguity, Time, and Multiple Streams, in: *Sabatier, Paul A. (Hrsg.),* Theories of the Policy Process, Boulder (Col.): Westview Press, 1999, S. 73-93.

Zimmermann-Steinhart, Petra, Europas erfolgreiche Regionen. Handlungsspielräume im innovativen Wettbewerb, Baden-Baden: Nomos Verlagsgesellschaft, 2003.

6 Dezentralisierung – die Alternative zum Föderalismus in Europa?

In Europa sind – wie in der restlichen Welt – die weitaus meisten Staaten nicht föderal, sondern zentralstaatlich organisiert. Die Bundesrepublik Deutschland, Österreich, Belgien und die Schweiz bilden mit ihren föderalen Ordnungen Ausnahmen. Wir können jedoch parallel zur Kritik am föderalen politischen System in Deutschland in einigen traditionell zentralstaatlich organisierten Staaten Europas Dezentralisierungstendenzen feststellen. In diesen Staaten werden föderale Ordnungen zum Teil als Vorbild betrachtet.[151] Dennoch muss Dezentralisierung nicht zu einer föderalen Ordnung führen. Wir wollen uns beispielhaft mit den Dezentralisierungsprozessen einiger Zentralstaaten auseinander setzen, um den Unterschied zwischen dezentraler und föderaler Staatsorganisation noch einmal zu verdeutlichen. Um die Dezentralisierungsbestrebungen besser vergleichen zu können, erarbeiten wir zunächst mögliche Ursachen für Dezentralisierung. In einem zweiten Schritt erläutern wir Formen der Dezentralisierung, um schließlich die Entwicklung in einer Reihe von europäischen Staaten aufzuzeigen. Im Zentrum des Interesses steht die Gegenüberstellung von Ursachen und Formen politischer Dezentralisierung und nicht die detaillierte Analyse einzelner Dezentralisierungsprozesse. Diese können in Fallstudien nachgelesen werden.[152]

6.1 Ursachen beziehungsweise Auslöser von Dezentralisierung

In einigen europäischen Staaten können wir in den letzten beiden Jahrzehnten und vor allem in den letzten Jahren eine Tendenz zur Dezentralisierung betrachten. Zu diesen Staaten gehören Frankreich, Großbritannien,

---

151 Vgl. z.B. *Hilz*, 2004.
152 Für Großbritannien ist die Studie von Bogdanor (2001) besonders zu empfehlen. Für die anderen genannten Staaten bieten sich die Länderstudien in den Jahrbüchern des Föderalismus an: *Europäisches Zentrum für Föderalismus-Forschung Tübingen (Hrsg.)*, 2000, *Europäisches Zentrum für Föderalismus-Forschung Tübingen (Hrsg.)*, 2001, *Europäisches Zentrum für Föderalismus-Forschung Tübingen (Hrsg.)*, 2002, *Europäisches Zentrum für Föderalismus-Forschung Tübingen (Hrsg.)*, 2003, *Europäisches Zentrum für Föderalismus-Forschung Tübingen (Hrsg.)*, 2004.

Tschechien und Polen. Gemeinsam ist diesen Staaten, dass sich Dezentralisierung unter dem Stichwort Europäisierung diskutieren lässt. Diese Entwicklung erscheint angesichts dessen, dass die meisten EU-Mitgliedstaaten zentralstaatlich und eben nicht föderalstaatlich organisiert sind, zunächst unschlüssig. Schlüssig werden diese Zusammenhänge erst durch die Einbeziehung der folgenden beiden Gesichtspunkte: Erstens findet in den genannten Staaten keine Föderalisierung, sondern eine Dezentralisierung statt. Die Europäisierung[153] lässt sich vor allem auf die Strukturpolitik der Europäischen Union zurückführen. Die Zuteilung und Verwaltung von Strukturmitteln bezieht sich auf die regionale Ebene und erfordert dort zumindest administrative Strukturen.[154] Die Politik der Europäischen Kommission hat mit dazu beigetragen, dass diese Institutionen nach ihrer Einrichtung ein regionales Selbstbewusstsein sowie eine Wachstumsdynamik entwickelt haben.[155]

Europäisierung reicht jedoch als Erklärung für die Dezentralisierung der genannten Staaten nicht aus. Im Vereinigten Königreich beispielsweise ist sie als Reaktion auf nationalistische Bewegungen in Schottland und in einem geringeren Umfang in Wales sowie den Nordirlandkonflikt zu verstehen. Einen ähnlichen Prozess der Verstärkung regionaler Autonomie können wir in Spanien beobachten, wo die regionalen Gebietskörperschaften, die sogenannten Autonomen Gemeinschaften, aufgrund der unterschiedlich stark ausgeprägten regionalen Identitäten ebenfalls über unterschiedliche Kompetenzen verfügen. Dezentralisierung (und im Fall von Belgien Föderalisierung) erhält damit eine systemstabilisierende und friedenssichernde Funktion.

Unabhängig davon, ob die Triebkräfte für Dezentralisierung nationale Bewegungen, wahltaktische Gründe oder Anpassungen an die EU-Strukturpolitik waren, haben neu geschaffene regionale Institutionen die Tendenz, eine Eigendynamik zu entwickeln. Prägnante Beispiele hierfür sind

153 Unter Europäisierung werden Anpassungsprozesse an die Erfordernisse einer Mitgliedschaft in der Europäischen Union verstanden. Dieser Prozess ist dynamisch und betrifft langjährige Mitglieder der EU ebenso wie Beitrittskandidaten. Der Unterschied besteht im Wesentlichen darin, dass die rechtliche Anpassung der Beitrittskandidaten durch Beitrittsverhandlungen und die Verpflichtung, den gesamten Acquis Communautaire, den gemeinschaftlichen Vertragsrahmen, beim Beitritt oder nach einer zuvor ausgehandelten Übergangsfrist zu übernehmen, geschieht, während Europäisierung in den alten Mitgliedstaaten eine stärker prozedurale Optimierung darstellt. Zur Europäisierung des deutschen Regierungssystems vgl. *Sturm/Pehle*, 2005.
154 Zur Einführung in die EU-Strukturpolitik vgl. *Axt*, 2000.
155 Vgl. z.B. *Brusis*, 2002.

die Entwicklungen im spanischen und britischen Dezentralisierungsprozess.[156]

6.2 Formen der Dezentralisierung

Zunächst ist zu betonen, dass Dezentralisierung zwar zu einer Föderalisierung führen kann, dass aber eine solche Entwicklung keinesfalls zwangsläufig ist. Dezentralisierung lässt sich grundsätzlich unterteilen in administrative, exekutive und legislative Dezentralisierung.[157] Bei der administrativen Dezentralisierung werden Verwaltungsaufgaben dezentral erledigt, ohne dass die Zuständigkeit von der nationalen Ebene auf eine regionale Ebene übertragen würde. Konkreter bedeutet dies, dass die Verwaltungsaufgaben durch dezentral angesiedelte Abteilungen nationaler Ministerien erfüllt werden. Diese Form der Dezentralisierung wird daher auch als Dekonzentration bezeichnet.

Ein frühes Beispiel für Dekonzentration findet sich in Frankreich. Die 1789 beziehungsweise 1790 erfolgte Einrichtung der französischen Départements hat nichts mit Föderalismus oder Föderalisierung zu tun, sondern hatte die Schaffung einer modernen und effizienten Verwaltungsstruktur zum Ziel. Die neue Territorialstruktur mit einer starken Präsenz des Zentralstaats vor Ort sollte die auf dem Prinzip der Volkssouveränität aufbauende Zentralregierung gegen absolutistische Kräfte absichern. Der jakobinische Zentralismus ist somit sehr eng verknüpft mit der Garantie der Demokratie, da er gleichzeitig die Unteilbarkeit der Volkssouveränität und der französischen Nation betont. Das heißt Föderalismus wurde hier lange Zeit – und zum Teil noch heute – mit dem „Ancien Régime", der absolutistischen Monarchie, und eben nicht mit Demokratie verbunden.[158]

Auf allen kommunalen Ebenen Frankreichs wurden Vertreter des Staates, die sogenannten Präfekten, eingesetzt, die bis in die Achtzigerjahre des letzten Jahrhunderts neben ihrer Repräsentationsfunktion vor allem eine Kontrollfunktion inne hatten. Die Gebietskörperschaften unterlagen der Vorabkontrolle, der sogenannten „tutelle", des jeweiligen Präfekten.[159] Das heißt, die vom Volk gewählten Vertreter der kommunalen oder départementalen Ebene konnten sich nicht auf ein Recht der kommunalen Selbstverwaltung berufen, sondern mussten ihre Aktivitäten vom jeweils zustän-

---

156 *Sturm*, 2004: hier v.a. S. 193-198.
157 Vgl. *Sturm*, 2004.
158 *Neumann/Uterwedde*, 1997: S. 14f.
159 *Garsztecki*, 2001.

digen Präfekten genehmigen lassen. Die Verlagerung von Aufgaben zur eigenständigen Erledigung erfolgte hier also zunächst nicht auf vom Volk gewählte Institutionen, sondern auf von der Zentralregierung eingesetzte Vertreter der Regierung vor Ort.

Bei der exekutiven Dezentralisierung handelt es sich ebenfalls um eine dezentrale Erledigung von Verwaltungsaufgaben. Im Unterschied zur administrativen Dezentralisierung werden die Aufgaben in diesem Fall aber zur eigenständigen Erledigung auf die Gebietskörperschaften übertragen. Auch für diese Dezentralisierungsstufe finden sich zahlreiche Beispiele in den europäischen Staaten, unter anderem in Großbritannien oder Frankreich (siehe unten).

Die dritte Stufe der Dezentralisierung bildet die legislative Dezentralisierung. Sie beinhaltet die Übertragung von Gesetzgebungskompetenzen auf ein regionales Parlament. Im Unterschied zum Föderalismus liegt die allgemeine Zuständigkeitsvermutung jedoch nach wie vor beim nationalen Parlament, das heißt Gesetzgebungskompetenzen werden zwar vom nationalen Parlament auf regionale Parlamente übertragen, können aber zumindest theoretisch wieder zurückverlagert werden. Die neuen Kompetenzen der regionalen Ebene sind nicht verfassungsmäßig garantiert, sondern die Gesetzgebungskompetenzen werden quasi von nationalen Parlament auf ein subnationales delegiert. Im britischen Fall, wo auf Grund der Verfassungsdoktrin der Parlamentssouveränität de jure kein Parlament ein zeitlich späteres Parlament rechtlich binden kann, erhält dies eine besondere Bedeutung.

Im folgenden Abschnitt werden wir die Dezentralisierungsprozesse in Großbritannien, Frankreich, Tschechien und Polen skizzieren, um so die möglichen Ursachen für Dezentralisierung und die oben genannten Dezentralisierungsformen zu verdeutlichen. Wir haben uns dafür entschieden, die Fälle nacheinander zu behandeln, um den Überblick zu erleichtern. Damit die angestrebte vergleichende Perspektive nicht unberücksichtigt bleibt, findet sich am Ende des Abschnittes eine Synopse mit den wichtigsten Dezentralisierungselementen der hier untersuchten Staaten (vgl. Tabelle 29).

6.3 Dezentralisierungsprozesse in Europa

6.3.1 Vereinigtes Königreich

Ein wichtiges Merkmal der Dezentralisierung des Vereinigten Königreichs, der „Devolution" ist ihre zeitliche und qualitative Asymmetrie. Erstens finden Devolutionsprozesse nicht zeitgleich in allen britischen Regionen statt, und zweitens unterscheiden sich die jeweiligen Formen zum Teil erheblich. Dies lässt sich zunächst mit den Ursachen der Devolution erklären. Wie bereits oben angedeutet, ist die Devolution eine Reaktion der britischen Regierung auf die Anforderungen, die sich durch die Multinationalität des Vereinigten Königreichs ergeben. Da dieses nicht durch den gleichzeitigen und freiwilligen Zusammenschluss der beteiligten Nationen entstand, ist die Neigung, sich mit einer britischen Nationalität zu identifizieren, unterschiedlich stark ausgeprägt. Iren und Schotten identifizieren sich beispielsweise deutlich stärker mit ihren jeweiligen Nationalitäten als dies in Wales der Fall ist. Dies lässt sich durch den Zeitraum, der seit dem Verlust der jeweiligen Unabhängigkeit vergangen ist, sowie die historischen Umstände des Integrationsprozesses erklären. Wales wurde zum Beispiel bereits im 16. Jahrhundert durch Eroberung eingegliedert und konnte bis auf eine eigene Sprache keine nationalen Bezüge bewahren. Daher identifizieren sich die Waliser bisher noch weniger stark mit einer walisischen Nationalität als dies die Schotten oder Iren tun.[160]

Wie wir bereits bei den Ursachen für Dezentralisierung gesehen haben, ist der Auslöser für Devolution im Vereinigten Königreich nicht eine größere Verwaltungseffizienz oder die Suche nach bürgernäheren oder demokratischeren Regierungsformen, sondern das Bestreben, die Stabilität des politischen Systems zu garantieren. Die Funktion der Devolution ist damit abhängig von der Stärke der destabilisierenden Kräfte. Je stärker diese ausgeprägt sind, desto weitreichender muss die Devolution ausfallen. Dies ist als „Faustregel" und nicht als Automatismus zu verstehen. Eine Detailanalyse von Devolutionentscheidungen verweist auf zusätzliche Variablen, von denen hier nur die Wahrnehmung regionaler Forderungen durch die Zentralregierung in Abwägung mit anderen politischen Prioritäten genannt werden soll.[161] Einmal mehr gilt in diesem Zusammenhang das Prinzip „form follows function". Damit ist der Grundstein für die Asymmetrie des britischen Devolutionsprozesses gelegt.

160 Vgl. *Jeffery/Palmer*, 2000: S. 327.
161 Zu einer entsprechenden Detailanalyse vgl. *Sturm*, 1981: S. 151ff.

Die Devolution setzte zeitverschoben ein (vgl. Tabelle 26). Die erste Region, an die Aufgaben devolviert wurden, war Schottland. Hier wurde bereit im Jahr 1885 ein Schottlandminister innerhalb der britischen Regierung eingesetzt, dem die Einrichtung eines Scottish Office folgte. Dieses Ministerium hatte einen Querschnittscharakter, das heißt der zuständige Minister war dafür verantwortlich, die schottischen Belange in die britische Gesetzgebung einzubringen. Zunächst hatte der Schottlandminister jedoch nur wenige Kompetenzen und praktisch eine nachrangige Bedeutung. So erlangte er erst im Jahr 1926 Kabinettsrang, eine Verlagerung des Hauptsitzes des Scottish Office von London in die schottische Hauptstadt Edinburgh erfolgte im Jahr 1940. Bei dieser ersten Phase handelte es sich damit um administrative Devolution.

In Wales war das Potenzial regionaler Interessenwahrnehmung deutlich geringer ausgeprägt als dies in Schottland der Fall ist.[162] Daher ist es auch nicht verwunderlich, dass die administrative Devolution hier erst in den Sechzigerjahren des zwanzigsten Jahrhunderts erfolgte. Die Einrichtung des Welsh Office im Jahre 1964 ist vor allem dadurch zu erklären, dass die Labour Party im Wahlkampf versprochen hatte, ihre walisische Hochburg nicht schlechter zu behandeln als ihre schottische.[163]

Das Beispiel der Devolution in Nordirland zeigt, dass die Devolutionsformen nicht unbedingt in den Abstufungen, administrativ, exekutiv und legislativ durchgeführt werden und auch keinen unumkehrbaren Prozess darstellen müssen. Nordirland bildet allerdings insofern einen Sonderfall, als der Devolution die militärisch erzwungene Gründung des irischen Freistaats im Süden der Insel vorausging, in deren Folge für Nordirland der Weg der legislativen Devolution mit der Einrichtung des Stormont Parlaments im Jahre 1921 gewählt wurde.[164] Auf Grund der gewaltsamen Auseinandersetzungen und der unversöhnlichen Konfrontation der Konfliktparteien in Nordirland wurde die legislative Devolution nach 1972 jedoch immer wieder ausgesetzt.

Gemeinsam ist allen britischen Regionen, dass die Devolution mit der Übertragung administrativer Aufgaben einsetzte. Während die administrative Devolution in Schottland bis zum Beginn der Siebzigerjahre des zwanzigsten Jahrhunderts ausgebaut wurde, wurde schließlich auch begonnen, Wales Aufgaben zu übertragen. In den Siebzigerjahren erlitt der Devolu-

---

162 Vgl. für die unterschiedlich starken Nationalismen und deren Ursachen *Bogdanor*, 2001.
163 *Sturm*, 2004: S. 184.
164 *Ebd.*, S. 183.

tionsprozess ebenso wie in Nordirland auch in Schottland und Wales Rückschläge. Allerdings waren in den beiden letzteren Regionen nicht gewalttätige Auseinandersetzungen die Ursache, sondern das Scheitern der von der Regierung James Callaghan (Labour Party) 1997 angesetzten Devolutionsreferenden am Votum der Bürger, beziehungsweise im schottischen Fall, an dem vom Gesetzgeber geforderten Beteiligungsquorum.

Eine neue Dynamik erhielt der Dezentralisierungsprozess erst wieder Ende der Neunzigerjahre des Zwanzigsten Jahrhunderts nach der Regierungsübernahme durch die von Tony Blair geführte Labour-Regierung. Diese hatte ihren Hochburgen Schottland und Wales im Falle eines Wahlsieges mehr Kompetenzen versprochen. Damit wird der Ursachenkatalog für die Devolution in diesem Fall um den Faktor „Oppositionslogik" beziehungsweise „Einhaltung von Wahlversprechen" ergänzt. Die Labour-Partei hatte sich in Abgrenzung zu den regierenden Konservativen für die Devolution ausgesprochen, was ihr in Schottland und Wales besonders zugute kam. Nach der Regierungsübernahme im Jahr 1997 stand Labour damit unter Zugzwang, die gegebenen Versprechen auch einzuhalten. Zum ersten Mal seit Beginn des Devolutionsprozesses wurden nun zeitgleich Pläne für alle drei „keltischen" Regionen erarbeitet sowie Vorkehrungen für die Selbstregierung von London und englischer Regionen getroffen. Auch in dieser Etappe wurden Referenden in Schottland, Wales und Nordirland abgehalten, die in allen drei Fällen erfolgreich waren. Die Ergebnisse fielen in Nordirland (71,1 Prozent) und Schottland (74,3 Prozent) allerdings deutlicher aus als in Wales, wo die Zustimmung mit 50,3 Prozent sehr knapp war.

Die zeitliche Asymmetrie wurde mit der Devolution-Politik der Blair-Regierung zwar weitestgehend aufgehoben und die Devolution-Gesetze wurden erstmals in einen institutionellen und verfassungspolitischen Gesamtzusammenhang gebracht. Dies gilt jedoch nicht für die qualitative Asymmetrie, die nicht aufgehoben wurde: während in Schottland und Nordirland die Stufe der legislativen Devolution erreicht wurde, erhielt Wales lediglich exekutive Kompetenzen.

Bislang haben wir nur von Devolutionsprozessen hinsichtlich Wales, Schottlands und Nordirlands gesprochen und festgestellt, dass Devolution eine Reaktion auf das Streben nach nationaler Eigenständigkeit beziehungsweise einen Versuch regionaler Konfliktlösung darstellt. Nun besteht das Vereinigte Königreich aber nicht nur aus diesen drei Nationalitäten, sondern auch aus der englischen. Dass England bislang unerwähnt blieb, liegt daran, dass auf Grund des hohen Identifikationsgrades der englischen

Tabelle 26: Devolution im Vereinigten Königreich

Zeitraum	Triebkräfte	Ergebnis
Zweite Hälfte des 19. Jahrhunderts bis ca. 1921	Home Rule Bewegungen	– Legislative Devolution in Nordirland (1921-72): Stormont Parlament – Administrative Devolution in Schottland (seit 1885): Schottlandminister und Scottish Office
Zwischenkriegszeit und Nachkriegszeit (bis Anfang der Siebzigerjahre)	Gründung nationalistischer Parteien in Schottland und Wales, erste Wahlerfolge. Sprachenbewegung in Wales	– Ausbau der administrativen Devolution in Schottland. – Administrative Devolution in Wales
Siebzigerjahre	Bürgerkrieg in Nordirland Wahlerfolge nationalistischer Parteien in Schottland und Wales	– De facto Ende der legislativen Devolution in Nordirland – Devolution-Gesetzgebung für Schottland und Wales 1976 und 1977 zur Einführung der exekutiven Devolution in Wales und der legislativen Devolution in Schottland – Scheitern der Devolution-Referenden für Schottland und Wales 1979
Ende der Neunzigerjahre	Regierungswechsel, Einhaltung der Wahlversprechen durch die Labour-Regierung	– Erfolgreiche Devolution-Referenden in Schottland, Wales und Nordirland – Nordirland: legislative Devolution – Schottland: legislative Devolution – Wales: exekutive Devolution – England: administrative Devolution für Groß-London und Vorbereitung der regionalen Devolution in England.

Quelle: Sturm, 2004: 185, 193.

Tabelle 27: Föderalismus und Devolution im Vergleich

	Föderalismus	Devolution
Verfassungsrechtliche Qualität der Regionen	Staatsqualität	Verwaltungen
Kompetenzkompetenz	Bund und Länder	Westminster Parlament
Souveränitätsbegriff	Volkssouveränität	Parlamentssouveränität
Bestandsgarantie	auf „ewig"	keine
Finanzhoheit	Bund und Länder	Zuschüsse des Zentralstaats nach der Barnett-Formel* und Möglichkeit des schottischen Parlaments, die Einkommensteuer geringfügig nach oben oder unten zu variieren
Prinzip der Aufgabenverteilung	Subsidiarität	Delegation
Mitentscheidung bei der gesamtstaatlichen Gesetzgebung	Bundesrat	keine (eine Repräsentation der Regionen in einem reformierten Oberhaus wird diskutiert)
Vorwiegender Modus der Konfliktschlichtung beziehungsweise des Interessenausgleichs	verhandeln	verhandeln
Konfliktschlichtung bei Konfrontationen	zustimmungspflichtige Gesetze (Veto möglich); Organstreitigkeiten: BVerfG	Privy Council
Parteipolitische Interessenvermittlung	effizient	schwach, ad hoc

* Namensgeber: Lord Barnett (1974-79 als Joel Barnett, Chief Secretary of the Treasury = Minister für „Staatsausgaben" mit Kabinettsrang). Die Barnett-Formel garantiert Schottland, Wales und Nordirland ungebundene Finanzzuweisungen entsprechend der Finanzierung von für England beschlossener Programme. Eine besondere Gewichtung der regionalen Anteile führt bisher dazu, dass die pro-Kopf-Zuweisungen in Schottland, Wales und Nordirland höher sind als in England.

Quelle: Sturm, 2003: 137.

Bevölkerung mit der britischen Nationalität, die häufig mit der englischen gleichgesetzt wird, der Anreiz zur Devolution für England nicht in gleichem Maß vorhanden war.[165] Dies bedeutet jedoch keinesfalls, dass diese Frage nie thematisiert worden wäre. Das Gegenteil ist der Fall, bereits im späten neunzehnten Jahrhundert wurde über Möglichkeiten der Devolution für englische Regionen nachgedacht. Realität wurden diese Gedankenspiele allerdings nicht. Auch die Labour-Partei hat sich seit den Siebzigerjahren mit dieser Frage beschäftigt. Die Labour-Regierung unter Tony Blair sah die Prioritäten jedoch eindeutig in den anderen drei Regionen. Eine Ausnahme bildet hierbei der Großraum London. Hier werden nun eine Großlondoner Versammlung und ein Bürgermeister direkt gewählt, die allerdings über deutlich geringere Kompetenzen verfügen als die drei oben beschriebenen Regionalversammlungen. Den anderen acht englischen Regionen wurde „Devolution auf Nachfrage" angeboten. Das heißt die Regionalversammlungen werden nicht automatisch, sondern nach einer Zustimmung der Wähler zu entsprechenden Referenden eingerichtet. Zunächst wurde nur ein Referendum am 4. November 2004 in der Region North East durchgeführt, bei dem die Bürgerinnen und Bürger die Einrichtung einer regionalen Volksvertretung mit 77,93 Prozent der abgegebenen Stimmen bei einer Beteiligung von 47,7 Prozent deutlich ablehnten.[166] Tabelle 27 fasst die Unterschiede zwischen Devolution und Föderalismus am britischen Beispiel noch einmal detaillierter zusammen.

6.3.2 Frankreich

Während im Vereinigten Königreich die stärkste Triebkraft für die Dezentralisierung die Befriedung ethnisch-nationalistischer Konfliktherde war und sich die Devolution an der Stärke dieser Bestrebungen ausrichtete, ist der französische Fall grundlegend anders gelagert. Außer in Korsika finden sich in Frankreich kaum noch politisch brisante, historisch gewachsene regionale Identitäten und somit auch keine Bestrebungen nach Eigenständigkeit. Daher verliefen die Dezentralisierungsschritte hier bis vor kurzem auch weitestgehend symmetrisch.

Frankreich erlebte eine Reihe von vergeblichen Dezentralisierungsversuchen, bevor im Jahr 1982 die ersten Dezentralisierungsgesetze verabschiedet wurden. Das Scheitern früherer Bemühungen hängt in erster Linie mit der bereits oben erwähnten gedanklichen Verknüpfung von Demokra-

---

165 Vgl. *Jeffery/Palmer*, 2000: S. 326f.
166 The Guardian, „North-east's No to devolution", 5.11.2004, S. 7.

tie und Zentralismus in Frankreich zusammen. Die erste Stufe der Dezentralisierung, die im Jahr 1982, nach der Wahl des Sozialisten François Mitterrand zum französischen Präsidenten (1981) schließlich in Gang gesetzt wurde, beinhaltete die folgenden zentralen Elemente:

1. Die bereits in den 1950er-Jahren als Planungsinstrumente geschaffenen Regionen ohne Volksvertretung und ohne eigene Kompetenzen wurden in den Status einer Gebietskörperschaft erhoben. Für die regionale Versammlung (conseil régional) wurde die Direktwahl durch das Volk eingeführt.[167] Der Präsident derselben wurde zum regionalen Verwaltungschef.

2. Auf der Ebene des Départements wurde der Präfekt als Verwaltungschef durch den Präsidenten der Volksvertretung (conseil général) abgelöst. Damit ging die Verantwortung für die Verwaltung des Départements von der staatlichen Ebene auf die Gebietskörperschaft über.

3. Die „tutelle", die oben erwähnte staatliche Vorabkontrolle, wurde abgeschafft und durch eine nachträgliche Legalitätskontrolle ersetzt.

4. Es wurden eine Reihe von Kompetenzen auf die Gebietskörperschaften übertragen, begleitet durch einen Transfer von Finanzen.[168]

Das Verhältnis der Gebietskörperschaften zueinander änderte sich durch die Dezentralisierungsgesetze nicht. Hierbei ist beachtenswert, dass die drei französischen Gebietskörperschaften – Kommune, Département und Region – in einem gleichberechtigten Verhältnis zueinander stehen. Das heißt, keine Gebietskörperschaft ist einer anderen über- oder untergeordnet. Eine Bestandsgarantie durch die Verfassung hatten bis zum Jahr 2003 außerdem nur die Kommunen und die Départements.

Die Kompetenzverteilung verlief blockweise, nicht politikfeldorientiert und auch nur unvollständig.[169] Die zentrale Ebene behielt wesentliche Befugnisse und spielt in den Gebietskörperschaften, vertreten durch die jeweiligen Präfekten, weiterhin eine wichtige Rolle. Alle drei Gebietskörperschaften erhielten Kompetenzen in den Bereichen Stadtplanung, Raumordnung, Wohnungsbau, Verkehr, Bildungswesen, Umwelt und Kultur. Das heißt von einigen Ausnahmen abgesehen, verfügen in der Regel alle drei Gebietskörperschaften über Zuständigkeiten für alle genannten Politikfelder. Ausnahmen bilden die Berufsbildung, in der nur die Départements

---

167 Die Wahlen finden für alle Regionen gleichzeitig und nach dem gleichen Wahlsystem statt. Die ersten direkten Wahlen wurden im Jahr 1986 abgehalten.

168 Vgl. zur Dezentralisierungsgeschichte Frankreichs insbesondere *Neumann/Uterwedde*, 1997, *Uterwedde*, 2000.

169 *Neumann/Uterwedde*, 1997: S. 42.

und die Regionen zuständig sind, sowie die Infrastruktur und das Sozial- und Gesundheitswesen, wo der Region keine Kompetenzen zugewiesen wurden. Die ursprünglich festgelegte funktionale Kompetenzabgrenzung hat sich in der Praxis als nicht praktikabel erwiesen, so dass es de facto keine klare Kompetenzabgrenzung zwischen den französischen Gebietskörperschaften gibt. Diese unklare Kompetenzverteilung bereitet den Gebietskörperschaften, vor allem aber den Regionen als neueste politische Ebene, eine Reihe von Problemen.[170] Hierbei sind vor allem Schwierigkeiten in der beruflichen Bildung oder ein allgemein als schlecht eingestuftes Management von EU-Programmen zu nennen.

Die Dezentralisierungspolitik war in Frankreich stets umstritten, wobei die Konfliktlinien quer durch die Parteien verlaufen. Daher verwundert es auch nicht, dass die Entwicklung nicht kontinuierlich verlief und dass von den vierzig sogenannten Dezentralisierungsgesetzen und den mehr als 300 Ausführungsverordnungen, die zwischen 1982 und 2000 verabschiedet wurden,[171] längst nicht alle eine dezentralisierende Wirkung in exekutiver Hinsicht haben. Eine Reihe dieser Ausführungsverordnungen lassen sich deutlich in die Kategorie „administrative Dezentralisierung" beziehungsweise „déconcentration" einordnen, da sie eindeutig der Stärkung der Präfekten dienten. Dies trifft vor allem auf Maßnahmen der Regierung Edith Cresson (Sozialisten, Mai 1991 bis März 1992) und der Regierung Edouard Balladur (Konservative, März 1993 bis Mai 1995) zu.

Die intransparente Kompetenzverteilung und die dadurch entstehenden Reibungsverluste haben bis zur Regierungsübernahme des konservativen Premierministers Jean-Pierre Raffarin im Jahr 2002 nicht zu einer grundlegenden Reform der Dezentralisierung geführt. Sein Vorgänger, der sozialistische Regierungschef Lionel Jospin, hatte zwar eine Kommission zur Erarbeitung von Reformvorschlägen eingesetzt. Aufgrund parteiinterner Schwierigkeiten sowie der Misserfolge der Sozialisten bei der Präsidentschaftswahl und den Wahlen zur Nationalversammlung im Jahr 2002 blieben diese Vorschläge jedoch ohne Konsequenzen. Erst mit dem Regierungswechsel gewann die Dezentralisierung überraschend wieder an Dynamik. Zu erklären ist dies in erster Linie durch die Person des neuen Premierministers Raffarin, der vor der Übernahme dieses Amtes seit 1988 Regionalpräsident in Poitou-Charentes war. Raffarin legte nach der Über-

---

170 *Neumann/Uterwedde*, 1997: S. 47.
171 *Uterwedde*, 2000: S. 160.

nahme der Regierung hinsichtlich der Dezentralisierung ein erstaunliches Tempo vor: bereits am 3. Juli 2002 benannte er in seiner Regierungserklärung die Reform der bisherigen Dezentralisierung als eine der obersten Prioritäten. Bereits drei Monate später lag ein verfassungsändernder Gesetzentwurf vor, der noch im Jahr 2002 von der Nationalversammlung (Assemblée nationale) und der Zweiten Kammer des französischen Parlaments, dem Senat, verabschiedet wurde.[172]

Mit der Verfassungsänderung erhielt die Dezentralisierung in Frankreich eine neue Qualität. Erstens erhielt sie Verfassungsrang. Der erste Artikel der französischen Verfassung wurde durch den Zusatz ergänzt, dass die Organisation des Staates dezentral sei.[173] Der für die Dezentralisierung relevante Abschnitt XII der Verfassung enthält nun neun Artikel (72 – 75), in denen zum ersten Mal auch die Regionen und außerdem Gebietskörperschaften mit Partikularstatut, die durch Zusammenschlüsse von Départements oder durch andere Gebietsfusionen gebildet werden können, Verfassungsrang erhalten (Artikel 72).

Zweitens erhalten die Gebietskörperschaften ein verfasstes Recht auf eigene Einnahmequellen, die einen wesentlichen Anteil ihrer Gesamteinnahmen ausmachen müssen, sowie einen horizontalen Finanzausgleich. Weiterhin wurde in Artikel 72-2 das Konnexitätsprinzip implizit verankert: werden den Regionen Aufgaben übertragen, muss deren Finanzierung gesichert sein. Ebenfalls implizit formuliert wurde drittens das Subsidiaritätsprinzip. Dieses findet sich in Artikel 72, Absatz 2[174] und besagt, dass jede Gebietskörperschaft Entscheidungen in den Bereichen treffen soll, die am besten auf ihrer Ebene umgesetzt werden können.

Besonders erwähnenswert ist viertens die Einführung einer sogenannten Experimentierklausel (Artikel 72). Diese umfasst zwei Bereiche. Erstens ermöglicht sie den Regionalräten probeweise und zeitlich befristet, in bestimmten Bereichen von der nationalen Gesetzgebung abzuweichen. Zweitens können die Regionen ebenso befristet zusätzliche Kompetenzbe-

---

172 Zum Inkrafttreten der Verfassungsänderung war allerdings noch eine Abstimmung in einer gemeinsamen Sitzung der beiden Kammern, im sogenannten „Congrès" nötig. Diese fand am 17.03.2003 statt.

173 Artikel 1 der Französischen Verfassung: „Frankreich ist eine unteilbare, laizistische, demokratische und soziale Republik. Sie gewährleistet die Gleichheit aller Bürger vor dem Gesetz ohne Unterschied der Herkunft, Rasse oder Religion. Sie achtet jeden Glauben. Ihre Organisation ist dezentral." (Übersetzung durch d. Verf.). http://www.conseil-constitutionnel.fr/textes/constit.pdf, abgerufen am 11.07.2004.

174 Zum besseren Verständnis sei darauf hingewiesen, dass es sich hier tatsächlich nicht um den oben erwähnten Artikel 72-2 handelt, sondern um Absatz 2 des Artikels 72.

reiche erhalten. In beiden Fällen muss die Zustimmung des nationalen Parlaments vorliegen. Auch die Entscheidung, wie nach der Probephase verfahren wird, liegt beim Parlament. Die Experimentierklausel bildet damit ein Element legislativer Dezentralisierung.[175]

Nach der Verfassungsänderung sind die Pläne des Premierministers jedoch ins Stocken geraten. Dies hängt unter anderem damit zusammen, dass mit ihnen nicht nur Hoffnungen hinsichtlich effizienteren politischen Handelns verknüpft wurden, sondern dass die Pläne bereits vor der Veröffentlichung von Details Ängste und Proteste unter den lokalen Mandatsträgern und der Bevölkerung hervorgerufen haben. Hierzu gehört die Absicht, staatliche Dienststellen und Beamte, wie beispielsweise Lehrer, in die Zuständigkeit der Gebietskörperschaften zu verlagern. Ein sehr anschauliches Beispiel hierfür ist das Versprechen des damaligen Innenministers Nicolas Sarkozy gegenüber den Gewerkschaften, das Dezentralisierungsprojekt nicht vor Mitte September 2003 vorzulegen, um so das Abitur nicht durch Streiks zu gefährden.[176]

Ebenfalls in die Kategorie „verzögerte Dezentralisierung" fällt der Ausgestaltungsbereich der Gebietskörperschaften mit Partikularstatut. Die diesbezüglich anberaumten Referenden erzielten in keinem Fall die erwünschte Wirkung. Dies trifft in besonderem Maße auf Korsika zu. Für Korsika hatte bereits die Regierung Jospin ein Sonderstatut erarbeitet, dessen Umsetzung von der Regierung Raffarin aufgegriffen worden war.[177] Hier hätten die beiden Départements aufgelöst und eine Gebietskörperschaft mit Partikularstatut gebildet werden sollen. Das lehnte die korsische Bevölkerung in einem Referendum jedoch ab.[178]

Seit der Verfassungsänderung im Jahr 2003 wurden in Frankreich vier große Gesetze zur Dezentralisierung verabschiedet. Es handelt sich dabei um ein Gesetz, das die Experimentierklausel regelt, ein Gesetz zur Durchführung regionaler Referenden, ein Gesetz zur Finanzautonomie der Gebietskörperschaften sowie ein Gesetz, das die Kompetenzverteilung zwischen Staat und Gebietskörperschaften klären soll. Dieses Gesetz war besonders stark umstritten und wurde schließlich von Premierminister Raf-

---

175 Vgl. ausführlicher zur Verfassungsreform *Uterwedde*, 2003.
176 Libération, „Sarkozy se speede sur l'Education . . . et ralentit la décentralisation",
03.06.2003, www.liberations.fr/page.php?Article =115011&AG, abgerufen am
18.12.2003).
177 Vgl. ausführlicher zum Korsika-Problem *Uterwedde*, 2002.
178 Vgl. ausführlicher *Zimmermann-Steinhart*, 2004.

farin durch Anwendung des Verfahrens der „vote bloquée"[179] durchgesetzt. Es stärkt vor allem die Regionen wesentlich weniger als dies ursprünglich geplant war und legt einen stärkeren Fokus auf die Ebene der Départements. Hierfür finden sich zwei schlüssige Erklärungen. Die erste Erklärung hängt unmittelbar mit der Struktur der Zweiten Kammer des französischen Parlaments (Sénat) und den hier vorzufindenden politischen Mehrheiten zusammen. Im Sénat sind die Gemeinden und Départements im Vergleich zu den Regionen überproportional vertreten. Gleichzeitig (und auf Grund der Dominanz der lokalen Ebene) dominieren hier die konservativen Parteien. Das Interesse der Senatoren an einer Stärkung der regionalen Ebene ist damit bereits strukturell gering. Nach den Regionalwahlen im Jahr 2004, bei der die konservativen Parteien in fast allen Regionen ihre Mehrheiten verloren, wollte der konservative Sénat eine Stärkung der – nun sozialistisch regierten – Regionen darüber hinaus aus parteipolitischen Gründen verhindern und strich beispielsweise die Dominanz der Regionen im Politikfeld Wirtschaftsförderung.

Die zweite Erklärung bildet die intensive Lobbyarbeit der Vertretungen der Départements, der Generalräte, sowie der Bürgermeister im Parlament, aber auch auf der Regierungsebene. Damit wurde die Stärkung der Regionen auch in der zweiten Dezentralisierungsstufe vom gleichen Personenkreis behindert wie in den Achtzigerjahren des letzten Jahrhunderts.[180]

Die französische Dezentralisierungspolitik stößt in ihrer Umsetzung auf ein aus föderaler Sicht paradox erscheinendes, dem deutschen Föderalismus jedoch durchaus vertrautes, Phänomen. Einerseits wird der Ansatz der Bürgernähe (proximité) und der Dezentralisierung begrüßt, andererseits steht dem jedoch der starke Wunsch nach Gleichheit (égalité) gegenüber.[181] Dieses Paradox findet seinen Ausdruck sowohl in der Haltung der lokalen Politiker als auch in derjenigen der Bevölkerung. Beispiele hierfür sind die ablehnenden Reaktionen auf die sozialpolitischen Veränderungen, wobei angemerkt werden muss, dass sich der Protest vor allem gegen die parallel zur Dezentralisierung angestrebten Kürzungen von Leistungen richtet.[182]

---

179 Die „vote bloquée" ist ein Element des für Frankreich typischen rationalisierten Parlamentarismus, der es der Regierung ermöglicht, die parlamentarischen Freiheiten einzuschränken, um den Gesetzgebungsprozess zu beschleunigen. Setzt die Regierung dieses, in Artikel 49 (3) der französischen Verfassung verankerte Prinzip ein, gilt ein Gesetz als beschlossen, wenn nicht innerhalb von 24 Stunden ein Misstrauensantrag gegen die Regierung eingebracht und erfolgreich abgestimmt wird.
180 Vgl. hierzu auch *Perrin*, 2003.
181 Vgl. *Davezies*, 2003: S. 32.
182 Vgl. hierzu *Zimmermann-Steinhart*, 2004.

Dezentralisierung heißt nicht Föderalisierung. Dieser Satz gilt für Frankreich in besonderem Maße. Auch im Jahr 2003 und nach der Verabschiedung einiger der Konkretisierungsgesetze im Jahr 2004 bleibt Frankreich ein zentralistischer Staat. Wir finden in Frankreich nach wie vor keine vertikale, sondern eine horizontale Anordnung der Gebietskörperschaften. Die Idee, Kompetenzen an die Region abzugeben, die diese dann wiederum unter den Départements und Kommunen verteilen kann, wäre in diesem System völlig abwegig und steht ebenso wenig zur Debatte wie die Verlagerung der Kompetenz-Kompetenz an die Regionen. Es wurden zwar eine Reihe von Kompetenzen auf subnationale Gebietskörperschaften delegiert, aber die Kompetenz-Kompetenz bleibt beim Zentralstaat. Der Verzicht auf die Ausweitung der Kompetenzen der Regionen vor allem im für sie wichtigsten Bereich der regionalen Wirtschaftspolitik stellte einen eindeutigen Rückschritt dar. Die Stärkung der wirtschaftspolitischen Kompetenz der Regionen war einer der wenigen Bereiche der Dezentralisierung, die seitens der Bevölkerung nicht abgelehnt wurden. Insofern lässt sich der Positionswandel der Partei des Staatspräsidenten Jacques Chiracs nur mit damit erklären, dass die Regionen seit der Regionalwahl im März 2004 nicht mehr von den Konservativen, sondern erstmals von den Sozialisten dominiert werden und die neuen Regionalpräsidenten lautstark Kompetenzen eingefordert hatten, die ihnen die konservative Regierung nicht zugestehen möchte.[183] Das heißt, wir können hier eine parteipolitische Deformation des Dezentralisierungsprozesses beobachten.

6.3.3 Polen

Auch für Polen gilt, dass keinerlei Absicht besteht, die Dezentralisierung zur Föderalisierung auszubauen. Die Stellung und die Bedeutung der Zentralstaatlichkeit wird von politischen Praktikern immer wieder betont.[184] Dezentralisierung wird in Polen unter dem Stichwort „Selbstverwaltung" diskutiert und betrieben. Dies lässt bereits erste Schlüsse auf die Form der Dezentralisierung zu, die sich im Wesentlichen auf administrative und exekutive Dezentralisierung erstreckt. Legislative Dezentralisierung ist in Polen weder erfolgt noch beabsichtigt – vielmehr wird stets die Einheitlichkeit des Staates hervorgehoben.[185]

---

183 Vgl. *Van Eeckhout*, 2004.
184 Vgl. z.B. *Garsztecki*, 2001.
185 *Garsztecki*, 2003.

Die Dezentralisierung Polens begann im Jahr 1990 mit der Wiedereinführung der kommunalen Selbstverwaltung, die während der Zeit des kommunistischen Systems aufgehoben worden war. Im Jahr 1998 wurde ein Gesetz zur Einführung der regionalen Selbstverwaltung verabschiedet, das am 1. Januar 1999 in Kraft trat. Das Gesetz sieht eine dreistufige territoriale Gliederung in 16 Wojewodschaften, 308 Kreise sowie 65 Städte mit Kreisrecht und 2489 Gemeinden vor.[186] Die Motivation, die Selbstverwaltung wiedereinzuführen, erwuchs aus vier Gründen. Erstens sollte durch die Dezentralisierung die Effizienz der Verwaltung gesteigert werden. Zweitens wollte die Regierung mehr Bürgernähe demonstrieren. Die beiden weiteren Punkte sind eng mit dem Selbstverständnis der ehemaligen Systemopposition als selbstverwaltete, unabhängige Gewerkschaft verbunden. Es ging drittens darum, das Konzept der Arbeiterselbstverwaltung auf die gesellschaftliche Ebene zu übertragen und viertens darum die Demokratie durch die Förderung bürgerschaftlicher und zivilgesellschaftlicher Initiativen zu stärken.[187] Zu diesen innerstaatlich begründeten Ursachen für die Dezentralisierung kamen Anforderungen im Rahmen des geplanten EU-Beitritts hinzu. Um die Kopenhagener Kriterien[188] zu erfüllen, musste die polnische Verwaltung an die Anforderungen der EU angepasst werden. Dazu gehörte auch die Einrichtung von Verwaltungsstrukturen für Strukturfondsmittel sowie eine transparentere Gestaltung der Verwaltung insgesamt, die im Ruf der Korruption steht. Entsprechende Anpassungen fanden vor allem seit dem Jahr 2002 statt und bilden eine Reaktion auf die Kritik der Europäischen Kommission. Ebenso wie in Frankreich sind in Polen – im Gegensatz zu Großbritannien – nationale Minoritäten oder nationale Bewegungen keine wesentliche Motivation für die Dezentralisierungsentscheidung.

Der geographische Zuschnitt der 16 Wojewodschaften orientiert sich zwar an historischen Regionen, ist mit diesen jedoch nicht deckungsgleich.

---

186 *Bokajlo*, 2000: S. 343.
187 *Garsztecki*, 2004: S. 264.
188 Der Europäische Rat hat im Jahr 1993 bei seinem Treffen in Kopenhagen Kriterien aufgestellt, die alle Beitrittsländer erfüllen müssen. Es handelt sich hierbei um ein politisches Kriterium, das institutionelle Stabilität, eine demokratische und rechtsstaatliche Ordnung, die Wahrung der Menschenrechte sowie die Achtung und den Schutz von Minderheiten beinhaltet. Das zweite Kriterium umfasst Anforderungen wirtschaftlicher Art. Das heißt es wird eine funktionsfähige Marktwirtschaft sowie die Fähigkeit verlangt, dem Wettbewerb innerhalb des EU-Binnenmarkts gewachsen zu sein. Das dritte Kriterium, das sogenannte Acquis-Kriterium, verlangt die Übernahme des gemeinschaftlichen Regelwerks (acquis communautaire) (vgl. hierzu http://europa.eu.int/scadplus/leg/de/cig/g4000b.htm, abgerufen am 20.07.2004).

Dies führte dazu, dass ein regionales Bewusstsein in den Wojewodschaften zunächst nicht vorhanden war. Dieses sollte über die wirtschaftliche Entwicklung gestärkt werden, was zum Teil auch gelang.[189]

Für die Förderung im Rahmen des Ziel-1 der Europäischen Strukturpolitik ist die Existenz von Regionen der Kategorie NUTS-II[190] notwendig. Die polnischen Wojewodschaften sind die einzigen Regionen in den neuen EU-Mitgliedstaaten, deren Größe dieser Kategorie entsprechen. Dennoch werden sie als zu klein eingestuft, und es wird derzeit über die Zusammenlegung der 16 Wojewodschaften zu sechs oder sieben statistischen Regionen diskutiert.[191] Ob die Schaffung einer statistischen Ebene sinnvoll oder überhaupt durchsetzbar ist, erscheint angesichts des zusätzlichen Aufwands und der anhaltenden Regierungskrise in Polen allerdings fraglich.

Insgesamt erinnern die Dezentralisierungsmaßnahmen Polens stark an die erste Etappe der Dezentralisierung Frankreichs (vgl. Tabelle 28). Dies zeigt sich zum Beispiel im funktionalen Äquivalent zum Präfekten: in den polnischen Regionen, den Wojewodschaften, findet sich ebenso wie in Frankreich eine Doppelstruktur in der Verwaltung: die regionale Verwaltung und dekonzentrierte Verwaltungsstrukturen des Zentralstaates bestehen nebeneinander. Das Funktionsäquivalent des französischen Präfekten, der „Wojewode", ist der Vertreter der polnischen Regierung in der Region, der unter anderem das Recht hat, Entscheidungen der Wojewodschaftsversammlung auszusetzen und eine Überprüfung der Entscheidungen auf Verfassungsmäßigkeit in Gang zu setzen.[192]

Weitere Beispiele für die Ähnlichkeiten zwischen dem Dezentralisierungsmodell Polens und dem Frankreichs vor der Verfassungsänderung im Jahr 2003 liegen in der gleichberechtigten Stellung der Gebietskörperschaften zueinander, in der intransparenten Kompetenzverteilung[193] zwi-

189 *Garsztecki*, 2001: S. 318.
190 NUTS (Nomenclature des unités territoriales statistiques) ist die Nomenklatur der statistischen Gebietseinheiten, die vom europäischen Statistischen Amt Eurostat erstellt wurde, um ein einheitliches und zusammenhängendes Schema der Gebietseinteilung zu schaffen. Es wird seit 1988 im Zusammenhang mit den Strukturfonds im Gemeinschaftsrecht verwendet. Die Förderfähigkeit bestimmter Gebiete für Ziel 1 wird hauptsächlich anhand der Gebietseinteilung auf der Ebene NUTS 2 festgelegt, die Förderfähigkeit für Ziel 2 dagegen vor allem mit Bezug auf die Gebietseinteilung der Ebene NUTS 3. http://www.europa.eu.int/comm/regional_policy/funds/prord/guide/gu111_de.htm, abgerufen am 20.07.2004. Karten der NUTS-Regionen können abgerufen werden unter http://europa.eu.int/comm/eurostat/ramon/nuts/overview_maps_en.cfm?list=nuts.
191 *Garsztecki*, 2004.
192 *Bokajlo*, 2000: S. 347.
193 Vgl. *Brusis*, 2002: S. 544.

Tabelle 28: Dezentralisierung Frankreichs und Polens

Dezentralisierung	Frankreich	Polen
Ziel der Dezentralisierung	Effizientere Verwaltung 2003: mehr Bürgernähe	Effizientere Verwaltung
Ursachen der Dezentralisierung	Europäisierung, Modernisierung und Effizienzsteigerung	Europäisierung, Modernisierung und Effizienzsteigerung
Form der Dezentralisierung	Bis 1982: administrative Dezentralisierung (Déconcentration) Ab 1982: administrative und exekutive Dezentralisierung 2003: z.T. legislative Dezentralisierung mit asymmetrischer Wirkung	Seit 1990 administrative Dezentralisierung (kommunale Ebene) Seit 1999 administrative und exekutive Dezentralisierung (regionale Ebene)
Verhältnis Staats- und Selbstverwaltung	Doppelstruktur: Präfekt in jeder Gebietskörperschaft	Doppelstruktur: Auf der regionalen Ebene: Wojewode, dem Innenminister unterstehend
Funktion der Regionen	Bis 1982: Planungsinstrumente des Staates	Planungsinstrumente des Staates
Planverträge zwischen Staat und Regionalversammlung	Contrats de Plan, werden zwischen Regionalpräsidenten und Regionalpräfekten verhandelt	Wojewodschaftskontrakte, werden direkt zwischen Regierung und Wojewodschaft ohne Beteiligung des Wojewoden verhandelt
Stellung der Gebietskörperschaften zueinander	Gleichberechtigtes Nebeneinander, keine Weisungsbefugnis einer Gebietskörperschaft über eine andere	Gleichberechtigtes Nebeneinander, keine Weisungsbefugnis einer Gebietskörperschaft über eine andere

Quelle: eigene Zusammenstellung

schen den Gebietskörperschaften sowie in der fehlenden Gesetzgebungskompetenz der Wojewodschaften. Eine weitere Gemeinsamkeit bildet das Vorhandensein von für Frankreich typischen Planverträgen zwischen Staat und Region. In den Planverträgen vereinbaren die Regierung und die Region für den Zeitraum von mehreren Jahren Ziele hinsichtlich der regionalen Entwicklung. Beide Vertragspartner verpflichten sich hierbei darauf, diese Ziele prioritär zu behandeln, was sich vor allem in der Mittelbereitstellung auswirkt. In Polen ist im Gegensatz zu Frankreich der Wojewode allerdings nicht der Verhandlungspartner der Region, sondern diese verhandelt direkt mit der Regierung in Warschau, der Wojewode wird also umgangen. Der Abschluss von Planverträgen zwischen Regierung und Region bringt eine zentrale Funktion der Einrichtung von Regionen zum Ausdruck. Diese werden als Planungsinstrumente der Zentralregierung angesehen.[194] Dennoch finden sich in Polen, ebenso wie auch in Frankreich, direkt gewählte Regionalvertretungen, deren Mandatszeit in Polen vier Jahre beträgt.

6.3.4 Tschechische Republik

In der Tschechischen Republik finden wir eine ähnliche Ausgangslage wie in Polen: die Dezentralisierung verlief parallel zur Systemtransformation und überlagerte sich mit den Beitrittsverhandlungen mit der Europäischen Union, die inzwischen zum EU-Beitritt geführt haben.[195] Auch in Tschechien finden wir eine geteilte Motivation für die Dezentralisierung. Erstens war auch hier die Steigerung der Effizienz staatlichen Wirkens handlungsleitend, wobei Dezentralisierung als Mittel der Regionalpolitik verstanden wurde[196] und insofern wiederum Ähnlichkeiten mit der Schaffung von Planungsregionen im Frankreich der Fünfzigerjahre aufweist. Zweitens wurde Dezentralisierung als Weg zu einer Demokratisierung und einer Stabilisierung der jungen Demokratie gesehen.[197] Drittens ging es auch hier darum, den Anforderungen des Acquis Communautaire zu genügen. Erschwerend für den Dezentralisierungsprozess wirkte sich jedoch die Einstellung der Regierung Václav Klaus aus, welche ökonomische Reformen als prioritär einstufte, ihre Macht nicht ohne weiteres mit anderen Akteursebenen teilen wollte und die Legitimität von politischen Institutio-

---

194 *Garsztecki*, 2003.
195 Vgl. zu Tschechien insbesondere *Illner*, 2002.
196 *Brizova/Maryska*, 2001: S. 319.
197 *Weiss*, 2001, *Weiss*, 2003.

nen, die zwischen dem Bürger und der nationalen Ebene liegen, in Frage stellte.[198] Dies führte dazu, dass die Dezentralisierung auf regionaler Ebene erst nach dem Regierungswechsel 1996 neue Dynamik gewann und faktisch erst im Jahr 2000 umgesetzt wurde, während – ähnlich wie in Polen – die kommunale Selbstverwaltung bereits im Jahr 1990 wieder eingeführt wurde. Damit unterliegt in Tschechien die Dezentralisierung – ähnlich wie in Großbritannien – einer gewissen Oppositionslogik. Die Sozialdemokraten hatten in ihrer Oppositionszeit Dezentralisierung angemahnt und versprochen. Dadurch kamen sie nicht umhin, nach der Regierungsübernahme diesbezügliche Schritte einzuleiten.

Im Jahr 2000 wurden in den 14 neu geschaffenen Regionen, die in Tschechien als Kreise (kraje) bezeichnet werden, erstmals Vertretungen direkt gewählt. Diese können im Unterschied zu den Regionalvertretungen Polens oder Frankreichs Gesetzesinitiativen in das Abgeordnetenhaus einbringen.[199]

Nach der Einrichtung der Kreise im Jahr 1997 bestand in Tschechien ein Verwaltungsaufbau, der von 14 Kreisen, 76 Bezirken und einer nicht stabilen Anzahl von Gemeinden gebildet wurde.[200] Das Gesetz sah außerdem vor, dass die mittlere Ebene, die im Grunde keine Selbstverwaltungsebene darstellte, sondern eine rein staatliche Verwaltungsebene, abgeschafft werden sollte, was mit Wirkung zum 1. Januar 2003 durch die Auflösung der Bezirksämter erfolgte. Die Aufgaben der Bezirksämter wurden umverteilt.

Ein Teil der Aufgaben ging an 205 Gemeinden mit erweitertem Wirkungskreis, ein weiterer an die Kreise und ein dritter Teil an die Staatsverwaltung. So wurde zum Beispiel die Gemeindeaufsicht auf die Kreise und das Innenministerium übertragen, wobei die Kreise jedoch nicht in die Selbstverwaltungsaufgaben der Gemeinden eingreifen dürfen. Im Gegensatz zu Polen wurde in Tschechien damit ein quasi hierarchisches Verhältnis der gebietskörperschaftlichen Ebenen geschaffen. Nicht nur die Gemeinden, auch die Kreise werden im tschechischen Kontext als Selbstverwaltungseinheiten mit von der staatlichen Ebene übertragenen Befug-

198 *Brusis*, 2002: S. 547.
199 Gesetz Nr. 129-2000, §35, Absatz 2, Gesetz über die Kreise (Kreisordnung).
200 Die kommunistische Regierung hatte die Zahl der Gemeinden drastisch reduziert: 1960 hatte es noch 10712 Gemeinden gegeben, im Jahr 1990 waren es nur noch 4158. Die Wiedereinführung der kommunalen Selbstverwaltung im Jahr 1990 führte schnell zur Auflösung der Gemeindezusammenschlüsse, so dass im Jahr 1993 circa 6300 Gemeinden, im Jahr 1998 6242 Gemeinden gezählt werden konnten. Inzwischen gibt es Bestrebungen, die Gemeinden im Rahmen einer Gemeindereform zu freiwilligen Zusammenschlüssen zu bewegen (vgl. *Hrich/Larischova*, 2000: S. 359).

nissen betrachtet. Somit ist die tschechische Dezentralisierung zunächst als administrativ zu bezeichnen. Da die Kreise jedoch auch Aufgaben zur eigenständigen Erledigung sowie eigenes Eigentum erhalten haben, finden sich auch exekutive Elemente.

Die Kreise umfassen mehrere ehemalige Bezirke und berücksichtigen insofern deren administrativen Grenzen.[201] Nicht berücksichtigt werden durch diese Einteilung die historischen Grenzen zwischen Böhmen und Mähren, was zu Unzufriedenheiten und dem Wunsch einer Reihe von Gemeinden führte, die Kreiszugehörigkeit zu wechseln. Inzwischen liegt ein entsprechender Gesetzesentwurf vor, der sich im parlamentarischen Prozess befindet und bislang nicht abgeschlossen wurde, so dass ein Wechsel der Gemeinden bislang nicht erfolgt ist.[202] Ein weiterer Aspekt, der Kritik hervorgerufen hatte, war die Bezeichnung der Kreise nach ihrem Verwaltungssitz. Dies hat inzwischen in vier Kreisen zu einer Umbenennung geführt, um historische Bezüge oder den Charakter der Regionen zu verdeutlichen.[203]

Insgesamt lässt sich feststellen, dass sich die Dezentralisierung in Tschechien schwierig und zäh gestaltet. Sie bildet einen top-down Prozess, während der bottom-up Prozess erst im Entstehen begriffen ist.[204] Dies ist einerseits damit zu erklären, dass dieses Thema nach wie vor hochpolitisiert ist und von der Opposition (ODS) massiv abgelehnt wird. Andererseits stehen die regierenden Sozialdemokraten in dem Ruf, die Dezentralisierung verlangsamt zu haben, seit sie bei den ersten Regionalwahlen im Jahr 2000 nicht den erhofften Erfolg erzielt, sondern eine Niederlage erlitten haben.[205] Auch diesbezüglich lassen sich Ähnlichkeiten zum französischen Beispiel feststellen. Dort hatten die regierenden Sozialisten bei der ersten Regionalwahl im Jahr 1986 und die konservative Regierung im Jahr 2003 nach der Verabschiedung weiterer Dezentralisierungsgesetze ein ähnliches Schicksal erlitten.

Um beim Vergleich mit Frankreich zu bleiben, ist anzumerken, dass auch in Tschechien die Kompetenzverteilung zwischen Gemeinden, Kreisen und der staatlichen Ebene zunächst unklar war. Seit dem Jahr 2000 gibt es zwar ein Gesetz, das die Aufgabenverteilung regeln soll, in der Praxis jedoch noch Konkretisierungen erfordert, was sich in einer bereits erfolg-

201 *Hrich/Larischova*, 2000: S. 362.
202 *Weiss*, 2003: S. 306.
203 *Brizova*, 2002: S. 414.
204 *Weiss*, 2001.
205 *Weiss*, 2003.

ten Novellierung im Jahr 2002 zeigt. Dieses Gesetz stößt in seiner Umsetzung immer wieder auf Hürden, die unter anderem von den Ministerien zum eigenen Kompetenzerhalt aufgestellt werden. Für Tschechien lässt sich feststellen, dass die Verfassungswirklichkeit noch nicht dem Verfassungstext entspricht und die Dezentralisierungsgesetze nur sehr schleppend umgesetzt werden.[206]

Auch hinsichtlich des Anspruches, die Verwaltung effizienter zu gestalten, verläuft die Dezentralisierung nicht optimal. Die vierzehn kraje sind zu klein, um als NUTS-II Regionen gelten zu können. Damit erfüllen sie die, für die Beantragung von Mitteln aus den EU-Strukturfonds (Ziel-1) aufgestellten, Kriterien nicht. Bereits 1998 wurden acht NUTS-II Regionen eingerichtet, die jedoch rein statistischer Natur sind und zum Teil mehrere Kreise umfassen. Für diese Ebene wurden regionale Räte geschaffen, denen die Verwaltung der Fördermittel obliegt. Damit hat Tschechien zwar die formalen Anforderung erfüllt. Durch die Einrichtung dieser zusätzlichen Verwaltungsstrukturen leidet jedoch die Effizienz, da zusätzliche Ressourcen und Abstimmungsprozesse notwendig sind.[207]

6.4 Fazit

Die vier diskutierten Fälle der Dezentralisierung in europäischen Nachbarländern zeigen, dass hinsichtlich der Ursachen und der Ausgestaltung zwischen den untersuchten Staaten sowohl Unterschiede als auch Gemeinsamkeiten bestehen. Das Vereinigte Königreich bildet unter den vier Staaten insofern eine Ausnahme, als es sich um den einzigen Staat handelt, in dem Dezentralisierung überwiegend aus Gründen der politischen Integration des Landes stattfindet, während die Motivation in den anderen drei Staaten vorwiegend in einer Effizienzsteigerung und Modernisierung der Verwaltung einerseits sowie in einem verbesserten Zugriff auf EU-Strukturfondsmittel andererseits liegt. Dementsprechend lassen sich auch in der Ausgestaltung der Dezentralisierung Unterschiede erkennen. Großbritannien ist unter unseren Beispielen der einzige Staat mit einer asymmetrisch verlaufenden Dezentralisierung, während deren Ausgestaltung in den anderen drei Staaten symmetrisch ist. Frankreich hat eine längere Dezentralisierungstradition als die beiden mittel- und osteuropäischen Staaten und befindet sich in einer fortgeschritteneren Dezentralisierungsstufe. Da auch

206 Vgl. *Weiss*, 2003.
207 *Hrich/Larischova*, 2000.

im Vereinigten Königreich die Dezentralisierung eher voran schreitet als zurückgefahren wird, lässt sich als These formulieren, dass Dezentralisierung eine gewisse Eigendynamik entwickelt, deren Geschwindigkeit und Ziel jedoch ungewiss ist. Diese These lässt sich bislang allerdings weder bestätigen noch widerlegen. Die von uns beschriebenen Beispiele legen nahe, dass nicht nur Regierungswechsel, sondern auch veränderte Mehrheiten auf subnationaler Ebene Auswirkungen auf die Dezentralisierungsmotivation der Zentralregierung haben können. Am französischen Beispiel wird dies besonders deutlich, während im britischen Fall noch abzuwarten bleibt, wie sich die Devolution entwickelt, wenn die Regierung in London und die Mehrheiten in den regionalen Parlamenten nicht mehr derselben Partei angehören.

Unsere vier Beispiele haben deutlich gemacht, dass die europäischen Dezentralisierungstendenzen zwar eine Erweiterung regionaler Kompetenzen mit sich bringen. Die Anforderungen an föderale Ordnungen werden jedoch in keinem Fall erreicht und auch nicht angestrebt. In der wissenschaftlichen und politischen Diskussion ist die Unterscheidung zwischen Dezentralisierung und Föderalismus aus den dargelegten Gründen unbedingt zu beachten. Dezentralisierung ist keine logische Vorstufe des Föderalismus. Auch wenn die substaatliche politische Ebene heute in vielen Ländern an Gewicht gewinnt, ist dies kein Indiz für den ungebremsten Siegeszug des Föderalismus. Wo wir Föderalismus vorfinden, ist dieser, wie gerade das deutsche Beispiel zeigt, in seiner Substanz vor Bedrohungen nicht sicher. Und um die eingangs gestellte Frage nach der Alternative Dezentralisierung oder Föderalismus zu beantworten, lässt sich sagen: Die Zahl der Föderalstaaten in Europa wird auf absehbare Zeit nicht dramatisch anwachsen. Die Zukunft Europas ist überwiegend dezentral.

Tabelle 29: Dezentralisierung in europäischen Staaten

Staat	Beginn der Dezentralisierung	Ursache	Art der Dezentralisierung	Form der Dezentralisierung
Vereinigtes Königreich	1885 1921 1997	Stabilitätssicherung Einhaltung von Wahlversprechen	Asymmetrisch	Exekutiv: Wales* Legislativ: Schottland Administrativ: Nordirland** England (Groß-London)
Frankreich	1982	Effizienzsteigerung Wahlversprechen der Sozialisten	Symmetrisch	Administrativ und exekutiv
	2002	Europäisierung Ineffizienzen des bestehenden Systems	Symmetrisch, aber mit asymmetrischen Konsequenzen	Exekutiv und bedingt legislativ
Polen	1990 (kommunale Ebene) 1998 (regionale Ebene)	Effizienzsteigerung Europäisierung	Symmetrisch	Administrativ und exekutiv Verfassungstext und Verfassungswirklichkeit sind (noch) nicht kongruent
Tschechien	1990 (kommunale Ebene) 1997 (2000) (regionale Ebene)	Effizienzsteigerung Demokratisierung Wahlversprechen Europäisierung	Symmetrisch	Administrativ und exekutiv*** Verfassungstext und Verfassungswirklichkeit sind (noch) nicht kongruent

*	In Wales wird der Übergang zur legislativen Devolution gefordert und soll nach der Wahl 2005 umgesetzt werden.
**	administrativ (direct rule), wegen ungelöster politischer Konflikte; legislativ de jure vorbereitet und das Ziel.
***	In Tschechien besteht die Besonderheit, dass die regionalen Vertretungen Gesetzesinitiativen in das Abgeordnetenhaus einbringen können und dies auch nutzen.

Quelle: eigene Zusammenstellung.

Wiederholungsfragen und Vertiefungsaufgaben

- Nennen sie die unterschiedlichen Formen von Dezentralisierung.
- Nennen Sie die zentralen Merkmale von Dezentralisierung.
- Was waren die Ursachen der Dezentralisierung in den hier behandelten Staaten?

 Links zum Thema

Frankreich:
- http://www.premier-ministre.gouv.fr *(in der französischen Version finden sich unter der Rubrik „aménagement du territoire" Hinweise zur Dezentralisierungspolitik. Die deutschsprachige Seite ist weniger umfassend)*
- http://www.interieur.gouv.fr/rubriques/c/c6_collectivites_locales *(Allgemeine Informationen zur Staatsorganisation)*
- http://www.interieur.gouv.fr/rubriques/c/rubriques/c/c8_decentralisation/c80_edito/index_html *(Informationen des französischen Innenministeriums zur Dezentralisierung)*
- http://www.idecentralisation.asso.fr/Default.htm *(Institut de la Décentralisation)*
- http://www.insee.fr/fr/region/accueil_region.htm *(Institut national de la statistique et des études économiques, hier finden sich Links zu statistischen Daten der französischen Regionen, innerhalb der einzelnen regionalen Seiten finden sich Links zu Institutionen der Regionen)*

UK-weit:
- www.dca.gov.uk *(Ministerium für Verfassungsfragen, zuständig für den Gesamtkontext der Dezentralisierung)*
- www.odpm.gov.uk *(Ministerium des Stellvertretenden Premierministers; zuständig für die englischen Regionen)*
- www.scotlandoffice.gov.uk *(Schottland-Ministerium; gehört organisationsrechtlich zum DCA)*
- www.walesoffice.gov.uk *(Wales-Ministerium; gehört organisationsrechtlich zum DCA)*
- www.nio.gov.uk *(Nordirland-Ministerium)*
- www.devolution.ac.uk *(Wichtigstes Forschungsprogramm in UK zu Devolution)*

Schottland

- www.scotland.gov.uk *(Schottische Regierung)*
- www.scottish.parliament.uk *(Schottisches Parlament)*
- www.cosla.gov.uk *(Vereinigung der Schottischen Kommunalverwaltungen)*

Wales

www.wales.gov.uk *(Walisisches Parlament und Regierung)*
www.wlga.gov.uk *(Vereinigung der Walisischen Kommunalverwaltungen)*

Nordirland

- www.northernireland.gov.uk *(Nordirische Regierung; seit 14. Oktober 2002 ausgesetzt > Direktregierung durch Nordirland-Minister, s.o.)*
- www.niassembly.gov.uk *(Nordirische Versammlung; seit 14. Oktober 2002 ausgesetzt)*

England

- www.london.gov.uk/assembly/index.jsp *(Stadtrat von („Groß"-)London)*
- www.englandsrdas.com *(Sammelseite der Entwicklungsagenturen für die neun englischen Regionen: Südost, Südwest, London, Mittelost, Mittelwest, Ost, Nordwest, Nordost, Yorkshire; Links auf die jeweiligen Einzelseiten)*

 Weiterführende Literatur

Axt, Heinz-Jürgen, EU-Strukturpolitik: Einführung in die Politik des wirtschaftlichen und sozialen Zusammenhalts, Opladen: Leske + Budrich, 2000. *(Übersichtliche und informative Einführung).*

Bogdanor, Vernon, Devolution in the United Kingdom, Oxford: Oxford University Press, 2001.

Bokajlo, Wieslaw, Polen – Die neuen Woiwodschaften im Europa der Regionen, in: *Europäisches Zentrum für Föderalismus-Forschung Tübingen (Hrsg.)*, Jahrbuch des Föderalismus 2000, Baden-Baden: Nomos Verlagsgesellschaft, 2000, S. 340-357.

Brizova, Michaela, Die Tschechische Republik und ihre Regionen: Ein Jahr nach den Regionalwahlen, in: *Europäisches Zentrum für Föderalismus-Forschung Tübingen (Hrsg.)*, Jahrbuch des Föderalismus 2002: Föderalismus, Subsidiarität und Regionen in Europa, Baden-Baden: Nomos Verlagsgesellschaft, 2002, S. 414-423.

Brizova, Michaela/Maryska, Ivo, Dezentralisierung in der Tschechischen Republik – Weg und Ergebnisse einer zehnjährigen Entwicklung, in: *Europäisches Zentrum für Föderalismus-Forschung Tübingen (Hrsg.)*, Jahrbuch des Föderalismus 2001, Baden-Baden: Nomos Verlagsgesellschaft, 2001, S. 319-329.

Brusis, Martin, Between EU Requirements, Competitive Politics, and National Traditions: Re-creating Regions in the Accession Countries of Central and Eastern Europe, in: Governance, Jg. 15, Nr. 4, 2002, S. 531-559.

Davezies, Laurent, Plus de décentralisation avec moins d'inégalités?, in: Pouvoirs locaux, Nr. 58/III, 2003, S. 32-39.

Europäisches Zentrum Für Föderalismus-Forschung Tübingen (Hrsg.), Jahrbuch des Föderalismus 2000, Baden-Baden: Nomos Verlagsgesellschaft, 2000. *(alle Bände bieten einen hervorragenden Überblick über den Stand der Forschung und europäische Entwicklungen).*

Europäisches Zentrum Für Föderalismus-Forschung Tübingen (Hrsg.), Jahrbuch des Föderalismus 2001, Baden-Baden: Nomos Verlagsgesellschaft, 2001.

Europäisches Zentrum Für Föderalismus-Forschung Tübingen (Hrsg.), Jahrbuch des Föderalismus 2002, Baden-Baden: Nomos Verlagsgesellschaft, 2002.

Europäisches Zentrum Für Föderalismus-Forschung Tübingen (Hrsg.), Jahrbuch des Föderalismus 2003, Baden-Baden: Nomos Verlagsgesellschaft, 2003.

Europäisches Zentrum Für Föderalismus-Forschung Tübingen (Hrsg.), Jahrbuch des Föderalismus 2004, Baden-Baden: Nomos Verlagsgesellschaft, 2004.

Garsztecki, Stefan, Regionalisierung in Polen – Die Verwaltungsreform im zweiten Jahr ihrer Umsetzung, in: *Europäisches Zentrum für Föderalismus-Forschung Tübingen (Hrsg.)*, Jahrbuch des Föderalismus 2001, Baden-Baden: Nomos Verlagsgesellschaft, 2001, S. 306-318.

Garsztecki, Stefan, Polnische Regionen im Kontext der Osterweiterung der Europäischen Union, in: *Europäisches Zentrum für Föderalismus-Forschung Tübingen (Hrsg.)*, Jahrbuch des Föderalismus 2003, Baden-Baden: Nomos Verlagsgesellschaft, 2003, S. 284-296.

Garsztecki, Stefan, Polnische Selbstverwaltungen auf dem Weg zu mehr Effizienz und regionalem Selbstbewusstsein, in: *Europäisches Zentrum für Föderalismus-Forschung Tübingen (Hrsg.)*, Jahrbuch des Föderalismus 2004, Baden-Baden: Nomos Verlagsgesellschaft, 2004, S. 264-275.

Hilz, Wolfram, Die Ambivalenz des Föderalismus – zwischen Dysfunktionalität und unverminderter Attraktivität, in: *Europäisches Zentrum für Föderalismus-Forschung Tübingen (Hrsg.)*, Jahrbuch des Föderalismus 2004, Baden-Baden: Nomos Verlagsgesellschaft, 2004, S. 36-48.

Hrich, Jan/Larischova, Kristina, Die Tschechische Republik – Der langwierige Weg zur Reform der öffentlichen Verwaltung, in: *Europäisches Zentrum für Föderalismus-Forschung Tübingen (Hrsg.)*, Jahrbuch des Föderalismus 2000, Baden-Baden: Nomos Verlagsgesellschaft, 2000, S. 358-369.

Illner, Michal, Thirteen Years of Reforming Subnational Governance in the Czech Republic. Vortrag präsentiert auf der Tagung „Reforming Local Government. Closing the Gap between Democracy and Efficiency", 26./27.09.2002, Universität Stuttgart.

Jeffery, Charly/Palmer, Rosanne, Das Vereinigte Königreich – Devolution und Verfassungsreform, in: *Europäisches Zentrum für Föderalismus-Forschung Tübingen (Hrsg.)*, Jahrbuch des Föderalismus 2000, Baden-Baden: Nomos Verlagsgesellschaft, 2000, S. 321-339.

Neumann, Wolfgang/Uterwedde, Henrik, Abschied vom Zentralismus? Neue regionale Modernisierungspolitiken in Frankreich, Stuttgart: IRB Verlag, 1997.

Perrin, Bernard, Décentralisation acte II: Contribution à un bilan d'étape, in: La revue administrative, Jg. 56, Nr. 335, 2003, S. 526-535.

Sturm, Roland, Nationalismus in Schottland und Wales. Eine Analyse seiner Ursachen und Konsequenzen, Bochum: Studienverlag Dr. N. Brockmeyer, 1981.

Sturm, Roland, Föderalismus in Deutschland, München: Bayerische Landeszentrale für politische Bildungsarbeit, 2003.

Sturm, Roland, Devolution – Der pragmatische Weg zur Anerkennung regionaler Vielfalt im Vereinigten Königreich, in: *Piazolo, Michael/Weber, Jürgen (Hrsg.)*, Föderalismus: Leitbild für die Europäische Union?, München: Olzog, 2004, S. 181-199.

Sturm, Roland/Pehle, Heinrich, Das neue deutsche Regierungssystem. Die Europäisierung von Institutionen, Entscheidungsprozessen und Politikfeldern in der Bundesrepublik Deutschland, Wiesbaden: VS Verlag für Sozialwissenschaften, 2. Auflage, 2005.

Uterwedde, Henrik, Frankreichs gezähmter Jakobinismus: Regionen im zentralisierten Staat, in: *Europäisches Zentrum für Föderalismusforschung Tübingen (Hrsg.)*, Jahrbuch des Föderalismus, Baden-Baden: Nomos Verlagsgesellschaft, 2000, S. 158-175.

Uterwedde, Henrik, Korsika – Testfall für die französische Republik, in: *Europäisches Zentrum für Föderalismus-Forschung Tübingen (Hrsg.)*, Jahrbuch des Föderalismus 2002, Baden-Baden: Nomos Verlagsgesellschaft, 2002, S. 304-314.

Uterwedde, Henrik, Dezentralisierungsreform in Frankreich: Auf dem Weg zur bürgernahen Republik?, in: *Europäisches Zentrum für Föderalismus-Forschung Tübingen (Hrsg.)*, Jahrbuch des Föderalismus 2003, Baden-Baden: Nomos Verlagsgesellschaft, 2003, S. 174-185.

Van Eeckhout, Laetitia, Le Sénat réduit les compétences des régions, in: Le Monde, 1.07.2004 (http://abonnes.lemonde.fr/cgi-bin/ACHATS/ARCHIVES/archives.cgi?ID=0721c67f7e2990bb1121b4c4144066a7bcea1c461c5c2378&print=1)

Weiss, Stephanie, Die Tschechischen Parteien nach 1998 und die Regionen. Vortrag präsentiert auf der Tagung des Collegium Carolinum, München: „Regionen und Regionalismus in den böhmischen Ländern in Geschichte und Gegenwart: Zwischen Raumordnung und regionalem Bewusstsein", 23.-25.11.2001, Bad Wiessee.

Weiss, Stephanie, Regionalisierung als politisches Projekt – die tschechischen Regionen in ihrem zweiten Jahr, in: *Europäisches Zentrum für Föderalismus-Forschung Tübingen (Hrsg.)*, Jahrbuch des Föderalismus 2003, Baden-Baden: Nomos Verlagsgesellschaft, 2003, S. 305-317.

Zimmermann-Steinhart, Petra, Akt II der französischen Dezentralisierung: Konsequenzen für das politische System und die Gesellschaft, in: *Europäisches Zentrum für Föderalismus-Forschung Tübingen (Hrsg.)*, Jahrbuch des Föderalismus 2004, Baden-Baden: Nomos Verlagsgesellschaft, 2004, S. 219-234.

Der Band gibt zunächst einen einführenden Überblick über die Entwicklung der Gewaltenteilungslehre von der Antike bis zur Moderne. Da das Verständnis des Gewaltenteilungsbegriffes grundsätzlich mit dem Selbstverständnis der Politikwissenschaft zusammenhängt, erfolgt anschließend eine politikwissenschaftliche Einordnung dieses Konzepts unter Berücksichtigung des Wandels von einer Staatswissenschaft hin zur modernen Politikwissenschaft.

Ausdifferenzierungsprozesse in der modernen Demokratie trugen dazu bei, neue Akteure und Beziehungsmuster zu schaffen. Parteien, organisierte Interessen und Medien müssen ebenso miteinbezogen werden, wie die innere Struktur der klassischen Gewalten und ihr wechselseitiges Verhältnis.

Ziel das Bandes ist es, dem Studierenden einen praxisorientierten Einblick in die Funktionsmechanismen moderner Demokratien zu vermitteln.

Macht und Gegenmacht

Einführung in die Regierungslehre

Von Prof. Dr. Winand Gellner, Universität Passau und Armin Glatzmeier, Universität Passau

2004, 400 S., brosch., 24,90 €, ISBN 3-8329-0964-8

(Studienkurs Politikwissenschaft)

Bitte bestellen Sie bei Ihrer Buchhandlung oder bei:
Nomos Verlagsgesellschaft
76520 Baden-Baden
Telefon 0 72 21/21 04-37/-38
Telefax 0 72 21/21 04-43
sabine.horn@nomos.de
www.nomos.de